全国教育科学"十五"规划教育部重点课题"学前双语教育师资培训研究"成果

复旦卓越·全国学前教育专业系列

学前双语教育研究与建构

主　　　编　　孔宝刚

副　主　　编　　潘建中

执　行　主　编　　盘海鹰　刘　宁

编　　　委　（按姓氏笔画排列）

孔宝刚　刘　宁　沈文嫣　吴　敏　张　苏

杨　俐　尚红艳　胡　娟　费　尘　郭　捷

钱　峰　诸玲霞　盘海鹰　潘建中

复旦大学出版社

内 容 提 要

本书是幼儿师范院校学前教育专业或学前英语教育专业课程教材。内容主要包括学前双语教育概述、学前双语教育活动建构、学前教育五大领域中的英语渗透、学前双语教育管理。

全教材分为三大部分：第一部分(第一章)理论篇，主要是对学前双语教育的概述，包括基本理论、争鸣与探索以及现状与对策等；第二部分(第二至第三章)实践篇，主要是对学前双语教育活动的建构和学前教育五大领域中的英语渗透的具体实例呈现，具有较强的操作参考价值；第三部分(第四章)管理篇，主要是对学前双语教育管理的陈述，涉及师资培训管理、园本管理、资源管理、幼小衔接管理、课题研究管理等。

本教材将学前双语教育理论与幼儿园一线实践紧密相连，表述通俗，文例结合，立足现实，凸显教材的应用性和操作性，既可供学前教育专业的学生选用，也可作为早教机构和幼儿园一线教师的参考用书。

本教材配有教学光盘，通过双语课堂教学实录，方便使用者进行教案设计和开展课堂教学活动。

图书在版编目(CIP)数据

学前双语教育研究与建构/孔宝刚主编. —上海：复旦大学出版社 (2019.9 重印)
ISBN 978-7-309-05795-9

Ⅰ. 学… Ⅱ. 孔… Ⅲ. 双语教学-学前教育-教学参考资料 Ⅳ. G613.2

中国版本图书馆 CIP 数据核字(2007)第 163119 号

学前双语教育研究与建构
主编 孔宝刚
责任编辑/查 莉

复旦大学出版社有限公司出版发行
上海市国权路 579 号 邮编：200433
网址：fupnet@ fudanpress.com   http://www.fudanpress.com
门市零售：86-21-65642857   团体订购：86-21-65118853
外埠邮购：86-21-65109143   出版部电话：86-21-65642845
浙江省临安市曙光印务有限公司

开本 890×1240 1/16 印张 10 字数 331 千
2019 年 9 月第 1 版第 7 次印刷
印数 12 201—13 800

ISBN 978-7-309-05795-9/G · 717
定价：25.00 元

提高双语师资水平，继续开展幼儿双语教育活动，促进幼儿身心和谐发展。

查吉平 2007.10.15

序

苏州,不仅是一座拥有2500多年深厚底蕴的历史文化名城,也是中国最具经济发展活力的对外开放城市之一。今天的苏州,开放型经济蓬勃发展,国际化特征日益凸显,正朝着建设国际新型科技城市、学习型城市的目标奋进。因此,进一步扩大教育对外开放,促进苏州教育的国际融合,培养更多的具有全球视野、国际眼光、跨文化沟通能力的复合型人才,已成为苏州经济社会发展的内在要求。

语言是文化的载体,是一个民族最直接的文化符号,多一种语言就会多一种文化;多学一种语言,就多了一个了解其他民族文化和传统的窗口。苏州市实施"双语教育",把它作为苏州市教育促进经济发展的重要切入口。"推动双语教育,促进国际融合"是苏州教育改革与发展的重要目标之一。近年来,苏州市小学已把英语学科纳入主要学科,一年级就开始英语教学。而幼儿教育是基础教育的准备阶段,对幼儿进行英语教育启蒙,日益受到广大家长和社会的重视。实践证明,从幼儿园进入小学,那些英语能力比较强的幼儿就会占一定的优势,他们对于英语学习有一定的心理感受和心理准备,在后续的英语学习行为上会表现得更积极、更大胆。

全国教育科学"十五"规划教育部重点课题"学前双语师资培训研究",是更高层次和更大范围的合作研究,苏州高等幼儿师范学校在总课题组的领导下,带领苏州地区20余所幼儿园和一所小学参加了课题的实验研究。重新整合教育方式、管理方式、学习方式以及办园模式,整体推进苏州区域学前双语教育的开展,提高幼儿教师双语教育能力和双语科研能力,为学前双语教育研究提供师资保证,促进苏州学前双语教育科学研究,使学前双语教育健康、规范的发展。

推进学前双语教育,是一件具有开创性意义的工作。苏州课题组的专家和各实验幼儿园的教师在认真总结双语教育经验的基础上编写了《学前双语教育研究与建构》,此书的问世,不仅为全市幼儿园教师进行双语教学提供了参考,更是对推动幼儿园双语教育科学、规范、有序地发展发挥了重要作用。

鲍寅初

2007.10.18

前　　言

　　学前期是幼儿学习第二语言的关键期。目前,市场上已有许多适合中国幼儿年龄特点和认知规律的英语教材。但是,缺乏合格的幼儿双语教师越来越成为人们对幼儿学习英语表示忧虑的主要原因之一。《学前双语教育研究与建构》是苏州高等幼儿师范学校在全国教育科学"十五"规划教育部重点课题"学前双语教育师资培训研究"多年成功教学实例研究的基础上,专门为幼儿双语教师培训编写的指导用书。

　　本书是一套专为中国幼儿双语教师量身定做的培训教材。主要由理论篇、实践篇和管理篇三个特色部分组成,以激发幼儿教师的兴趣为出发点,以艺术、科学、健康、社会、语言五大领域的教学活动为手段,以培养合格的幼儿双语教师为目标,以教师易教、孩子易学的方式组织活动,内容和方法更适合中国幼儿教师的双语培训。

　　本书在介绍五大领域的教育内容和方法时,先呈现大量的与该领域相关的实用词汇和句型,然后结合课题实施过程中幼儿园具体的双语教育活动实例,帮助新手教师更加清楚地掌握幼儿双语教育的目标、方法和策略,最后通过补充材料给予教师更大的发挥拓展空间。整套教材更注重实践效果。

　　本书既有助于新手教师上路,同时也可以进一步提高在职幼儿双语教师的专业水平,期望这套教材能够增加幼儿双语教师的兴趣和能力。

　　参加本书编写的学校有:苏州高等幼儿师范学校、苏州幼师附属花朵幼儿园、苏州幼师附属教育幼儿园、苏州幼师附属姑香苑幼儿园、苏州市直属机关公园路幼儿园、苏州市直属机关民治路幼儿园、苏州工业园区新城花园幼儿园、苏州工业园区新馨花园幼儿园、苏州工业园区新加花园幼儿园、苏州工业园区新洲幼儿园、苏州工业园区东港实验幼儿园、苏州新区实验幼儿园、苏州新区狮山中心幼儿园、苏州新区新升幼儿园、苏州市平江区挹秀幼儿园、苏州市金阊区虎丘中心幼儿园、苏州市金阊区阊西幼儿园、苏州吴江爱德双语实验小学幼儿园、苏州碧波双语实验小学幼儿园、小哈福双语幼儿园、苏州市敬文双语实验小学。参编人员具体分工如下。第一章:胡娟、盘海鹰、沈文嫣;第二章:盘海鹰、尚红艳、杨俐;第三章:刘宁、盘海鹰、张苏、尚红艳、费尘;第四章:盘海鹰、诸玲霞。全书由盘海鹰统稿。

　　本书在编写过程中得到总课题组组长孟吉平先生的支持;得到北京师范大学梁志燊教授、南京师范大学虞永平教授、北京中华女子学院余珍有教授、爱儿坊(上海)管理咨询有限公司教育督导钟小峰等专家的指导;经天津课题组专家李大维先生亲笔修改;苏州市教育局领导及幼儿园园长、老师和幼师学生的支持。在此谨向所有支持和帮助过我们的同志表示衷心的感谢。

　　本书选用了大量的专家著作和幼儿园实践材料,其中部分文章的著作权人未能联系上,此

部分稿酬暂存出版社,敬请有关著作权人看到后与出版社联系,届时将按地址奉呈稿酬。

　　由于篇幅有限,本教材不可能面面俱到,加之编者水平有限和时间仓促,内容有不当之处,恳请专家、同仁批评指正。

孔宝刚

2007.8.18

目 录

理 论 篇

实 践 篇

管　理　篇

导　言

近几十年来,现代科学技术飞速发展、国际交往日益频繁、世界多元文化格局逐步形成。语言作为一种基本交流工具,得到越来越多的重视。联合国教科文组织强调,作为21世纪人才的基本素养,"第一是母语能力,第二是外语能力,第三是信息能力"。可见,时代要求人们除本民族的语言,即母语或第一种语言之外还能掌握第二种或多种语言。由此,双语(Bilinguals)与双语教育引起了人们的普遍关注,成为现代教育领域的一个热点问题。

同时,随着东西方文化思想的传播与交融,教育改革的深入与发展,各国的教育工作者逐渐向着追求"以人为本"、"全人教育"、"终身教育"等教育目标前进。《学会生存》一书中便指出"人永远不会成为一个成人,他的生存是一个无止境的完善过程和学习过程"。乔治·拉伯萨特也曾说过,人类生下来就是"早熟的",他带着一堆潜能来到这个世界。这些潜能可能半途流产,也可能在一些有利的或不利的生存条件下成熟起来,而个人不得不在这些环境中发展。

在这些思潮的影响下,学前领域的双语教育也在各地区逐步展开。教育工作者把学前"双语"教育视为幼教改革的综合工程,双语教育是教育改革的重要趋势之一。《幼儿园教育指导纲要(试行)》(以下简称《纲要》)在语言领域的教育内容和要求中指出:要"培养幼儿对生活中常见的简单标记和文字符号的兴趣","发展语言理解能力","发展语言表达能力和思维能力"。《纲要》的这些要求无不反映出语言符号的运用对幼儿的促进和发展作用。国家教育部基础教育课程教材研究中心制定的《21世纪现代教育实验草案》也明确提出了"在幼儿园进行英汉两种语言教育"的设想[1]。这些都为学前双语教育的探讨研究提供了法理依据。

从儿童的发展水平和外界客观条件来看,儿童双语教育也已经具备了一定的可行性。其中,儿童神经生理学、心理学、语言学的大量研究表明,双语教育对于促进儿童的认知发展,提高儿童的语言能力,增强儿童的人际交往等都具有非常重要的意义。其次,在我国一些对外经济文化交流发达的城市,已经初步具备了双语教育的自然环境。

开放的中国,对外经济、文化交流相当频繁,时代和社会的进步召唤着高水平的新一代人才。英语不仅仅是一种学术、文化的交流工具,更是一种跻身国际竞争舞台的重要途径。因此,学前双语教育是儿童自身发展的需要,是时代的需求,是社会发展的需要,也是幼儿园自身发展的需要。英语教育低龄化,英语与幼儿教育其他学科内容相互渗透、融合,英语教育研究与幼儿教育科学研究相结合是学前双语教育发展的必然趋势。

---

① 万玉琴.幼儿双语教育与思维发展初探.广西教育,2001(6)

理论篇

第一章

学前双语教育的概述

第一节　学前双语教育的基本理论

一、学前双语教育的基本概念

（一）第一语言、第二语言和外语

"第一语言"也就是我们常说的本族语或母语,指的是一个人从小就从父母或周围正常的社会环境中自然而然习得的并用于交际目的的语言。

"第二语言"通常是指国内的另外一种语言,与第一语言相对,一般是在掌握母语之后通过学习或者习得而掌握的一种语言,例如我国的维吾尔族、蒙古族、藏族聚居地少数民族所使用的本族语之外的汉语,加拿大的法语民族聚居地所使用的法语之外的英语[①]。第二语言往往具有官方地位,是所在国政治、经济和社会生活中不可分割的一个方面。第二语言除了可以在课堂上学习,还可以在一定的社会环境中学得或者习得。"外语"通常是指一个国家本族语以外的语言,并不是在国内用于交际的语言。学习外语的目的是与外国人进行语言交流和政治、经济等方面的交往。

（二）双语和双语教育

"双语"的英文是 Bilingual,简单地说,双语就是两种语言,以及对这两种语言的掌握和运用。

"双语教育"（Bilingual Education）亦称双语教学,是一种旨在培养和造就双语人才的教育模式。双语教育的思想渊源最早可以追溯到古罗马时期[②]。早在公元 1 世纪时,古罗马著名教育家昆体良就明确提出了"双语教育"的思想。20 世纪 60 年代,随着经济的全球化和西方移民人数的大量增加,北美一些移民国家为了使外来移民能够更快地融入当地社会,采取了一种以当地主流语言结合移民的母语进行教学的双语教育制度。近些年来,随着社会的发展和经济文化交流的不断深入,双语教育问题再度引起了人们的普遍关注,成为现代教育领域的一个热点问题。

关于双语教育的界定这一基础性问题,研究者分别从多种角度对双语教育的内涵进行了探讨。麦凯和西格恩（1989）认为,双语教育是"以两种语言作为教学媒介语的教育体系,其中一种语言常常是但不一定是学生的第一语言"。卡明斯（1997）则进一步提出,双语教育通常是指"在学生教育生涯的某一阶段使用两种（或者更多）教学媒介语。这两种语言被用来教授科目内容而不单纯是语言课程本身"。我国的一些学者则认为,双语教育是"使用两种语言,其中一种通常是学生的本族语言,作为教育教学的实施工具"（严学,1990）;"在一个国家或地区里用两种语言上课。这两种语言一种是学生的本族语/母语,另一种是学生所在地区的通用语言（二语）或学生所学习的目的语（外语）"（张正东,2002）;"在学校中全部地或部分地采用外

---

①　赵慧.双语教学纵横谈.天津:天津教育出版社,2006
②　陈琴,庞丽娟.幼儿双语教育问题探析.课程与教学,2006(5)

语(英语)传授非语言学科的教学"①(王斌华,2003)。

从上述定义中我们可以看到,尽管研究者们对于双语教育的表述各不相同,但其基本核心是一致的,即双语教育是以两种语言作为教学媒介语,通过学科教学来实现帮助学生掌握双语目的的教育活动。

(三)学前双语教育

"学前双语教育"是指在幼儿园教育活动中,在儿童首先习得母语的基础上,依据儿童身心发展特点和语言学习规律,通过创设适宜环境,培养学前儿童对第二语言(主要是英语)的兴趣和敏感性以及初步的双语口语交际能力,促进其全面发展的过程。

幼儿园双语教育从根本上讲,是在运用发展幼儿母语的基础上,对幼儿进行第二语言的启蒙教育②。它不同于在幼儿园进行的以英语知识学习为主的英语学科教学,"也不同于有些国家或地区两种以上官方语言的情况下,进行的两种语言分开并重的教育活动"。幼儿园双语教育的实质是语言教育,它的实施应是全领域教育,它的目标应是全人教育。

教师要准确地理解和把握学前双语教育,应注意以下四个方面。

1. 在双语教育中,语言本身的地位是双重的,它既是教育的目标,又是教育的手段。双语教育通过将语言渗透于不同学科,让学生在学科学习的过程中自然地习得双语能力,理解人类的多元文化,培养全球意识。因此,从这个意义上来讲,双语教育不同于单纯以语言学习为内容的语言课程,它与我们通常所说的外语教学,即将外语作为一门语言课程来教授存在着本质的区别。

2. 学前双语教育的目标是促进学前儿童双语能力的发展,但这种发展不能损害"母语教育",不能以牺牲母语为代价。母语教育是提供优质教育和实现基本教育需要的先决条件,它直接影响到人们的"文化归属意识"乃至世界观的建构,并且母语能力的提高不是靠单纯的自然习得就能够成就的(钟启泉,2003)。因此,双语教育并不意味着在所有的教育活动中都使用外语,而将母语排斥在外。

3. 学前双语教育必须尊重儿童的年龄特点和身心发展规律。学前双语教育应尽量遵循自然习得的原则,按照儿童学习语言的规律,创设一种积极的双语环境和氛围——这种环境既包括教师在集中活动时有目的地运用双语组织,也包括在日常生活中有意识地用双语对儿童进行启发和用双语与他们交流,还包括多种活动中(如音乐、游戏、表演等)的双语渗透,等等。其目的是让儿童在早期,在他们语言学习的关键时期,就能接触到不同的语言和文化,从而激发他们学习第二语言——英语的兴趣,提高对英语语言的敏感性,让幼儿了解英语文化背景下儿童的生活用语,培养幼儿注意倾听、积极学说、大胆开口的良好学习习惯,培养他们初步的英语口语日常交际能力和初步运用英语进行简单思维的能力,促进儿童的全面发展,也为他们今后的进一步学习奠定良好的基础。

4. 学前双语教育的存在和发展源于社会生活的需要。在全球化迅猛发展的当代,由于西方在科学技术和政治经济方面的世界领先地位,英语已经成为全球通用语言,各个民族、各个国家之间的经济、科技和文化交流在很大程度上借助英语来进行,英语已经逐步成为人类大多数成员在母语之外的另一种基本语言。在我国一些对外经济文化交流发达的城市,如北京、上海、广州等,英语在其社会生活的许多方面都发挥着非常重要的作用,因此,就这些城市而言,在某种程度上可以说,它们已经初步具备了双语教育的自然环境。实际上,自从人类历史上出现双语教育以来,完全意义上的双语环境始终是局限在某些地区的。例如,古罗马教育家昆体良所提倡的双语教育主要是针对罗马帝国高度发达地区的,要在罗马帝国境内所有地区都进行双语教育是根本不可能的。因此,在我国已经基本具备双语教育环境的少数地方,推行幼儿双语教育是可行的,但在全国范围内倡导和推行幼儿双语教育则不见得适宜。

必须提出的是,本书中所提到的学前双语教育是指以汉语普通话(母语)为第一语言,以英语为第二语言实施教育,幼儿在幼儿园中同时学习两种语言,并通过两种语言的学习,建构多种经验。学前双语教育的总体目标是:通过双语教育,激发幼儿学习英语的兴趣;感受外来多元文化;初步学习简单的英语对话,促进幼儿的全面发展。

---

①　陈琴,庞丽娟.幼儿双语教育问题探析.课程与教学,2006(5)
②　生兆欣.幼儿园双语教育的可行性分析.天津师范大学学报,2005(3)

二、学前双语教育的基本理论

学前双语教育实践离不开科学的理论指导,开展学前双语教育研究,首先要了解学前儿童习得语言的有关规律,做到有的放矢。那么,学前儿童习得语言过程是怎样的? 有什么特点? 在众多的理论中我们主要借鉴了"语言习得"理论和"全语言"理论以及部分幼儿心理学的研究成果,指导具有发展适宜性的幼儿双语教育实践。

(一)"语言习得"理论①

美国语言学家克拉申(S. D. Krashen)在20世纪70年代提出了"语言习得"理论。该理论认为,人们掌握某一种语言所通过的方式主要有两种:一种是习得(acquisition),另外一种是学习(learning)。所谓"习得"是指学习者通过与外界的交际实践,无意识地吸收到该种语言,并在无意识的情况下,流利、正确地使用该语言。而"学习"是指有意识地研究且以理智的方式来理解某种语言(一般指母语之外的第二语言)的过程。

克拉申和特雷尔(T. Terrell)在1983年提出的第二语言习得的"五种假设",这些假设其实描述了第二语言习得的心理过程。这就是:(1)"习得-学习假设"——区分"习得"(acquisition)与"学习"(learning)的基本观点,即发展第二语言的首要方法是"习得",它取决于实际的旨在沟通的语言运用。在这个意义上,同第一语言的习得一样,是一种"自然的方法"。另一方面,发展第二语言的第二方法是凭借"学习"。可以说,"学习"是对于语言的一种认识,是改变对于语言的知识。"习得"是无意识的过程,而"学习"则是有意识的过程,是掌握有关语言规则的知识。这种语言习得能力在青春期以后并没有消亡,成人依然能够习得语言。(2)"自然习得顺序假设"——尽管在第一语言与第二语言之间存在差异,但语言习得终究存在独特的顺序。(3)"监控假设"——有意识的语言学习常常发挥监控的作用。例如,说话的流畅性决不是直接教会的,而是接触许多语言资料后通过监控才逐渐获得的。(4)"输入假设"——只有理解了高于现有的语言难度的条件下,语言习得才会发生。(5)"情意过滤假设"——是指学习者的动机、需求、态度、情感之类的情意因素向第二语言的开放与介入,这种心理作用叫做"过滤作用"。"双语教学"的心理过程,特别是双语习得所带来的社会文化的价值观和情感侧面的变化,是我们需要加以研究的重要课题。

克拉申的"监控假说"认为,通过"习得"而掌握某种语言的人,能够轻松流利地使用该语言进行交流;而通过"学习"而掌握某种语言的人,只能运用该语言的规则进行语言的监控。有的人在运用语言时,总是用语法来进行核对,以保证不出错误,这就是所谓通过学习来进行监控的。随着语言水平的不断提高,这种监控的使用会逐渐越来越少。通过一种语言的学习,我们发现,"习得"方式比"学习"方式显得更为重要。因为,自然的吸收能够使学习者更易于掌握某一门语言,这一点我们可以从幼儿习得母语的过程中得知。有意识的学习只能使学习者了解所学的这门语言,这一点我们可以从成年人学习英语的众多不成功的事例中得知。

克拉申的理论在暗示着人们,英语学习就应该像幼儿习得母语一样。那么,这些幼儿是如何成为使用语言的成功者的呢? 尽管他们所接受的语言是有一定控制的,但是他们从来不是有意识地被人教过,也不是有意识地学习过。不过,他们交流过的大量语言,是与成年人(通常是父母)伴随着真实情景交流的语言。他们使用语言的能力来自无数次下意识的这样的语言交流。

习得的一个突出特征是听懂的话远远多于会说的话,一句话在会说之前已经多次在不同场合听到过。因此,幼儿园英语活动应当通过在一定的时间内为幼儿创设一个纯英语的环境,让幼儿在其中先借助一些非语言信息"猜"出教师所说的英语,随着在同一情景听到同一语言次数的增多,幼儿开始直接理解教师语言的含义。在这样的环境中,直接吸引幼儿的是好玩的游戏、有趣的表演动作、引人入胜的故事情节等,此时,幼儿并未明确意识到自己在学习英语,而是认为在玩游戏。

英语语言和文化同时习得。语言不能脱离文化而存在,语言的理解和使用都以特定的文化背景为依据,每个民族的文化都必然在其语言中有所体现。语言的这种文化载体特征决定了另一种语言学习的过程必然会涉及所学语言的文化因素。因此,幼儿学习英语的过程必然涉及英语文化的学习。对幼儿来说,英

① 钟启泉. 双语教学之我见. 全球教育展望,2003(2)

语的文化因素不是教师直接传授的,而是隐含在与教师的口语交际中和原版的英语材料之中。当然幼儿获得的英语文化知识是粗浅的,主要包括基本交际礼仪、含有英语文化特色的游戏和故事、在讲英语的儿童中经常使用的非语言符号等。

(二)"全语言"理论①

以全语言(Whole Language)理论等作为理论依据的语言教育主要有以下一些基本原则。

1. 儿童的语言学习是语言规则的学习

语言不是与生俱来的先天能力,也不是通过完全模仿获得的。掌握一门语言首先是要掌握这门语言的规则,而掌握这些规则包含了学习者自发创造规则、使用和检验规则的过程。可以说,语言学习是社会创造和个人创造的过程,每一个人试图创造自己的语言与他人进行交流,但他们的创造是以周围人们使用的语言为基础,不断检验、修正、完善,直至接近后者。成人并不直接教他们学语言,但通过反馈促进他们语言的发展。

2. 儿童的语言学习是完整性的学习

在吸收当代儿童语言研究的诸多成果的基础上,研究者们认为,儿童从出生起就已经具备了学习作为人的全部语言的基本条件,儿童语言发展的过程是以完整的方式进行和呈现出来的,因而儿童语言的认知学习应当是完整的学习,包括口语和书面语言同时学习。

3. 儿童的语言学习是整体性的学习

全语言理论认为,语言是由字、词、句、段、篇等要素构成的,这些要素是不可分割的,语言整体大于由字词等构成的要素之和。语言只有作为一个整体才能称为语言,语言只有出现在一定情境或上下文之中才能表达完整的意义。

4. 儿童语言的学习是先功能后形式的学习

在儿童语言发展过程中,语言功能先于语言形式,儿童先知道语言是可以用来满足交际需要的,然后再去选择合适的语言。

5. 儿童语言学习是整合的学习

全语言教育的新观念告诉人们,人的学习是符号的学习。从早期语言教育的角度来看幼儿学习语言符号系统,实际上包含了作为学习对象来学的和作为工具用来学习其他内容的双重功能。全语言的研究者吸取了维果茨基的理论观点,认为任何符号系统学习的原理都是相通的,学习语言在本质上是学习如何表意。

全语言理论建议将不同的符号系统交叉运用在儿童学习的过程中。

此外,全语言理论还强调以下几点。

儿童的语言学习是自然而然的。全语言的提倡者注重儿童语言发展的规律,认为儿童是通过与人互动的方式学习使用语言的,主动理解是儿童学习语言的特点,因此有关教育机构应为幼儿提供学习各种语言的机会和资源,让幼儿被充满语言和文字信息的环境所包围。

儿童的语言学习是有效和有用的。有效的语言学习是连接个人生活经验和社会的学习。当幼儿能够用语言来沟通的时候,这种学习才对他们产生意义。教育者要注意引导幼儿在情境中学习语言,脱离了情境的语言对儿童来说是没有特殊的意义的。

儿童的语言学习是开放而平等的。在全语言教育观念中,教师和儿童是构造愉快学习过程的共同体。尤其要注意的是,当儿童有权利去作自我选择的时候,学习的效果会最好。

儿童的语言学习具有创造性。语言的学习应用兼具了守成与创新双方面的特点。在全语言研究者看来,儿童学习语言的过程没有错误可言,有的只是他们的尝试和创新。教育工作者应当充分肯定和鼓励儿童语言学习的创新精神。

(三)幼儿心理学研究成果

1. 语言与认知的关系

维果茨基认为语言在认知发展中起着十分重要的作用,至少当儿童的语言能力达到一定程度后是如

---

① 周兢,余珍有.幼儿园语言教育.北京:人民教育出版社,2006

此。在儿童发展的过程中，语言先是社会交流的工具，然后逐渐内化成为一个抽象的信号系统，并成为儿童组织思维的工具。

布鲁纳也赞成语言是思维的工具的观点，但是他认为语言要发展成为可用的认知工具是有先决条件的。为了把语言信号的意义内化，儿童必须先理解意义，而要理解意义，他必须对意义具有前语言的心理准备。他认为可以从三个方面促进儿童形成前语言的心理准备。

（1）儿童必须同他人互动，在互动中他能学会说什么、如何说、在什么地方说、对谁说以及在什么情况下说，有体势语伴随的互动方式有助于早期的语言学习。

（2）在儿童能够用正规的语言结构来表达事物前，应当发展他的非语言的交流方式和交流意向，如用手势、询问等。

（3）对事物的语言形式的形成是背景敏感的，也就是说，如果对语言的意义已有某种前语言的领会，语言形式就容易学会。

2. 双语经验对认知发展的影响

（1）莫汉提的观点。莫汉提（Mohanty）认为社会化使多语环境中的儿童能够应用多语交流的模式。

（2）维果茨基的观点。在维果茨基看来，能够用不同的语言来表达同样的思想将会使儿童把他的语言看做是众多语言系统中的一种，并从较一般的分类上来看待语言现象，因而使他能够意识到自己的语言活动。这种早期的意识会进一步推广到其他概念学习和思维的领域里。所以，维果茨基认为，单语经验对认知能力发展的影响是不同于多语经验的影响的，他还强调运用两种或多种语言会促进元语言（metalinguistic）能力，即对语言本身的认识和控制的能力的发展。

（3）皮尔和兰伯特的研究。关于双语经验对认知影响的实证性研究可划分为两个阶段：20 世纪 60 年代以前的研究以心理测验研究为主，结论多半是消极的；60 年代以后的研究结论又多半是积极的。重要的转折点是皮尔和兰伯特（Peal & Lambert）在 1962 年发表的研究，被誉为双语学习和认知发展关系研究史上的一个里程碑。皮尔和兰伯特研究的被试者是加拿大蒙特利尔市 10 岁的小学生。针对早先研究的方法论问题，研究者首先通过测验（词汇和联词测验）和学生的自我报告选择了一组平衡型"英—法"双语儿童，被试者只有在两种语言上都得高分才算合格。然后，研究者又选择了两个单语控制组，一个是英语单语组，一个是法语单语组，只有那些在一种语言上考分高而另一种语言上考分很低的儿童才合格。选取的被试组和控制组之间在年龄、性别、家庭的社会地位和经济状况诸方面都作了匹配。研究结果表明，双语组的发展明显优于单语组。除了在文字智力测验和非文字智力测验上，双语组优于单语组外，双语组还表现出具有更多样化的智力结构。皮尔和兰伯特把双语组在智力测验上的较高得分归因于双语儿童具有更大的心理灵活性，同时双语儿童也更容易形成概念。进一步说，由于双语儿童练就了驾驭两种信号系统的能力，他们能够更加细致地分析那些潜在的语意特征。

三、学前双语教育的基本观点

（一）学前双语教育的指导思想

全国教育科学"十五"规划教育部重点课题"学前双语教育师资培训研究"总课题组组长孟吉平先生在 2005 年年底的成都年会上，就确立一个科学规范的学前双语教育模式，坚持一个方向、三个原则和五个要求发表了重要讲话。

"一个方向"是指：在有条件的地区、幼儿园里进行的一项实验研究，而不是大面积地扩大和普及，是将第二语言的学习融入幼儿的一日生活、融入幼儿园教育中去，以促进幼儿健康、和谐、全面地发展。

"三个原则"是指：学前双语教育以及课题研究工作一定要遵循国家对学前教育的有关政策、法规和规定；一定要遵循儿童成长发展的规律；一定要按照幼儿阶段学习语言的目的、要求、特点来推动此项工作。

"五个要求"是指：（1）要把母语和第二语言的学习的关系处理好，将两者紧密地结合起来。既要对第二语言学习持有积极正确的态度，同时一定不要削弱母语的学习；（2）必须使幼儿第二语言的获得与幼儿的生活实践密切结合；（3）一定要按照儿童心理认知特点，通过游戏的方式来创设第二语言的环境；（4）要注重创设学习第二语言的愉悦环境；（5）要重视教师自身素质的提高，双语教师的自我完善要体现在每一节课上。

（二）学前双语教育的儿童观

何谓儿童？如何看待儿童？有专家认为，儿童是一个正在成长过程中的人，看待儿童其实就是看待可能性。由于儿童的年龄特点和思维特征，儿童学习英语与成人存在很大区别。当代心理学、语言学的研究也逐渐达成共识，即儿童学习语言存在关键期。下面，我们对儿童学习英语存在的特点作简要的概括。

1. 学前儿童学习双语存在关键期

幼儿处在语言学习的关键期，其语言模仿能力强，尤其体现在语音学习上；此时学习任何一种语言，对语音的把握最为纯正；汉语发音规则在幼儿的头脑中尚未定型，对英语的学习干扰较小。幼儿发音机制尚未定型，有条件模仿世界上任何一种语言，所以我们称学前期为学习语言的最佳时期。年龄大了以后，学习第二种语言时就极易受到母语发音的影响，说第二语言会有方音。如果幼儿由发音正确的成人教，让其有英语发音的体验，可为他入学后学习英语打下良好的基础。

2. 学前儿童学习双语存在沉默期

幼儿语言学习遵循听—说—读的顺序。儿童语言发展是从学习听话和说话，特别是从学习听话开始的。母语的习得研究结果表明，儿童最先学会的是听话，然后才逐渐学会说话、阅读和书写。幼儿只有经过一个沉默期以后才会说本族语。在这个沉默期内，外界的语言输入在儿童头脑中逐渐积累，形成潜意识，然后逐步唤醒大脑中潜在的语言信息，这是儿童语言运用（理解和表达）的准备阶段。当这种准备积累到一定程度，在外界交际环境的作用下，儿童才开始理解和动口说出大量的话语。由此可见，儿童听话的能力远远超过说话的能力，说的技能的高低决定于听的能力的发展程度，听的技能的发展为儿童开口说话做了很好的准备。幼儿学习英语也存在沉默期，只不过时间相对短一些。

3. 学前儿童学习双语的其他特征

幼儿大体上是按照思维的顺序来使用语言，这种方式易于促进记忆，且使之更为牢固和扎实。与成人相比，幼儿之间的交流，只需较少语言的参与即可实现，而且他们所使用的语言结构简单，幼儿学了少量的英语后就可很快在交往中运用，有利于幼儿学习语言积极性的获得；幼儿学习时无心理负担，能得到成人更多的积极反馈；他们特别喜欢玩语言游戏，在幼儿园与教师接触的时间长。所有这些因素都有利于幼儿获得更多的机会练习对英语的理解和表达。

（三）学前双语教育观

目前对我们的幼儿园语言教学产生指导作用的主要有以下三个基本观念①。

1. 完整语言的观念

在幼儿双语教育中树立完整语言教育的观念，就是强调幼儿语言教育目标应当是完整的，幼儿语言教育的内容应当是全面的、完整的，幼儿语言的教育活动应当是真实、完整的交流情境。

（1）幼儿语言教育目标是完整的

完整的语言教育目标应该包括培养儿童语言的听、说、读、写四个方面的情感态度、认识和能力。对幼儿来说，主要是培养他们的听、说能力和良好的听、说行为习惯，同时使他们获得早期的读、写技能，为他们进入小学进行正规的读写训练作前期准备。在所有的目标中，培养幼儿的语言运用能力，特别是提高幼儿的语言核心操作能力应当成为语言教育的重点。

（2）幼儿语言教育内容是全面的

全面的语言教育内容是指在幼儿语言教育中，既要引导幼儿学习口头语言也要引导幼儿学习书面语言，既要让幼儿理解和运用日常交往语言也要引导幼儿学习文学语言。整合的语言教育内容是指在选择和编排语言教育内容时，要把语言视为一个整体，而不是将教学切割成分离的技能成分。

（3）幼儿语言教育活动过程是真实的、形式多样的

语言教育目标和内容要求语言教育活动的真实性和形式多样性。教育活动的真实性是指教师在组织活动时应着眼于创设真实的双向交流情境，使语言教育活动的过程成为教师与幼儿共同建设的、积极互动的过程。因此，作为教师首先要了解幼儿的交流需要，只有了解每一个幼儿的特定交流需要才能有的放矢

---

① 周兢，余珍有. 幼儿园语言教育. 北京：人民教育出版社，2006

给予帮助,也只有提供给幼儿的语言范例是幼儿所需要的,才能够激发幼儿使用语言与人交流的动机,这样的语言教育才是最有效的。教育活动的形式多样性是指语言教育应当有多种活动形式、丰富的学习环境,既要有重点训练幼儿发音的活动,也要有重点培养幼儿运用已有经验进行集体或个别交流的活动,既要有幼儿欣赏文学作品的活动又要有给幼儿机会表现文学作品情节的表演活动等。

2. 整合教育的观念

整合的语言教育观念意味着把儿童语言学习看成一个整合的系统,充分意识到儿童语言发展与其他智能、情感等方面发展是整合一体的关系。在儿童语言发展过程中,他们对每一个新词、每一种句式的习得,都是整个学习系统调整、吸收与发展的结果。

(1)语言教育目标的整合

整合教育首先表现在语言教育目标的整合上,要求在制定幼儿语言教育目标时,既要考虑完整语言各组成成分的情感、能力和知识方面的培养目标,也要考虑语言教育可以实现的哪些与语言相关的其他领域的目标,同时也要考虑哪些语言教育的目标可以在其他领域的教育中得以实现,使语言教育目标成为促进儿童的语言发展为主线,同时促进儿童其他方面的发展的整合的目标体系。

(2)语言教育内容的整合

幼儿语言教育内容的整合,要求教育工作者在设计、选择教学内容时,充分考虑社会知识、认知知识和语言知识的有效结合,考虑学习内容在这三个方面都对幼儿具有积极的挑战意味,考虑幼儿在学习时获得整个语言学习系统的调整和收纳。

(3)语言教育方式的整合

目标与内容的整合,同时牵制着语言教育方式的整合走向。整合方式的突出特点,是以活动的组织形式来建构语言教育内容,其中包括专门的语言活动和与其他活动结合的语言活动。

3. 活动教育的观念

提供幼儿充分操作语言的机会,儿童发展是靠他自己与外界环境相互作用而建构起来的。儿童的语言发展也是通过儿童个体与外界环境中与各种语言和非语言材料交互作用得以逐步获得的。儿童发展需要外界环境中的人、事、物的各种信息,但这些信息不是由成人灌输去强迫儿童接受的,而是在没有压力、非强迫的状态下,儿童通过自身积极与之相互作用而主动获得的。幼儿语言教育便是引导幼儿积极地与语言及相关信息进行相互作用的过程。

通过多种形式的操作,促进儿童语言的发展,儿童认知发展的显著特点是通过他们自身的操作活动来发生于环境的交互作用。因而,操作活动同样也是幼儿语言教育的组织形式。用活动的形式来组织幼儿语言教育过程,意味着幼儿可以在动手、动脑、动嘴的学习中获得亲身经验,也意味着幼儿更有兴趣、更积极主动地投入到学习过程中去,还意味着幼儿在学习中同时获得动作表征、形象表征和概念表征三层水平的联系,可以更好地掌握学习内容。

(四)学前双语教育的实践观

教育理念的实现,最终都要依靠教育实践。将理论转化为实践的过程中要注意以下几点。

1. 用英语教而不是教英语

"用英语教英语"关注的重点是教师以英语作为交流语言,给幼儿创设一个英语环境。带幼儿玩、组织幼儿生活和学习,让幼儿在其中获得游戏和学习的乐趣,并在此基础上产生对英语语言和文化学习的兴趣和敏感性。例如,老师出示一张空白纸让幼儿画水果,然后说:"Look, here's an apple, a small apple. What's this?"幼儿就用中文说苹果,老师继续用英文让幼儿画出苹果,允许幼儿用中文回答,但老师始终用英语讲解。

2. 重视创设模拟的英语环境

幼儿学习英语时语言环境起关键作用,而我国大多数幼儿园不具备自然的英语环境,所以需要在一定的时间内创设一个模拟的英语环境。这里所说的环境包括物质环境和人际交往环境两类。创设英语物质环境指在一定时间内,活动室内的环境布置(包括物品摆放、墙壁装饰)应与国外英语幼儿的活动环境相同或相似。英语物质环境的创设应是灵活的、可变的,应与幼儿当前的英语学习内容联系起来。英语人际交往环境主要指人的因素,即在一定时间内,教师在组织幼儿的日常生活和正式学习英语活动以及教师之间

对话时应尽量使用英语,给幼儿提供更多的接触、模仿、内化英语的机会。同时这些活动应在时间安排上相对固定,使幼儿逐渐产生对英语学习和运用的时间反应定势。这种英语环境还可提高幼儿对英语语境、交际对象等因素的敏感,促进他们交际能力的发展。

3. 重视幼儿的已有经验,围绕幼儿的已有经验选择活动

在选取英语活动内容时注意使这些内容符合幼儿的年龄特征,适合幼儿的能力、需要和兴趣,与幼儿已有的生活和学习经验产生一定的联系。要求教师组织幼儿生活和学习活动时使用幼儿可以理解的英语。教师传递给幼儿的语言(言语性的)从内容上看有两类:一类是幼儿熟悉的、已经接触过并已基本掌握的,这部分语言内容教师可直接以纯言语的形式传递给幼儿,这样不会影响幼儿对语义内容的理解,同时还会强化他们已知的英语内容;另一类是幼儿比较陌生的、刚接触但尚未掌握的或从未接触过的,这部分语言需要教师配合多种手段呈现给幼儿,或辅之以直观材料(实物、图片等)、教师的表情、动作等等,使幼儿将听到的无意义的"噪音"与实物、图片、表情、动作等建立稳固的联系,使语言符号形象化,这样做既有助于幼儿对英语的理解和记忆,又能使英语活动生动活泼、丰富多彩。在安排幼儿园英语活动内容时尽量使前后内容衔接、连贯,新的知识从旧的知识中逐渐延伸出来,学习新内容时从复习以往学过的内容开始,做到新中有旧,旧中有新。这样一方面可使新内容的引入比较自然,不会影响幼儿的学习兴趣;另一方面也使幼儿学到的英语知识技能得到连续强化。

4. 强调幼儿的主动参与

幼儿处于"人生游戏活动主导阶段",他们在游戏中主动掌握符号机能,发展想象力,理解人的行为意义,认识到人与人之间的关系,所以说,游戏是幼儿的主要活动方式。在探索中尽量使幼儿园英语活动形式游戏化,在组织活动时尽量让幼儿把学习语言活动作为一种游戏,通过组织各种游戏活动,让幼儿以动作、表情和语言等形式参与活动,使他们在动身体、动手、动口的活动中感受英语、运用英语。这样,枯燥的学习"言语符号"的正式活动就变成了玩"声音游戏"。它既符合幼儿"好玩"的年龄特点,满足幼儿玩的愿望,又能使他们在玩的过程中自然有效地习得英语。

5. 适当放宽对幼儿英语表达的要求

对幼儿的英语表达始终持宽容的态度,适当降低要求。教师在组织英语活动时尽量多地使用英语,为幼儿提供大量的英语输入,但对幼儿运用的语言要求不宜过严,不一定非要他们完全使用英语(实际上,即使有这样的要求,幼儿也无法做到)。小班幼儿刚接触英语,会有一个相当长的"沉默期",允许幼儿对教师的问题用汉语甚至用体态语作出反应。即使到了中班,也不强行要求他们用完整的英语句子表达,允许他们使用汉英语混用句、简单英语句。对幼儿在运用英语表达时的语言错误我们也应持宽容的态度。只要他们的英语表达不影响表意,不影响交际,教师就不要马上去纠正他们的语言错误。只有这样,幼儿参与英语活动的兴趣才不会受到影响,他们才有可能大胆地说、大胆地念、大胆地唱。但是,教师给予幼儿的一定要是比较标准的、正确的、儿童化的英语。

6. 注重将英语渗透到幼儿的一日活动

将英语渗透到幼儿的一日活动意味着英语活动是幼儿园整体课程的一个有机组成部分,其内容和活动方式的选择取决于幼儿已有的经验和当前的兴趣。这样的英语活动既包括用英语组织的游戏活动,也包括用英语组织的部分生活、过渡和学习环节的活动。在所有的英语活动中,英语有时是学习内容,但在更多的时候是教师的组织语言和师幼共同游戏的材料。

幼儿在幼儿园获得的多数知识和技能与他们的日常生活密切相关。他们最熟悉的莫过于衣、食、住、行。幼儿在幼儿园获得的这些生活和学习经验,为他们获得相应的英语表达提供了可能。用英语组织的日常生活活动就是在幼儿园一日生活的某些环节(如入园问候、正式活动之后指导幼儿小便、洗手、喝水、吃点心等)教师用英语来组织。用英语组织的日常生活活动的形式是非正式的,无须占用正式活动时间,对幼儿来说学英语是自然的、无意识的潜移默化的习得过程,幼儿在其中是无压力、无负担的。在活动过程中,英语口语成为幼儿注意的一个中心。用英语组织的日常生活活动成功与否,直接影响幼儿园双语教育的效果。用英语组织日常生活活动可以为以下目标服务:培养幼儿对用英语组织的日常生活活动感兴趣,使他们学会理解和巩固在正式活动中学到的有关日常生活中的英语表达,对老师的英语指令作出基本正确的反应,并让幼儿获得英语国家儿童的部分生活经验。

由于这类活动贯穿于幼儿的一日生活,具有非正式性和随机性,所以除了少量日常生活对话可以设计

成正式活动方案外,大部分用英语组织的日常生活活动要求教师根据具体情况灵活安排,无法统一设计。

第二节　学前双语教育的争鸣与探索

学前双语教学自产生以来,便面临着不少的争论和质疑,在专家学者还在围绕"要不要学前双语教育"的问题展开争论的同时,幼儿园已经开展了广泛而深入的研究和实验。

一、对学前双语教育的两种态度

对幼儿双语学习的看法各界人士众说纷纭,莫衷一是,有的甚至相互矛盾。国内外对幼儿是否需要学习双语,一直存在两种态度。如果按对幼儿双语学习持肯定还是否定态度来分,可以将众多观点归为赞成派和反对派两个营垒。

（一）赞成派的观点

1. 社会需要说。《中华母婴网》2002 年 2 月 21 日文章中说:"幼儿学英语的重要性概括起来讲就是为了适应未来社会经济高速发展的需要。英语是一种国际通用语,代表世界科技前沿的知识大多是用英语来表述的。故此,在未来社会中只懂汉语,不懂英语,在接受信息与交流方面会受到很大的限制,是难以适应社会发展需要的。"

2. 促进智力说。美国耶鲁大学的一位心理学家通过分析研究表明:讲两种语言的幼儿比仅会讲一种语言的幼儿,在脑子的灵活性和解决问题的能力方面均有显著提高。语言刺激是促进大脑细胞生长发展的要素。幼儿期是语言发展的关键期,在这个时期给予两种语言的刺激,能促进大脑两半球之间的协调,加强神经细胞之间的接触联系。

3. 生理优势说。美国康奈尔大学的研究机构在 1996 年第 1 期《自然》杂志上发表论文指出:成年人学习外语时使用的大脑部位与儿童有明显不同,导致成年人掌握外语的速度远远没有儿童迅速。这是因为大脑中负责学习语言的部位"布罗卡斯区"在人的幼年时期非常发达灵敏,人的母语即储存在该区域。但随着年龄的增长,该区域的灵敏性呈下降趋势。研究者还利用核磁扫描技术对儿童和成人外语学习者大脑的活动情况分别进行了分析,结果发现,幼儿在学习外语时,大脑将外语储存在"布罗卡斯区",即与母语相同的部位,而成人在学习外语时大脑已无法将外语储存在该区,只能在大脑的另一部位重新建立记忆结构,新的记忆结构没有"布罗卡斯区"灵敏,在使用时还需要与"布罗卡斯区"建立联系。因此,成年人学外语的速度慢,掌握得远不如幼儿牢固,也较难形成基于"布罗卡斯区"的语感。

4. 心理优势说。由于幼儿不担心考试,也没有分数的压力,他们可以在宽松、愉快的环境中,没有压力地"玩"着学,即使错了,也不会遭到别人的讥笑。又如幼儿未来的时间很长,授课时并不急于增加词汇量,因此他们有更多的机会来练习说讲。再加上儿童都是天生的语言学家,如果他们学英语的积极性被激发出来,其潜力很快就会表现出来的。

5. 关键期说。据专家介绍,2 岁到 6 岁是孩子语言发展的一个重要阶段,即智力发展的"敏感期",在这个阶段,大脑皮层发育迅速,不仅需要营养,更需要来自外界的丰富刺激,科学、系统、多方位地对孩子进行语言训练,开发大脑左半球,对孩子的一生将产生重大影响。8 岁前是综合语言能力产生和发展的最重要的时期,无须有意识、有目的地指导和分析,仅仅通过样例呈现等简单的形式,就可以获得隐含的抽象知识;而 8 岁以后开始转向以外显学习为主,难以自然地掌握语言。

（二）反对派的观点

1. 丧失文明说。日本学者岸根卓郎在《文明论》中提出"语言就是文明","放弃母语,就是通向亡国（文明破坏）的最直接的道路"。

2. 语言环境说。对于孩子来讲,首先要学好的是母语,如母语学不好,孩子就无法很好地与别人交流。母语随时随地都可以学,而学外语是需要语言环境的。对于孩子来说,学习母语是在一个自然环境里,而学

习外语则是在一个人为的环境里,离开这个环境孩子就不再有机会接触外语了。而语言是在使用中学会的,光学不用,事倍功半,时间长了等于白学,这是很可惜的。

3. 谨慎发展说。语言学家、中国社科院语言所研究员赵世开认为,幼儿学前外语教育是一件大事,要慎之又慎。根据他的个人经验,幼儿时和小学时学的外语对他语言能力的开发并没有什么大的作用。"目前,幼儿园和小学都开设外语课,究竟是利多还是弊多,这太值得考虑了。"对于双语教育,学校在课程设置和人员安排中都要经过科学论证,万万不能一哄而上,盲目推广。

4. 干扰母语说。《外国语》执行副主编束定方介绍:从教育学来讲,5—10岁是一个人母语思维最佳的培养、锻炼时期,用母语进行教学,不但对巩固和提高学生母语有利,而且对培养人的逻辑思维能力也有好处。脑科学家杨雄里院士曾经指出,一般人的逻辑思维形成是通过母语学习,因此过早学习外语极可能造成干扰,导致逻辑思维能力缺陷①。

二、学前双语教育的尝试与探索

尽管学术界在学前双语教育的多个问题上存在争议,但是,在现实的学前双语教育中还是涌现出一些较为成功的尝试与探索。下面,以中加合作西安浸入式教学模式和苏州学前双语中英文整合模式为例,简单介绍现阶段学前双语教育的实践走向。

(一)中加合作西安浸入式教学模式②

所谓浸入式(Immersion),是指在校(园)的全部或一半时间内,儿童被"浸泡"在第二语言环境中,教师不但用第二语言教授第二语言,而且用第二语言讲授部分学科课程。浸入式教学模式要求外语教学与学科知识教学相结合,其依据是:(1)学校的各类学科课程为第二语言的学习提供了自然的基础和环境,为儿童提供了用第二语言进行知识、情感和态度等交流的机会。(2)重要而有趣的学科内容能激发儿童产生掌握第二语言、运用第二语言交际的动机。(3)与学习母语一样,儿童第二语言的习得是语言与认知内容的结合,在这个过程中,认知与交际能力伴随语言一起发展。(4)语言正规的和功能的特征随情景不同而变化。语言与学科内容相结合的教学模式为儿童使用第二语言提供了广阔而丰富的语言环境。

浸入式教学的目的是:有效地学习母语和第二语言,通过第二语言掌握学科知识并增进对他文化的理解和鉴赏。可以说,第二语言浸入式教学是主动或自愿的选择,是以现代教学学、心理学、语言学以及相关学科的理论为依据,具有自己独特的教学原理与方法的崭新的第二语言教学模式。

从世界范围来看,近30年中最有成效、最有意义的第二语言教学改革当数浸入式教学模式,它是加拿大的创举。研究和评估的结果一致表明:通过浸入式教学,学生所获得的第二语言能力、母语能力以及学科课程的成绩,都明显高于其他外语教学模式培养出来的学生。他们具有较强的文化敏感性,对他文化表现出积极的态度和正确的认识,有利于加强英裔和法裔加拿大人之间的交往及相互理解与尊重。此外,由于接受浸入式教育的学生在学习过程中不但要建立第二语言符号系统,还要在两种语言符号系统之间进行频繁而迅速的语言转换,因此其思维敏捷性、理解力和判断力都明显优于单语儿童。

1997年6月在中国西安成立了"中加教育合作英语浸入式教学实验课题组",制订了实验方案。课题组借鉴加拿大法语浸入式成功的理论和实践,开展"早期英语半浸入式教学"实验。该实验的目的是探讨我国双语人才培养的质量问题,并在有关儿童早期第二语言学习的理论与实践方面有较大的突破,为改革我国传统外语教育模式提供了借鉴。

在实验过程中,课题组坚持先进的教学方法与正确的教育观念相结合,注意尊重儿童,把儿童放在学习的主体地位,摈弃了传统教学中灌输和被动记忆的方法,从兴趣入手,以活动为主,开展了内容丰富多彩、形式生动活泼的实验活动,让儿童在活动中学习和发展。这种方式极大地激发了儿童学习的积极性、主动性、创造性,孩子们普遍反映爱学英语、爱英语老师。该项实验取得了明显的效果:儿童的英语水平显著提高,极大地促进了儿童对英语的习得;儿童学习英语的积极性、主动性得到充分发挥;儿童的英语思维能力得到了培养;儿童的综合文化素质及个性也得到了健康发展。

① 黄河清,杨芸,马天宇,张玲.上海市幼儿外语学习的调查报告.上海教育科研,2003(9)
② 强海燕,赵琳.加拿大第二语言浸入式教学模式及其在我国双语人才早期培养研究的尝试.教育导刊,2000(2,3)

（二）全国教育科学"十五"规划教育部重点课题——苏州学前双语教育中英文整合模式

学前双语教育中英文整合是汉语和英语两种语言课程有机结合在一起，把英语教育活动纳入幼儿园日常教育活动中，使其成为幼儿园活动的有机组成部分，实现英语教育与幼儿教育一体化。

苏州学前双语教育中英文整合模式是在方案教学背景下，以主题方案活动的形式展开的。该模式借鉴了瑞吉欧方案教学理念，凸显以下三大特点。

1. 双语教育活动始终追随着幼儿，教师的活动设计保持着高度的动态性、灵活性和开放性，它是一个切磋学习、经验共享的过程。

2. 双语教育活动关注师幼交往互动，注重幼儿在区域活动中彼此的调整适应，以达到互动合作，在实施中只要幼儿对主题网络中的某些问题感兴趣，就鼓励他们主动地去发现问题、探索问题和解决问题；教师引领幼儿所探索的问题往往来自现实的生活，当活动的主题和内容为孩子所熟悉时，他们就能更积极主动运用心智去探索、去发现，并尝试运用多种多样的方式去解决问题。

3. 教师重视活动过程中的诊断和活动后的反思。

同时，苏州学前双语教育中英文整合模式借鉴《纲要》所倡导的幼儿园课程生活化、游戏化的理念，在活动中，教师不是把生活、游戏、课程简单地联系在一起，而是发现、选择和利用生活中的课程内容，充分利用游戏手段实施幼儿园课程。该模式强调双语活动应是融于生活、融于区域、融于亲子活动的。

首先，双语活动应融于生活，幼儿的生活是丰富多彩的，有幼儿园的、家庭的、社区的生活等等，尝试从幼儿的生活中发现有价值的主题，并有选择地将它渗透到幼儿园课程中。由于生活本身就具有综合性，因此，越是充分利用生活资源，就越能体现幼儿园课程有机综合的特点。

其次，双语活动应融于区域、游戏。教师充分尊重幼儿的经验和能力，使游戏成为幼儿自己的游戏，成为幼儿成长过程中一种极具价值的生活活动、学习活动。

再次，双语活动应融入亲子教育，给幼儿以各种方式表现、展现他已具有的新知识和能力的机会，这种展示能使幼儿在整个活动中所学的知识与能力在家长面前交流和相互学习，是一种难得的沟通方式。

第三节　学前双语教育的现状与对策

目前，在许多幼儿园中英语已经占有一席之地。然而相当一部分实施双语教育的幼儿园正在受到诸多问题的困扰，幼儿园的英语教育没有规定教材，缺少英语环境，缺乏既懂幼儿教育又能熟练运用英语的教师，诸如此类的众多问题制约着幼儿园英语教育的研究和实践。尤其受原有幼教师资培养体制的影响，目前大多数幼儿园的在职教师英语基础薄弱，不具备英语的听说能力。这是开展幼儿园英语教育的最大困难，束缚了幼儿园英语教育活动的展开。出现这些现象的主要原因是，目前我国双语教育尚缺乏成熟理论的指导和坚实的实践研究基础，相当一部分理论和实践工作者对幼儿园双语教育出现了理解上的偏差。

一、学前双语教育的现状

（一）教师的英语化和幼教化程度不同步

随着学前儿童英语教育研究的不断深入，师资建设问题已成为制约学前儿童英语教育能否顺利有效地开展的一个关键。目前，幼儿园开展双语活动的老师有两种情况：一是幼儿园设有专门英语教师（属科任性质），其中一部分是国内高等师范或综合性大学英语专科毕业，一部分是聘请的外国教师；二是幼儿园原班教师教英语，他们懂幼儿教育，所用方法符合幼儿的特点，但在英语方面多为半路出家，语言质量难以保证。这两种情况的教师在幼儿园双语教育中发挥各自的优势的同时，也存在许多令人不满意的地方，主要体现在以下几个方面。

1. 现有的幼儿园教师英语整体水平不高。他们缺乏必要的语言交际能力，发音也不够准确，且重要的是，这部分师资得不到及时的后续培训，势必会影响教育质量。

2. 教师缺乏必要的英语教学法的指导,难以使英语教学真正适应儿童的年龄特点,在不影响兴趣和积极性的条件下开展教学。教育过程易流于程式化、形式化。

3. 很难找到既合格又合适的英语教师。师范院校英语专业的学生不愿意来幼儿园任教,而社会上从事幼儿英语教育的人员又缺乏必要的幼儿教育知识。

幼儿园理想的英语教师,最好是幼儿教师英语化,对学前英语师资的培养研究(包括学前英语师资的规格标准和培养模式的研究)也越来越成为人们关注的焦点。历来幼儿教师都要持证上岗,因此,英语教师任职资格是目前亟待解决的问题,为保证幼儿园英语教育的质量,使幼儿的英语启蒙教育不被贻误,急需教育行政部门出台"幼儿园英语教师任职资格"方面的文件,以使幼儿园有章可循。

(二)教材和教学内容不够系统

目前开发的幼儿英语实验教材丰富多彩,每一所幼儿园基本上都使用不同的教材版本,如《迪斯尼神奇英语》、《剑桥少儿英语》、《浸入式英语》、《快乐儿童英语》、《现代幼儿英语》、《洪恩英语》、《阶梯英语》、《马宏英语》等等。有的直接采用国外幼儿学习原版教材;有的进行本土化改造;有的国内外研究者合作开发;还有的进行园本教材开发;有的综合采用各种幼儿英语教材,改编后为己所用。幼儿英语教学材料大多采用了多媒体形式,即光盘、磁带加书本的形式。幼儿教材的极大丰富,在一定程度上促进了幼儿英语教学研究的发展,但是也存在许多问题。

关于幼儿英语教育的教材问题,现在教师和幼儿使用的教材版本很多,各有特色,优劣随意评说,没有审核的标准和机构,各幼儿园选择教材是跟着感觉走。市面上可供选择的教材太过复杂,而真正适合幼儿园英语教育的教材却很少,且教材缺乏延续性,适合的配套教具也不多。

关于教学法问题,幼儿英语教育不应采取上课的模式,而主要应在游戏中进行,但如何将游戏与英语教育结合在一起又缺乏相应的理论和实践。

对幼儿英语教育如何有效地整合在幼儿园已有的课程中,既能实现英语教育的目的,又不会增加幼儿在园的学习负担等方面的研究有待深入。

(三)语言环境的创设问题

充分利用幼儿语言发展的最佳期来进行早期第二语言的教育,关键取决于良好的双语语际环境。儿童在人生的最初几年就能够用母语与他人进行自由的交流,正是得益于自然的母语环境。因此,在第二语言习得的过程中,语境的创设至关重要。然而在调查中,许多园长对此表示了忧虑。他们认为,将英语教育融入各环境中是一个复杂的过程,要求经验丰富的教师做出积极而又富有成效的努力。此外,他们也着重强调,家庭语言环境的缺乏也是一个亟待解决的问题,家长往往只重视儿童学会了多少,会说多少单词而忽视了家庭语言环境的创设。

(四)评价体系不够健全

关于学前双语教育评价,目前国内外尚未形成一个确切、严谨、统一的科学定义,也没有一个较为完整、清晰的评价体系。在实际评价过程中,仍存在着许多问题。

1. 评价方式经验化

评价常常以搀杂在其他类型的教育评价活动之中的形态出现,且只依据于评价者的感觉或个体经验,没有经过严谨的论证和理论性的思考。虽然这种经验式的评价在日常的教育工作中发挥着重要作用,但毕竟其科学性、正确性难以判定,难以作为评价体系的可靠依据。

2. 评价内容窄化和微观化

在现实的幼儿园评价中,人们往往只重视对幼儿的学习结果和幼儿发展状况的测量和评价,并据此剖析课程目标的达成程度。毕竟,幼儿评价范围窄,牵涉的因素也较为单纯,且已有的研究也比较丰富,评定起来很容易。而幼儿园课程评价却因牵涉的因素太多(关系到政治经济背景、文化传统、教育观念等),涉及范围太广(涵盖幼儿园所有的保育和教育活动),表现方式比较内隐(如教学目标的适宜程度、教师的教育观念态度、师生互动的质量等问题都没有明显的外部表现),再加之变量多,多重因素的关系交叉重叠,很难将一个因素从众多的变量中分离出来,操作起来难度很大,所以常常被幼儿园置之一旁。

3. 评价主体单一化

评价主体即评价者。从理论上来说,评价主体应该有各种不同类型的人员(如课程专家、管理人员、幼儿以及家长等)的参与,特别是教学第一线的人员的加入。因为评价的功能不仅是对课程实施结果的考查,而且还有对课程进行诊断、比较、修订等多项功能。作为课程实施主体的教师,如果能通过参与评价,了解课程发展过程的全貌,深入理解课程的性质与目标,进而采取有效的方法完成课程所规定的各项任务,这是十分有益的。而当前的幼儿园课程评价基本上还是一种自上而下的"单向性评价",评价主体单一,被评价对象的自我评价没有得到应有的重视。譬如,课程评价的目标、手段、方法以及课程方案的调整的权力主要集中在教育行政部门和幼儿园管理人员手中,教师的介入仍显得被动和薄弱;教师评价多由幼儿园管理者进行;幼儿发展评价多由教师评定;托幼机构教育质量的评价多由上级主管部门组织。

(五)理论研究不够成熟

关于学前英语教育的理论研究,可以概括为一句话,即无暇顾及、无力应对,整体上尚属薄弱。理论是对实践的概括和反思,学前儿童英语教育理论,就是通过对学前儿童英语教育实践进行概括,从中抽象出构成学前儿童英语教育的各要素的结构及其运动规律,以指导和规范该学科教育的实践。目前,对此领域的研究更多的是停留在实践研究层面,即依据有关理论(如语言学、语言心理学、神经心理学等),对学前儿童英语教育的可行性进行探讨,大多数研究只停留在对表面现象的认识与描述上,不能由现象认识其实质,尚未形成一整套揭示学前儿童英语教育内在联系及其运动规律的理性认识。这其中的原因:一是学前儿童英语教育的历史还非常短暂;二是在学前英语教育的实践中,较高的理论要求与普通的理论水平不高之间的矛盾还非常突出,用于指导学前儿童英语教育的理论认识还比较零落。

(六)家园配合有待加强

英语教育幼儿园与家庭脱节,即使幼儿园有良好的学习英语的环境,但除了在园的时间,孩子大多数时间是和父母在一起,因此,家庭直接影响着幼儿学习英语的效果。但现如今,由于父母的意识及家庭语言环境的限制,使英语教育存在着幼儿园与家庭脱节的问题,有的幼儿在家可能很少或根本接触不到英语,因此也就得不到练习。

因为父母并没有建立起正确、科学的英语教育观念;幼儿园也缺少与家庭关于英语方面的交流,所以孩子离开了幼儿园,已学的英语便遗忘得较快,并没有达到很好的复习、巩固的效果。幼儿园应该引领家长丰富孩子英语知识的探索。首先,应提高家长对学习英语的理性认识;其次,应该为孩子创设学习英语的良好环境,利用家长自身的特长,为孩子的英语学习服务;再次,家长应了解自己孩子的年龄特点和个性特点,寻找适合自己孩子学习英语的方法;最后,家长最主要的是要以"宽容"和"平和"的心态来对待孩子的英语学习。切莫因为孩子的一个发音或一个说错的单词而强迫孩子去练习,以免增加孩子的心理压力,造成"厌学"的不良影响。

幼儿一离开幼儿园,他们的生活环境主要是各自的家庭。受幼儿年龄特点的限制,环境一变,遗忘很快,幼儿所需要的英语环境是经常的、长久的。所以,父母的支持、参与程度直接影响到幼儿英语能力的发展。父母应尽可能地与孩子说英语;此外,老师要做好家园联系工作,及时向家长反馈英语教学内容,以便父母在家帮助孩子复习巩固。

在家中父母尽可能多地放英语的光盘、磁带给孩子听、看,这都是在给孩子创造英语学习环境,使孩子通过环境习得来学习英语。

(七)其他问题

幼儿英语教育中存在的其他问题,包括政府教育部门的态度,收费的统一标准以及急功近利的现象等,此外,尤其引人注目的是社会上儿童英语机构的开设给幼儿园英语教育活动带来的影响。近些年,社会上涌现出越来越多的各类形式的儿童英语教育机构。受教育理念、运作机制等多方面的制约,这些教育机构在从事英语教育的活动过程中,较为重视英语教学法的应用,如全身反应教学法和游戏教学法等。但是,由于缺乏相对固定的师资、幼儿教育的相关理论知识和教学经验,机构办英语培训班的真正价值和长期效果还有待观察。这种机构的大量存在,给幼儿园带来了很大的压力,也迫使其尽快寻找有效的应对方法和

途径。

二、学前双语教育的对策

针对双语教育中存在的一些争议,许多幼儿双语教育工作者从以下三方面提出了幼儿双语教育的对策。

(一)幼儿园双语教育应配备适合幼儿的教材

适合幼儿的教材是指从幼儿园教育的实际出发,从幼儿的年龄特点着眼,符合幼儿的思维、认知、记忆等特点,引发幼儿的兴趣,促进幼儿健康全面发展的教材。就第二语言(英语)而言,应由三部分组成:(1)幼儿园幼儿日常生活英语;(2)幼儿游戏英语;(3)幼儿文艺(儿歌、故事)英语。教材与幼儿园的教学模式相适应,才能更好地促进幼儿园英语教育的发展。

(二)幼儿园双语教师应具备英语能力和学前专业知识

幼儿发音机制尚未定型,有条件模仿世界上任何一种语言,所以我们称其为学习语言的最佳时期。如果幼儿由发音正确的成人教,让其有英语发音的体验,可为他入学后学习英语打下良好的基础。但是,幼儿园不管有无合格的英语教师均大肆宣扬自己是"双语"幼儿园,任意开设英语课和兴趣班,从对幼儿负责的角度看,那就不妥了。有的教师半路出家,在语音、语调上存在着严重的问题,表达能力差,英语基础知识不扎实;而幼儿园聘请的高校毕业生或外籍教师大多缺乏有关幼儿教育的基本知识和技能,而且其组织的英语活动也大多独立于幼儿园其他教学活动之外,难以实现英语活动与其他教育活动的整合,因而也难以协调英语教育活动与幼儿园日常保教活动之间的矛盾和冲突。理想的幼儿英语教师应该是"幼儿教师英语化,英语教师幼教化"。

教育行政部门应尽快出台"幼儿英语教师任职资格"方面的文件,以约束幼儿英语教师的任职资格。教育机构应永远把质量放在第一位,这是我们应当恪守的职业道德。

(三)幼儿园应明确双语教育的目的

如果把英语教育或所谓的英语特色作为幼儿园争夺生源的工具,那么幼儿园英语教育是不可能健康发展的。幼儿园的英语教学是为了培养幼儿对英语的初步感受力量。但很多幼儿园只盯着经济利益,不研究怎样提高英语教学水平。这损害了幼儿园的名誉,也损害了家长的利益。幼儿园英语教育应有明确的目的。

1. 培养孩子对英语的兴趣,提高感知语言的敏感性。

幼儿处在学习语言的敏感期,对语言有着超强的模仿能力。幼儿园英语教育应抛开"成人式"的教学方式,选择游戏、儿歌等有趣的、便于幼儿模仿、表演的教学方式,培养孩子对英语学习的兴趣。

2. 培养孩子成功地进行语言交流的信心,发挥孩子语言的潜力。

生活化的英语教学最容易被幼儿所接受。因为那些与生活密切相关的每天重复出现的生活内容,能降低幼儿学习英语的难度,自然而然地习得,并能运用于现实生活,给幼儿提供轻松愉快的学习环境,让幼儿大胆、轻松地用英语交流。

因此,无论是幼儿园欲开展"双语教学",还是家长们意欲让孩子们提前学英语,都应该持理性的态度来做决定。办学条件是否成熟,"双语"幼儿园是否有足够的实力,这些都是大家需要思考的问题,千万不要贸然做决定。倘若幼儿园一味追求经济效益,家长一味赶时髦,到头来最终受害的是孩子。及时发现问题、解决问题,"双语教学"才能健康、顺利地发展下去。

实践篇

第二章

学前双语教育活动的建构

幼儿园双语教育从根本上讲，是在运用发展幼儿母语的基础上，对幼儿进行第二语言的启蒙教育。我国的幼儿园双语教育基本上都是在汉语语言这一母语背景下开展的，我们试图在现有的母语环境下探索英语教育活动的建构，从而实现"基于母语，习得英语，趋向平衡，全面发展"。

第一节 学前双语教育活动的概述

一、学前双语教育活动设计的性质

学前双语教育活动设计是一门新兴的应用性、边缘性和综合性的理论学科，跟很多学科的教学法一样，它具有跨学科性质，是教育科学中学科教育的一个分支。

（一）学前双语教育活动设计是一门新的学科

学前双语教育活动设计目前应该说还是处在创设和逐渐完善的阶段。学前双语教学法逻辑起点是学前英语教学。我国学前双语教学法研究应从我国的教育实际出发，多方位、多角度、多层次、多元化地进行研究。学前双语教学法要符合素质教育的要求，考虑英语教学的特点，符合幼儿学习英语的阶段特征，吸收教学实践中的经验和教训，根据科学理论，探索、抽取和概括出规律来。它是一门具有自身新的研究角度的科学。

（二）学前双语教育活动设计是一门既带有理论性又带有应用性的学科

学前双语教育活动设计是以心理学、教育学与英语语言学等相结合的理论为基础的应用性学科。听、说、读、写的训练和为交际运用语言能力的培养及思想情感因素与智力因素的发展，是以英语语言学、语音学、语法学、语篇分析学等语言知识和理论为基础的。学前双语教学实践是理论源泉。其主要标志在帮助学前英语教师树立正确的教学观、训练英语教学能力和提高教学艺术，从而提高教学质量。

（三）学前双语教育活动设计是边缘性的学科

学前双语教育活动设计牵涉多门有关学科的基本理论，学前双语课程的开设受到了很多理论的影响。它吸收了有关学科的理论，从某些角度反映了这些学科理论的发展，同时也反映了幼儿园双语教学的自身发展，反映了它的实践和规律。因此，它是英语学科与教育学科的融合、结合而形成的一门新的边缘性的学科。

（四）学前双语教育活动设计是一门教育科学

学前双语教育活动设计不仅受到语言科学的影响，更多受到教育科学的影响。因此，它是学科教育的一个分支。

二、学前双语教育活动设计研究的对象

学前双语教育活动设计研究的对象主要是学前双语教育的现象、规律、原理和方法。它主要研究下面几个问题：（1）为什么学和为什么教；（2）学什么和教什么；（3）如何学和如何教；（4）在什么情景中学和在什么情景中教；（5）学和教得怎样；（6）如何获取学和教的反馈信息；（7）怎么研究和改善以上几个问题。学前双语教学法研究除以宏观的相关学科为理论基础外，重点研究中观的学前英语理论和实践，以及兼顾微观的英语知识的传授和能力的培养的方式、方法。它包含了辩证统一的六个因素，即课程论、学习论、教育学、评价论、科研论和情境论。

从另一角度看，其对象又包含了课程的设计者、学生、教师、评估者。因此，要考虑如下的要素：（1）人的要素（学生、教师、家长等）；（2）时间、空间要素（社会的发展及教学对象的年龄、学习阶段、学习的时间等）；（3）信息要素（教材及各种文字、音像材料及如何运用这些材料等）；（4）环境要素（教学设备、学习环境、学习风气等）。

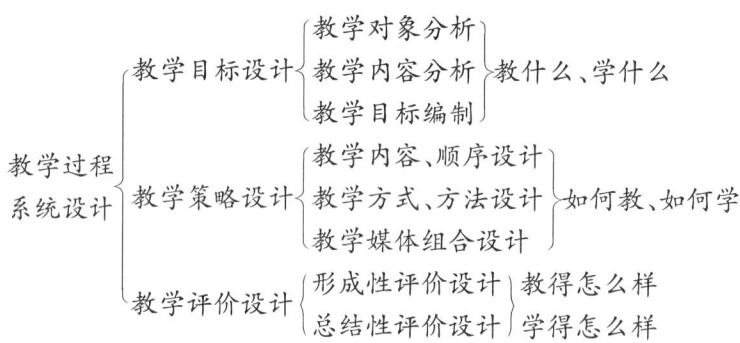

我们认为，学前双语教育是一种建立在母语基础上进行的第二语言的启蒙教育，通过整合相关的学习内容，创设幼儿运用英语进行交际的环境，让幼儿在活动中自然习得英语，扩展幼儿的英语经验。

三、学前双语教育活动的模式

我国的幼儿园双语教育始终是在实践中摸索着前行，在相当长的一段时期内，一部分实施双语教育的幼儿园受到诸多问题的困扰：如何选取英语的内容？英语与母语内容安排的比例如何？以怎样的方式来教英语？我们希望幼儿的英语达到怎么样的水平？以上种种涉及幼儿园英语教学目标定位、内容选择、组织实施等根本性问题。而这些问题要得以合理的解决，矛盾的焦点则集中在了学前英语教育活动的模式构建上。我国目前幼儿双语教育活动模式归纳起来主要有以下三种。

（一）完全沉浸型模式

该教学模式产生于 20 世纪 60 年代加拿大东部的魁北克省。魁北克是一个法语区，法语和英语一样，是加拿大两种法定的官方语言之一。为了使一些说英语的学童学会法语，以便他们日后能够使用两种法定语言，学校对这些当时还不会说法语的学童采用法语来上课。结果，这些孩子居然逐渐地学会了法语，实现了他们家长的心愿。但是这个愿望并非通过参加学习法语而实现的。取而代之的是，他们依靠老师用法语上课来学会了这门目的语。通过"教育语言"来达到"语言教育"的目标，这正是加拿大沉浸式课程的宝贵经验。

我国的某些地区的幼儿园就采用这种完全沉浸式的教学模式。该教学模式的采用能够比较省时、省力地培养学生的第二语言的能力。学生由于长期沉浸在英语情境之中，对英语耳濡目染，因此一般都可习得一口流利的英语。教学语言对生成语言能力的促进作用由此可窥一斑。但是，这种模式的采用往往有以下两大现实困境。

1. 该模式要求教师具有极高的英语水平，幼儿的一日各个环节包括生活、游戏和教学活动，教师与幼儿均采用英语进行交流，对幼儿的英语水平要求也较高，只有在这样的前提下开展双语教学才能真正达到科目的教学目标，同时还能提高幼儿的英语应用水平。

2. 该模式让幼儿完全浸泡在第二语言英语中，在一定程度上必然会对幼儿的母语学习造成冲击，削弱幼儿的母语能力。

（二）领域渗透式模式

在吸取了新加坡、我国台湾地区因采用完全浸入式教学模式而削弱了母语的失败教训后,很多学者和幼教研究者开始探询一种新的双语教学模式:在不削弱原有母语课程的基础上,进行英语教学。其采用的方式是将英语渗透于五大领域的相关内容中。这种模式的优势在于很好地保留了母语的基础,同时发挥英语的工具作用,但是也存在以下不容忽视的问题。

1. 该模式的运用等于在每个领域原有的内容上增加了英语的内容,这种做法容易造成幼儿园课程内容的超载。

2. 该模式使得英语教学拘泥于教学活动这一单纯的组织形式,忽视了其他活动以及环境创设对英语学习的重要作用。

（三）中英文整合模式

在我国幼教改革强调幼儿的完整发展、课程的整合的发展趋势下,有些学者和开设英语活动的幼儿园,试图摒弃"课堂教学"的组织形式,尝试运用课程整合的理念改造英语活动,克服英语课堂教学可能增加幼儿的学习负担、使幼儿园课程内容负载等弊端。

中英活动的整合具体界定为英语活动和汉语活动在目标、内容和活动过程相互关联、相互渗透。这里说的汉语活动和英语活动分别指的是用汉语或英语组织的幼儿园活动。这样的界定意味着,在英语活动中,英语不仅仅是教师引导幼儿学习的对象,而且也是教师和幼儿进行各种类型和各种性质活动的语言工具,英语活动的内容涉及幼儿园课程的各个领域,因此,英语活动本身就是英语学习和领域经验获得的融合体。

中英活动的整合模式其优势在于可以使幼儿从中英活动中获得的经验相互联系、融为一体,使幼儿在英语活动中获得的经验成为幼儿整体学习经验的一个有机组成部分,使幼儿在园获得的经验成为一个整体,符合完整儿童发展的观念。除此之外,与汉语活动的相互整合,还可以实现幼儿在运用英语中学习英语,使英语学习在伴随生活、领域经验学习和游戏中得以实现,使英语习得成为可能。该模式也越来越多地获得广大学者和幼儿园的认同,北京师范大学的余珍有教授提出目前幼儿园整合中英活动存在三种典型的形式:以英语活动材料为基础相互整合;用英语组织领域活动和以主题整合中英活动。这三种形式的出发点各不相同,幼儿分别从英汉活动中获得的经验相互整合的程度也不同,其中第一种英汉活动整合的程度最低,第三种最为理想。由苏州高等幼儿师范学校学前双语课题组带领下的苏州近20所幼儿园也进行着中英活动整合模式的实践探索,已初见成果。

四、学前双语教育活动整合模式对幼教师资水平的挑战

从幼儿园教育实践看,目前只有少数开设英语的幼儿园开始用课程整合的理念设计和组织英汉活动,即使已经开始思考和实践英汉活动整合的幼儿园,也多数只是采用了第一种整合模式。幼儿园采用整合英汉活动的第二种和第三种模式面临着诸多困境,对幼教双语师资的以下三方面水平提出了挑战。

（一）整合课程领悟与设计、实施能力

尽管我国幼教综合课程改革已近20年,但由于幼教师资长久以来一直接受分科教学,使得老师未能完全理解课程整合的核心以及幼儿各学习领域之间的内在关系。所以,在将这种理念转化为课程设计和实施的实践时,出现了一些偏差:在设计阶段,人为地将各领域的相关活动进行简单拼盘,整合仍流于形式。

（二）对幼儿英语学习特点的把握能力

幼儿的语言学习(包括汉语学习和英语学习)的主要方式是习得,是在为了真实的英语交往环境中获得的,是在用英语组织的幼儿生活、游戏等活动中获得的。幼儿语言学习的习得性特点也是英汉活动相互整合的一个重要理论依据。然而,由于理论研究的滞后,教师在实际组织活动时仍然以传统的中小学外语教学理念为指导思想,教授英语远远多于创设真实的交往环境。即使是在用英语组织幼儿游戏或开展领域活动时,也不忘记停下来教给幼儿几个单词或句子。活动过程中教师对英语单词学习的关注与幼儿对参与活

动过程的兴趣之间的矛盾自然导致幼儿记忆的单词很快遗忘、幼儿对英语积极性降低等结果的出现,培养对英语的兴趣和英语运用能力的目标很难得到落实。

（三）英语口语水平

目前,组织英语活动的教师通常是毕业于英语专业的毕业生或英语成绩较好的幼教专业毕业生,他们共同面临的问题是,尽管他们掌握了大量的英语词汇和语法知识,但在大学里很少接触到与幼儿园情境有关的英语,也很少了解与英语文化一致的教师日常口语。结果,在用英语组织幼儿活动时,他们常常会因为找不到适合幼儿水平的英语与幼儿交往,有时也会遇到对幼儿提出的问题,教师无法用幼儿可以理解的英语表达、语塞或直接使用汉语进行讲解等尴尬情形。教师无法用英语创设适合幼儿已有经验、能促进幼儿自然习得英语的环境是阻碍英汉活动整合的一个重要因素。

第二节　学前双语教育活动的目标

教育是有目的、有计划地对教育对象施加影响,使他们在思想、情感、行为等方面发生变化的过程。对学前儿童进行双语教育,要通过双语教育活动达到什么目的、获得什么样的效果、促使学前儿童的双语产生什么样的变化,是每一位学前教育工作者必须了解的问题。目标是行动的指南、前进的导向,若没有明确的、适宜的、科学的教育目标,幼儿园的英语教育很难步入正确的、有效的轨道。

一、教育目标的含义

学前双语教育目标就是对学前英语教育的目的和要求的归纳,是我们实施双语教育的方向和准则,有了明确的目标,有针对性、合理性和科学性,我们才能在语言教育过程中选择适合学前儿童学习的内容,采取适当的组织活动方式,并能恰当而有依据地评价语言教育的效果。

二、学前双语教育目标的内容

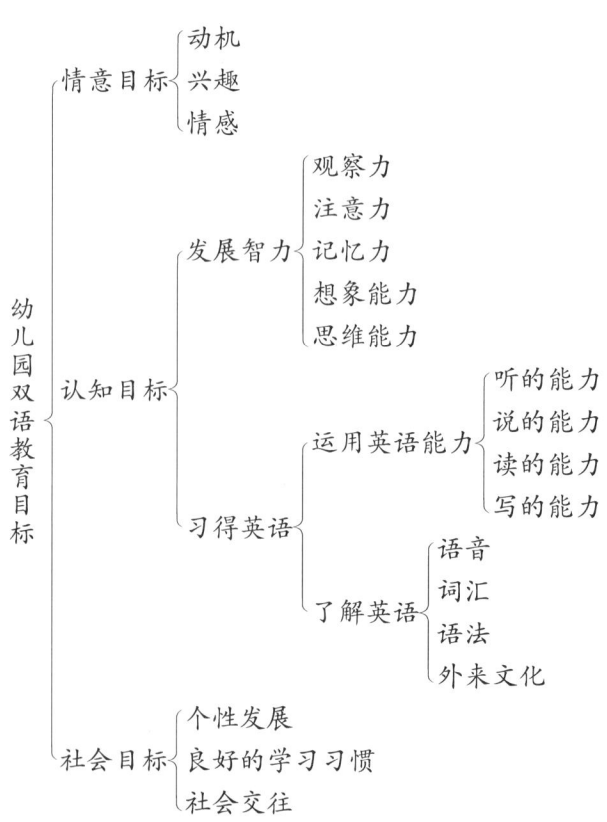

具有启蒙性质的幼儿园双语教育主要应体现以下目标。

1. 激发幼儿学习英语的兴趣——情意目标

这是幼儿园英语教育首要的、基本的目标。兴趣是一种基本情绪状态,而且处于动机的最深水平,它可以驱使人去行动。因此,兴趣是幼儿学习的前提、保证和动力。只有激发起幼儿对英语学习的兴趣,才能提高幼儿英语教育的效果,减轻幼儿的学习负担,使幼儿学而知乐,破除学习英语的畏惧感与神秘感。学习语言需要大量的模仿、重复使用、记忆等自觉或不自觉的机械练习,是一种较为枯燥的活动,而幼儿的有意注意、坚持性及自制力发展较差,因此,教师要重视激发幼儿学习英语的兴趣,善于抓住幼儿的好奇心,调动幼儿的情绪、情感,为幼儿营造轻松、有趣、生动和真实的学习环境,采用直观形象的教具和生动有趣的方法及现代化的多媒体教学手段,使幼儿满怀浓厚的情趣和强烈的求知欲去接触语言符号,接受英语教育。

2. 训练幼儿的模仿能力,打好语音基础——认知目标

语音是语言的物质外壳,是口头语和书面语的共同基础。英语与汉语属于不同的语系,英语的一些语音是汉语语音体系中不存在的,英语的发音习惯与汉语也有很大的差别,再加上语音本身的自我调节机制较复杂,它包括言语动觉调节、言语听觉调节和言语视觉调节,即学会观察与模仿口形、分析语音及掌握正确的发音动作等。因此,要发好英语语音,幼儿必须不断地辨别、练习,不断地提高语音的自我调节机制。在幼儿园英语教育中,教师要让幼儿通过听说活动,接受大量的语音熏陶,掌握正确的语音,为后继学习打下扎实的语音基础。教师要善于引入一些具有音素代表的,且与幼儿日常生活有联系的单词、短语,让幼儿辨别、积累与模仿,使幼儿园英语教育真正成为教育学家皮盖特所说的"学习语言的准备阶段"。幼儿在反复听、反复模仿语音的基础上,易养成自动化的习惯,形成语音定势。所以,教师要注意自身的语音是否标准。如果教师的语音和口语能力较差,幼儿会习得不规范的语音、不正确的语音习惯,以后将难以纠正。

3. 听说领先、启动开口,培养幼儿初步用英语进行交际的能力——社会目标

"听说领先、启动开口"更反映了注重语言的作用,即把语言看成是一种交际工具。听说领先实质也是"听说为主",它顺乎语言发展的规则,结构语言学派认为,语言是口语,不是书面语,语言学习的首要任务是分析语言,教学的重点首先是口语。各种语言都是先有声后有形,即先有语言后有文字。因此,不论哪种言语,儿童的学习都是先声后形、先简单后复杂、先感性后理性、先习得后规则。幼儿期正处于口语发展的关键期,如果幼儿在读写之前,通过口语掌握了音位体系和一些基本词语,那么他们今后学习英语将会迅速而有效得多。幼儿听觉敏锐、模仿力强,善于获得具体的语言信息,自身的自控能力低、心理障碍少,只要有一定的环境,幼儿都乐于开口,这样便于幼儿边学边用、学以致用,使所学的语言材料不断得到巩固和提高。我们的幼儿园英语教育的最终目标是培养幼儿初步运用英语进行交际的能力,即培养幼儿在日常生活中学会开口说英语、学会开口用英语的能力。

但是,幼儿开口所依赖的是交际环境,因为口语通常高度依赖于表达意义和理解话语的语境。正常的语言交际都是在一定的情景中进行,没有明确的交际目的,就谈不上真正意义上的语言使用。因此,教师要努力创设用英语交往的环境,让幼儿在自然的、真实的生活情景中运用所学的英语,培养交际的能力。语言学习完全是一种能力和技能的培养,幼儿只有在大量的语言实践的基础上才能掌握英语。

语言又是文化的载体,不同的语言蕴含着不同的文化背景。在学习英语的过程中,还要让幼儿逐步了解英语国家的风俗、文化、生活方式和社会习惯。

通过英语学习环境的创设、日常生活及教育教学活动中的指导,为幼儿提供了更加自然、有效的学习和交流环境,幼儿在此过程中敢于运用英语进行表述、交流,也积累了更加丰富的英语语言经验,进一步增强了自信心和社会交往能力,这些为幼儿塑造乐观向上的个性品质奠定了基础。

三、学前双语教育目标的描述 [①]

目标类别	目 标 描 述
听、做	能根据听到的词语识别或指认图片或实物 能听懂课堂指令并作出相应的反应 能根据指令做事情,比如指图片、涂颜色、画图、做动作等 能在图片和动作的提示下听懂小故事并作出反应
说、唱	能听录音并进行模仿 能相互问候 能交流简单的个人信息 能表达简单的情感和感觉,如喜欢和不喜欢 能够根据表演猜意思、说词语 能唱简单的英语歌曲 15—20 首,说歌谣 15—20 首 能根据图、文说出单词或短句
玩、演	能用英语做游戏并在游戏中用英语进行交际 能做简单的角色表演 能表演英语歌曲及简单的童话剧,如《小红帽》等
视、听	喜欢看语言简单的英文动画片

四、幼儿园双语教育目标例举

幼儿园双语活动的总目标着眼于培养幼儿初步的综合运用的英语能力,具体从培养目标、发展目标、年龄阶段目标三个纬度进行分解。

培养目标
1. 使幼儿掌握与日常生活有关的最基本的英语表达,在头脑中形成与汉语相联系的英语符号系统的初步轮廓。
2. 培养幼儿对英语发音和英语活动的兴趣,激发他们参与英语活动以及学习和运用英语的动机。
3. 发展幼儿学习和运用英语的基本能力,培养幼儿在交际中对英语符号和英语生活的敏感性和用英语进行交往的口语技能。
4. 使幼儿初步学习通过英语感受和了解周围世界,促进幼儿初级概念的形成。
5. 使幼儿初步学习比较英汉两种语言的最基本的异同点,促进他们的想象力和创造力的发展。
6. 使幼儿在英语活动中改善自我认识和自我评价标准、增强自信,从而促进幼儿社会性发展。
7. 使幼儿通过英语活动扩大视野,初步了解英语国家的一些文化背景知识,逐步培养他们对英汉两种文化价值观念的开放态度,为他们最终产生对英汉两种文化的宽容和认同打下基础。

发展目标
1. 初步获得相对独立的英语语音、音调等英语发音系统,并建立英语发音序列与语意之间比较稳定的联系。
2. 获得部分与自己生活和学习有关的、能与汉语经验相对的英语经验。
3. 初步了解英语儿童的生活习惯和交往规则。
4. 能将获得的英语经验与已有的汉语经验联系起来。
5. 能根据情景提供的其他信息初步理解相关的英语表达。
6. 能够对他人简单的英语指令和要求作出动作或语言反应。
7. 能运用少量的英语配以动作与人进行简单的口语交流。
8. 初步获得对英语活动时间和英语交往对象的敏感性。
9. 对英语语言本身产生好奇,产生对英语学习的兴趣和积极性,产生英语活动的兴趣。
10. 愿意了解英语儿童的生活习惯和生活用语。
11. 主动积极地利用一切机会获得自己感兴趣的英语表达。

---

① 温满玉,苏剑芳.小学英语课程理念与实施.桂林:广西师范大学出版社,2003

续 表

年龄阶段目标

小 班

1. 喜欢听英语歌曲、儿歌,并愿意模仿。
2. 愿意唱(英语歌曲)、玩(英语游戏)等英语活动。
3. 能借助具体情境执行教师单个的英语指令。
4. 能听懂身边最常见物品的英语表达。
5. 能够用1—2个英语单词与他人进行简单的口语对话。
6. 有了解外国人的愿望,见到外国人能主动用英语问候。

中 班

1. 能执行2—3个连续的英语指令,试图模仿他人发出指令。
2. 听懂教师经常使用的简单的生活用语或教学用语。
3. 能主动用英语向他人问好和道别。
4. 愿意并能够用英语说出身边最常见的物品的英语表达,愿意并主动开展念玩、唱玩的英语活动。

大 班

1. 能完成多个连续的简单英语指令。
2. 对使用英语回答问题、参与活动的时间和对象产生敏感。
3. 听懂并愿意模仿教师经常使用的生活用语或教学用语。
4. 能用简单的英语介绍自己,介绍身边的人和事。
5. 能用简单的英语表达自己的感受。
6. 能借助图片用简单的英语连贯地复述一个简短的故事。
7. 能够用简单的英语与他人进行口语对话和故事表演。

(资料来源:苏州工业园区新加花园幼儿园 周隽炎)

五、实施学前双语教育目标时应注意的问题

教育目标是对总目标的细化,参照幼儿的年龄特点可以制定阶段发展目标,参照英语语言学的特点可以制定分类目标,这需要有丰富的实践经验和科学的实验探索。但在实践中,却存在着目标混乱甚至是盲目的现象:以为语言教育只是学习语言知识,知识目标放在首位,这样使学习英语成为幼儿的一种额外负担,不仅不能达到英语教育的近期目标,可能还会对他们以后学习英语产生负面影响。把整个活动中幼儿所要接触到的英语知识、技能方面的内容全部放进目标里去,造成目标主次不分、重点难点不突出,甚至重难点与目标严重相悖的现象。英语教育活动的目标应从幼儿的实际学习能力和现状出发,体现全面教育的特点,更重要的是应具有操作性、针对性。教育目标的制定应依据幼儿的发展特点、学习特点及英语学习情况,教育目标过高或过低操作起来难以把握,容易造成幼儿"吃不饱"、"消化不了",甚至"消化不良"的现象。

(一)将幼儿英语教学目标纳入幼儿一日生活的教育目标中

幼儿年龄越小,教育与生活的关系也越密切。生活是整体的、丰富的、自然的,蕴涵着多方面的发展机遇和可能,隐藏着丰富多样的英语教育资源及内容,具有促进幼儿多方面发展的价值。

(二)把英语学习当成一个语言学习的过程来对待

在幼儿阶段,幼儿学习的主要是英语口语,不要求幼儿读写英语,而幼儿的语言学习有一个先会"听"(听语音、语调、理解词义),再到会"说"(模仿发音、练习发音、纠正发音),最后到"表达"(运用、交流)的过程,了解这一点,我们就可以从整体上把握好整个活动的主要具体目标及流程的设计了。

(三)以幼儿学习英语的兴趣和理解能力作为活动设计及评价的主要标准

幼儿英语教育的根本目标是促进幼儿语言技能、语言知识、情感态度、学习策略和文化意识等综合语言运用能力的发展。所以,对于英语教育的检测应注重语言能力的发展。

第三节　学前双语教育活动的内容

一、教育内容的概念

教学内容是指根据特定的价值观为达到课程目标幼儿所学的学科知识、社会生活经验、技能等。教学内容既是教师教的载体,也是学生学的载体。学前英语教育的内容一般指学前儿童从英语教育活动中获得主要经验的总和。内容是实现目标的媒介,是目标的转化。

二、学前双语教育内容体系的建构

学前双语教育最终要实现的目标是激发、培养幼儿对英语的兴趣、对英语语言的敏感性;发展幼儿初步的英语口语交际能力;培养幼儿良好的学习习惯和各种基础技能;促进幼儿认知能力、情感社会性等多方面的和谐发展。这些教育目标的实现在一定程度上依赖于科学的、有效的学前英语教育内容体系的建构。

（一）学前双语教育内容选取的原则

1. 生活化、整体性原则

生活是整体的、丰富的、自然的,蕴涵着多方面的发展机遇和可能,隐藏着丰富多样的英语教育资源及内容,具有促进幼儿多方面发展的价值。从幼儿的生活中选取、并以生活的逻辑组织起来的多样化、感性化、趣味化的英语内容,能自然地实现同一领域的不同方面、不同领域的内容之间的整合,易为幼儿理解和接受,同时也为幼儿运用已有的英语经验提供了自然、轻松的环境。当然,现实生活是多层次的、复杂的,生活中有有益的经验,也有无益的或有害的经验,所以应结合幼儿的兴趣及心理发展特点进行必要的过滤,既贴近幼儿的生活,又对幼儿的生活有益。

2. 经验化、实用性原则

这主要是针对可运用性、可操作性而言的。皮亚杰创立的发生认识论明确提出了知识来源于主客体间的相互作用。主客体间相互作用的过程即是活动的过程,幼儿的语言发展是在幼儿个体与外界环境中各种语言、非语言材料交互作用中逐步获得的。儿童"经验"的过程比获得"经验"要有价值得多,所以在选择英语教育内容时,应注意"实用性"和"可操作性",便于幼儿运用、交流。

语言是表情达意的体系,社会交际功能是语言的主要功能,学习一种语言不仅要掌握其语言形式和使用规则,还要学会如何具体使用,不能孤立地教授词汇、句型和语法,要教给幼儿"活"的语言,纳入文化中去学、去教,内容既注意"整合文化的英语经验"的积累,同时更要关注"运用英语经验的能力、主动性及英语学习习惯的培养"。

3. 适宜化、趣味性原则

英语教学内容的择取应遵循个体发展的适宜性原则,应符合幼儿的认知水平、语言水平,并略高于学习者现有水平,使之对幼儿具有一定的挑战性,又不至于太难太深,使幼儿开始就从中得到乐趣和收获感。从纵向上看,适宜化原则表现为年龄的适宜化,不同年龄阶段幼儿的发展水平各不相同,英语教育内容的择取也应结合幼儿的不同年龄特征呈现广度与深度的渐进性;从横向上看,每个孩子的心理发展水平都不完全相同,但大都处于常模附近,这也是我们选择内容的依据,对于那些经验准备或认知水平处于相对弱势的少数幼儿,应通过个别教育或与其家长的密切协作等其他方式进行积极促进。

最后,教育内容的选择应体现儿童化的特点,语言结构要简单,避免抽象、生僻的词出现,对话要短小实用,有交往价值,便于幼儿理解接受。

（二）学前双语教育的内容体系

1. 与自然和谐相处

我国许多省(市)四季分明,教师随着季节的更替,把有关的英语词语教给幼儿,既能降低幼儿学习英

的难度,又能帮助幼儿了解自然环境与人类生活的关系。

　　(1) 四季名称,如 spring, summer, autumn, winter。

　　(2) 天气气候,如 cloudy, foggy, rainy, sunny, sandstorm, windy 等。

　　(3) 常见植物,如 crops, flower, grass, tree, brushes 等。

　　(4) 动物朋友,如 bird, bee, fish, cat, dog, rabbit 等。

　　(5) 宇宙行星,如 the sun, the moon, the stars 等。

　　(6) 自然景物,如 farm, hill, mountain, city 等。

　　(7) 日常饮食,如 beef, chicken, fish, cabbage, rice 等。

　　(8) 服装衣物,如 coat, dress, hat 等。

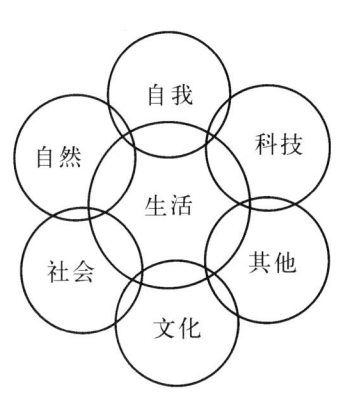

英语教育内容体系建构图

　　2. 与社会共同发展

　　幼儿每周的大部分时间都是在幼儿园里度过的,教师向幼儿输入有关幼儿园的英语信息,使幼儿在一日活动中习得大量的英语知识;幼儿每天晚上、双休日的时间都是与亲人在家中度过的,教师选择有关家庭的英语词语进行教育,能强化幼儿与家庭环境及成员的相互作用。幼儿园的英语教育不应与社会隔离,教师适时向幼儿传播有关社区的英语知识,利用社区中的英语教育资源,扩大幼儿的英语词汇量,培养幼儿对社会的亲近态度。

　　(1) 礼貌用语(如 Thank you. You are welcome. 等)、常规习语(如 Sit down, please. 等)、一日活动各环节词语(如 Indoor Activities, Clean Up, Morning Snack 等)、区角名称(如 Housekeeping, Books/Language/Library 等)、幼儿园(kindergarten)和教师(teacher)。

　　(2) 家庭成员的称谓(如 father, mother)、家庭餐具的名称(如 bowl, spoon)、家具的名称(如 chair, table)、家用电器的名称(如 radio, television, refrigerator, computer 等)、居室房间的名称(如 room, kitchen, bathroom 等)。

　　(3) 社区场所(如 bank, supermarket, kindergarten 等)、职业(如 doctor, policeman, student 等)、交通知识(如 red/green light, turn left/right 等)、交通工具(如 bicycle, motorcycle, taxi 等)、安全机构(如 Fire Department, Police Station 等)。

　　3. 与自我认识融合

　　幼儿对自身感兴趣,教师向幼儿传递有关其自身的英语信息,有利于加深幼儿对自己的认知,增强幼儿的自尊心和自信心,促使幼儿想说、敢说、喜欢说英语。

　　(1) 幼儿的个人情况:有关幼儿的身体(如 eye, nose, leg)、身高(如 short, tall; I'm growing.)、性别(如 I'm a boy/girl.)、姓名(如 My name is . . .)。

　　(2) 幼儿的能力:有关幼儿的动作(如 walk, run, hop, fly, throw, climb, play, watch 等)、有关幼儿的能力(如 I do many things. I help my parents.)、有关幼儿的日常生活(如 I brush my teeth. I wash my face. I dress myself. I eat fruits. I drink water.)。

　　(3) 有关幼儿的情感:(如 happy, angry, sad; I'm happy. I like myself.)、愿望(如 I want a book.)。

　　4. 与文化氛围共鸣

　　古今中外的诸多节日都蕴藏着宝贵的教育资源,反映了文化的多样性和差异性,而幼儿又喜欢过各种各样的节日,所以,进行有关节日的英语教育,不仅能拓宽幼儿的英语知识面,而且还能使幼儿感受到多元文化,学会尊重有着不同文化背景的人。

　　(1) 中国节日,如 Spring Festival; Lantern Festival; Dragon-boat Festival; The Moon Festival; National Teacher's Day(I like my teacher.); National Day(I'm Chinese. I live in . . . I love Beijing.)

　　(2) 外国节日,如 Valentine's Day; April Fool's Day; Mother's Day; (I love my mother.); Father's Day (I love my father.); Thanksgiving Day; Christmas Day。

　　(3) 国际节日,如 New Year's Day; International Women's Day; International Labor Day; International Children's Day。

（三）学前双语教育内容的组织安排形式

1. 内容的编排采用"版块"与"主题"相结合的模式

有人认为,学习语言应从基本元素入手,从音标和字母开始,很多幼儿英语教学用书也以此为依据,从英文字母入手编排。例如,字母 A 对应单词 apple, ant,围绕这两个单词有一个句子:Ant is on the apple。这种内容的组织形式违背了幼儿的认知规律、习惯,较为混乱,幼儿只能机械识记而无法实现按类别进行意义识记,影响学习效果。采取"版块"与"主题"相结合的形式,幼儿就容易发现和理解单词之间的逻辑关系,进行意义识记,把原本孤立的小单位组织起来,形成较大的信息单位(记忆组块),从而减少识记材料的数量,提高学习效果。如在开展"Fruit"、"Vegetable"、"Food"三个版块活动后,幼儿积累了与此相关的英语经验:水果名称、颜色等,然后再进行"What do you like to eat?"主题活动,幼儿可以在复习已有英语知识的基础上进一步扩展英语经验[①]。

2. 内容的安排注意循序渐进,采用螺旋式递进模式

知识的积累、提高往往是一种螺旋式的上升过程,即后面的知识和认知要建立在前面的知识和认知的基础上,言语能力的提高不仅是词、句的增加,还应是原有词、句运用整合能力的提高。在安排英语教学内容时,应由近及远,由易到难,随着教学的不断推进、语言材料和对话内容的深度应逐步提高,同时注意所学内容的阶段性重现和复用,这样循序渐进、螺旋上升、不断深化,一步一步把幼儿引入英语世界。如在开展"The Means of Modern Transportation"主题活动时,可先学习 bus, bike, car, ship, train 等交通工具、认识交通信号灯 red light, green light, yellow light 及指示意义 go, wait, stop 等,然后再开展"Going on a Trip"主题活动,在复习已学过的英语知识的基础上,进一步了解现代交通工具与人类生活的关系,这样内容前呼后应,幼儿既能牢记原来学到的知识,同时也在此基础上进一步扩展、深化了原有经验,丰富了这种螺旋式上升的内容体系,在积累英语经验的同时,也获得了英语能力、其他综合能力的发展。

3. 内容处理要采取多种形式相结合

英语教学的内容不仅要注意内容的选取、编排和衔接,还要注意内容的形式变换,这样才能不断激发幼儿参与活动的兴趣和热情。如果教学内容仅仅是单词的学习、词句的组合,必然会干涩无味,若加入一些童谣、儿歌、英语短文和故事、英语短剧等,内容就会丰富、生动得多。例如,在开展"Lovely Animals"主题活动中,除了运用图片、模仿动作等学习 dog, cat, fish 等动物单词外,还可以通过故事"The Race of the Rabbit and the Tortoise",英语短剧"Three Butterflies"、"The Animals' Carnival",英语儿歌"I Love My Animals"等进一步丰富教育内容。

当然,选取或编写一些儿童化、合文化的童谣、儿歌、故事、短剧等并不容易,选自英语国家的童谣或儿歌由于文化背景有差异也难以理解,这些工作也是我们在今后的教育教学研究中急需解决的问题。

第四节　学前双语教育活动的模式

一、教学模式的定义

教学模式是在一定教学理论和教学思想指导下,通过教学实践抽象概括而形成的相对稳定的教学活动基本结构或范型。不同的教育理论对接受英语语言并使语言知识转化为语言技能和交际能力的整个心理活动过程,有着不同的描述和分析,由此得出不同的学习模式和教学模式。

教学模式不是具体的教学方法,他与教学方法不属于同一层次;教学模式不等于教学理论,它是教学理论的具体化,又是教学经验的一种系统概括。教学模式具有完整性、简约性、操作性、针对性的特点。

---

① 胡江波. 为幼儿园英语教育指导用书的内容设计进一言. 学前教育研究,2000(5)

二、教学模式的范型

从语言教育学角度出发,英语教学活动从教学的程序来分有新授课、巩固课和综合课等。

1. 新授课[①]

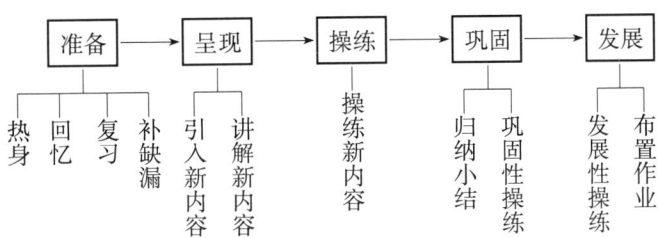

2. 巩固课

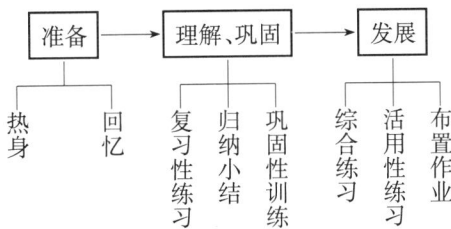

3. 综合课

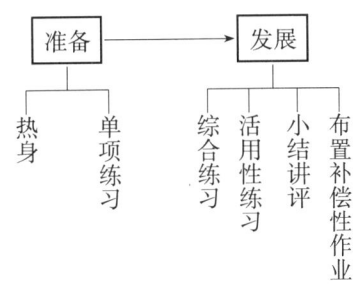

三、幼儿园双语教学模式例举

不同的英语教育模式下的教学模式也是各不相同的,我国幼儿英语教学所采用的模式是在吸收了国外先进教学模式的理论及经验的基础上,结合我国儿童学习英语的实情产生的。综观我国目前幼儿英语教学所倡导的教学模式,要么是根据某一教学理念来构建,要么是教师根据自己的教学风格来构建,当然也有根据某一课型、内容的特征来构建的。我国目前幼儿英语教学所倡导的教学模式归纳起来主要有如下三种。

1. 以教学活动为载体的教学模式

该模式强调教学活动的实施,教学活动的形式有新授课、巩固课和综合课。这种模式的教学目标明确、教学指向性强,但在教学内容系统性、适宜性及幼儿实用性、有效性英语经验获得方面还存在一定的局限。

2. 以主题活动为载体的教学模式

该模式的教学不仅仅局限于一节课,而是根据儿童的生活经验和兴趣确定活动的主题,并以该主题为中心加以扩散,编制主题网络,将概念予以分化、放大,让儿童通过自己的学习,探索概念的内涵。活动的形式包括教学、游戏、区域、日常等多种形式。

3. 以日常渗透为载体的教学模式

该模式提供内容相对集中、形式丰富多样的英语浸入式教育活动。在教学策略的运用上,总结了"直接认知"、"正强化英语反应"、"弱化汉语反应"、"丰富环境,大量输入"等经验。

双语教育的存在和发展源于社会生活的需要,因此不同的国家和地区,由于现实的环境和条件不同,须

---

① 鲁宗干. 小学英语教师手册. 广州: 广东教育出版社, 2001

根据当地的需要和特点采取不同的双语教育模式。

四、幼儿园双语教学模式思考

上述三种教学模式从不同的角度来开展幼儿英语教学,都各有其可取之处,但也存在许多尚需完善的地方。本书对我国目前幼儿英语教学模式有如下几点思考。

(一)走进教学模式

教学模式的简约性表征。模式虽不足以"规范教育工作"应该而且"一定"要如何如何,不足以规定某个教育细节,但却可以帮助教师借着参考及对照他人和自身的具体经验,对自己所处的教育情境,有更清楚地分析和了解。看上去操作性更强,但由于使用范围的制约造成使用的局限性,推广价值也会大为降低;简约的模式虽然看上去"可操作性"弱了,但往往会促使使用者作随即的调整和变通性的充实,利于活化模式,推广价值也会提高。当然作为"动态的整体"的教学现象,并不能被化约为一系列"简单因素的累积",也不能用一套"简单法则"来加以控制和规范。任何一种教学模式,都必须综合考虑多方面的因素的整体整合,才能发挥最大的效应。

(二)跳出教学模式

许多教师或膜拜于已有模式的脚下,或揪住一两个模式不放。以为只要跟在它所确定的教学环节后而亦步亦趋,就大功告成了。他们对已有教学模式的学习理解基本上处于表层,拘泥于教学模式外显性的纵向教学程式,这使得他们成了一味机械模仿、套用模式的"忠实执行者",而不是与模式共生长的模式创生者和革新者。"走进"教学模式的目的其实是为了"跳出"教学模式,也就是不被已有的模式牵着鼻子走,而要让模式为我所用。教学模式虽有"共通法则",但这一"共通法则"的存在实际上有许多的前提并受诸多条件制约,教学步骤和程序绝不会共通,共通的只是模式中蕴涵的先进的教育理念。试想,哪有一种模式能让教师"一招半式走天下"呢?模式本身是固化和定型的,但模式包含的思想理念却是灵动的,这才是值得我们细细品味和内化吸收的模式的精髓。每个教师都要善于创造模式的生长点,通过大胆的活化和创新,让教学模式焕发出生命的活力!如果老师们不结合自身的教学实际,因时、因地、因人(包括师生双方)、因课型、因学科类型而做出灵活变通和变式处理,一味生搬硬套,就会陷入唯"模式"是从的形式主义泥沼之中,此时的教学模式对教学没有任何的引领和促进作用,反倒会成为教学的一块巨大的绊脚石。把模式当作一种技巧和技术,当作一种框架,当作一成不变的操作序列,作为按图索骥的教学样板,希冀能直接"移植"到自身的教学活动中,都是对教学模式的窄化和表层化的解读,这样解读的结果必然直接导致实践中的连连碰壁。

(三)超越教学模式

"跳出教学模式"的目的是什么?"跳出"是为了"超越",这是学习教学模式的最高境界。它对课型有没有显性或隐性的限定,它对教师的素质和学生的能力水平有没有一定的要求,这种模式的归纳和形成用了(或是根据)哪些教育观念、原理,它是否是由另一种模式衍变或提升而来,这种模式有没有缺陷或有待改进之处,等等。另外,我们还要想一想,它适合不适合你用,适合不适合用在这位或这群学生身上,对他们会产生哪些积极正面的效果,又可能会带来哪些消极负面的作用,它能不能用在当前的教学情境中,有没有足够的资源与条件来支援与配合,会对各层次的教学情境产生哪些即时的与长期性的影响,要作怎样的调整和补充,等等。把这些问题想清、看透,是超越教学模式的前提和关键。这是超越的第一步。超越的第二步,是要善于摆脱已有教学模式"形"的束缚,体悟出模式内在的"神韵"来。"大音希声,大象无形。"同样,所谓教学模式也只是人为地给教学过程划分一个程式,目标是为了引发思考,提供一定程度和范围内的参照,而不是原封不动地拿来。教学模式的存在没有错,我们也应该亲近模式,但千万不要让模式成为你思维的桎梏。在睿智者的眼中,模式其实已是无形的存在了,表现在教学中是不露痕迹的,这使课堂呈现出自然的原生态的精彩,没有雕琢的教学流程,于不知不觉中悄然渗透,活化学生的思维细胞。

第五节 学前双语教育活动的方法

幼儿园英语教育在我国刚刚进步,理论的发展远远不能满足实践的需要,所以现在还没有形成一套比较完整的方法体系,但每个开设英语的幼儿园在英语教育方法上都有一定的倾向。据不完全统计,目前我国大多数幼儿园在英语教育方法的选择上大致有两类倾向:其一是成人化倾向,即直接套用我国中小学的课堂教学方法,直接将英语作为幼儿园的一门功课,以课堂教学为主要形式,上课时以讲授、练习为主,幼儿学习的主要依据是固定的教科书;其二是西方化倾向,即直接借用国外儿童早期外语教学方法,教师在一定的时间内用英语组织幼儿的各种活动,英语成为幼儿与教师、幼儿与幼儿之间的交际语言。这些方法在一定的时空范围内有其合理的一面,但是如果完全将它们用于我国幼儿园教育却有明显的不足。下面就将这些方法及其在幼儿园的运用予以简单评析。

一、教学方法的概念

教学方法是教师和学生为实现教育目的、完成教学任务所采用的相互作用的手段和一整套工作方式。教学方法要解决的是教师如何教、幼儿如何学、教与学的相互作用及其调节问题。

二、我国中小学的课堂教学方法[①]

我国大多数幼儿园借用了我国中小学的课堂教学方法的一种或者多种,从实际运用的情况看,主要包括翻译法、直接法、听说法和视听法等。

（一）翻译法

翻译法的主要特点是,在教学过程中本族语和所学目标经常并用,即用母语翻译、讲解目标语的词、句子及语法现象;强调语言知识的传授,将语言仅仅看做一种知识体系,而忽视了语言还是人际交往的一种重要工具,未把语言能力的培养作为英语教育的一个重要目标;尽管母语在教学过程中使用频率相当高,却未能恰当地发挥母语在教学中的积极作用。

（二）直接法

直接法仿照儿童学母语的自然的过程和方法,提出了直接联系,句本位,以模仿为主,归纳途径教语法规则和以口语为基础等原则。强调整句学、整句用。但不足之处表现在:过分强调直觉学习,置幼儿母语经验的积极作用而不顾,也未考虑幼儿的心理发展水平对英语学习的积极作用;直接法的成功作用还需要一个完全的英语环境作保证,这一点又是目前我国大部分幼儿园无法做到的。

（三）听说法

听说法是以结构主义语言学和行为主义心理学为其理论基础,提出的教育原则:听说领先,反复实践,形成习惯;以句型为中心,排斥或限制母语;及时纠正语言错误,培养正确的语言习惯等。强调实践性,重视听说训练和句型练习。但不足之处是在交际活动中不利于活用。

（四）视听法

视听法发扬了直接法和听说法的长处,将视觉感受和听觉感受结合用于英语教育中,但是不足为过分强调语言形式,不能更好地为实际需要服务的英语内容出发。

如果结合我国幼儿园教育的宗旨和适合幼儿的身心发展特点等方面来考察,这些方法明显不适于幼儿园英语教育,还存在以下几个问题。

---

① 余珍有.我国幼儿园英语教育在方法上的几种倾向.学前教育研究,1998(5)

1. 幼儿的学习负担加重。这几种方法未能摆脱课堂教学程序,幼儿必须即时模仿、记忆,结果可能导致幼儿仅仅只能掌握一些孤立的词汇、句子,使学习英语成为幼儿的一种额外负担,这与幼儿教育的宗旨是相违背的。

2. 幼儿兴趣不浓。上面提到的这些教材都是以语言形式为线索编排的,这些语言形式的呈现又是正式的。为了完成教材中规定的任务,教师上课时将重心放在教材中列出的语言形式上,而很少考虑幼儿的兴趣,使幼儿在学习中处于被动状态。多数幼儿只在上课开始时能安静地听讲、练习,但很快就坐不住了。这种现象如果持续时间过久,不仅英语教育的近期目标不能达到,很可能还会对他们以后学习英语产生负面影响。

3. 幼儿学到的英语遗忘快。上课机械训练是这几种方法所必需的手段,除了上课,由于很少有机会再接触使用这些英语,所以他们学到的东西很快就遗忘。

三、引进的西方儿童英语教学法

这些年,随着我国与国外教育方面交流的增多,西方的某些第二语言教学方法也悄然进入我国的一些幼儿园。

（一）全身反应模式

詹姆士·J·艾谢(James J. Asher)博士是美国圣何塞州立大学心理学和统计学教授,在20世纪60年代中期就提出了著名的第二语言的"全身反应"法(Total Physical Response,简称 TPR)。Asher 倡导的TPR 教学法,就是通过模仿成人和婴儿交际方式。一开始,学生坐在教师两边,教师对学生说:"当我用英语发出指令时,你们仔细地听,然后跟着我做动作,你们自己无须跟着我说。"教师最初只是发出单个的简单的指令如"Stand.""Sit.""Walk.""Look at Daddy.""Stick out your tongue."等,然后扩展到将几个单一的指令串起来,如"Stand up. Point to the door. Touch it. Open the door."大部分学生经过几次练习后,惊奇地发现他们完全理解这些指令。多次练习后,学生就能够理解嵌在陈述句中的许多语法结构,如"When Mary talks to Tom, Susan runs to the chalkboard and draw a funny picture."

TPR 教学法从本质上讲是直接法的一种改革、创新和延伸,它的理论来源主要有两种。其一是皮亚杰和哥塞尔等语言发展理论。其二是神经生物学的研究成果。全身反应教学模式的基本原则是:(1)听在前,说在后;(2)以"听—做动作"为主要教学组织形式;(3)教授的语言形式以祈使句为主,以祈使句带动其他句型。

但是,这种方法也有不足,主要表现在:这种方法的重点仍在词汇、语法规则等语言形式上,而且以祈使句为主;课堂教学创设的环境,也是为学习语言形式服务的,缺乏真实性;幼儿懂得的多为祈使句,而实际交际情景复杂得多,不利于幼儿对英语的运用。

作为直接法的一种延伸,全身反应法也未摆脱直接法的致命弱点,即无视儿童和成人的心理发展水平,将他们学习第二语言等同于婴儿学母语,这显然也是不可取的。

总的来说,TPR 的基本做就是以"听—做动作"为主要教学组织形式,充分输入,让学习者先听懂目标语,和教师一起做动作帮助理解目标语,用动作表示理解目标语,在获得充分的输入并达到内化的程度时自然产生说的愿望。TPR 教学法向人们提供一种少强迫性、轻松获得理解性技能的途径,这种理解性技能的方法恰当地强调了交际技能的自然习得。

（二）沉浸法

沉浸法可分为早期全沉浸、早期半沉浸、中期沉浸、晚期沉浸四种。目标可概括为:(1)通过第二语言活动,使学生掌握目标语;(2)使学生能保持并发展第二语言能力;(3)要求学生掌握用第二语言开设的各门功课;(4)在不影响其对本民族语言文化感情的前提下,要求学生能够理解并鉴赏另一种语言文化。它的基本教育原则是:(1)语言手段原则;(2)口语领先原则;(3)创设情景的原则;(4)文化学习的原则。

采用此方法的不足之处主要表现在:

理论准备不足。多数幼儿教育工作者对双语教育和沉浸法本身缺乏足够的了解。他们甚至简单地认

为，双语教育就是外语教育或第二语言教育。

缺乏足够的师资。沉浸法对教师和幼儿园要求特别高：首先，教师应该是双语者，须完全掌握与幼儿园日常生活和学习相关的全部英语表达；其次，幼儿园必须有一个自然或模拟的英语环境。这两个条件是目前我国大多数幼儿园都无法做到的。

但是，双语教育可以培养出合格的双语者，也不会影响学习者其他方面的发展，不失为一种培养双语幼儿的有效途径，部分条件成熟的幼儿园进行试点研究是有必要的，也是幼儿教育的发展趋势。

总之，以上每一种方法都有其合理的一面，也有其不足的一面。为此，我们建议将双语教育体制引入幼儿园，同时吸收以上各种方法的有效内核。一方面，将英语作为英语学习对象，在一定时间内进行专门的训练；另一方面，在一定时间创设一个模拟的英语环境，让幼儿在一日生活中直接接触英语，同时将正式学到的英语知识运用到实际的生活和学习中。这样，幼儿可以在不增加学习负担的前提下同时获得汉英两种语言。

四、我国学前双语教育方法例举

在长期的教学实践中，幼儿园教师积累了多种教学方法。根据教学活动中学生的不同认识方式，探索幼儿园英语教育的方法是幼儿园英语教育内容得以顺利完成的保证。

（一）多向听说法[①]

对幼儿来说，更主要的还是听和说的初步能力的培养。因此，在教育实践中，采用多向听说法主要是通过大量输入适合幼儿的、准确的英语信息，刺激幼儿的大脑语言中枢，培养幼儿对英语信息的听的敏感性及听英语的兴趣和能力，让幼儿在逐渐积累中自然习得英语。在听方面，一是预听，教师根据所听内容，利用问题、投影、图片、实物、游戏等进行巧妙导入，以引发幼儿积极倾听的动机。二是倾听，让幼儿集中精力，全神贯注地听。三是听后练习，教师从幼儿口头及肢体等反馈的信息，核实所听目标、要求是否达到。在说方面，一是教师大量说、经常说，带动幼儿听和说；二是播放大量的英语音像材料（儿歌、小品、歌曲等），刺激幼儿主动听和说；三是创造机会、创设环境让幼儿多说、经常说、爱说、想说、会说。

（二）多元综合法

一是根据幼儿情绪不稳定，兴趣多变，注意力容易转移等心理特点采取视、听、说、唱、游、做、演多种方法的综合，通过多种活动调节幼儿的情绪和注意力，让幼儿学得轻松、学得愉快。二是幼儿的英语学习，采用"学得"和"习得"相互综合的方法，让幼儿的英语学习需要在日常生活中，在非正规的"教"和"学"中自然习得。这种学习、习得、练习、交际相互综合的学习方式，不仅能将幼儿英语学习的过程巧妙地联系起来，而且能保持幼儿英语学习的兴趣，使幼儿英语学习的进程不断推进，螺旋上升。

（三）情景感受法

即以情景生趣，以情景导说，以情景促思，以情景激情。情境教学法对视觉辅助物的依赖性很强。因此，要求教师在活动过程中充分利用相应的直观教具、动作表演、卡片、挂图、实物等，随时随地取材或根据活动内容创设语言环境，让幼儿置身于一个英语的环境中。如《麦当劳》、《肯德基》、《大马路》、《汽车城》、《动物园》、《英语乐园》等英语生活场景的再现与体验。

（四）活动操练法

操练是利用多样和多变的刺激物，通过幼儿动用各种感官，直接参与操练性活动，来实现英语学习和活动的目的。活动操练，既满足了幼儿好动、好玩的心理需要，又能使幼儿的英语学习由静态转为动态，使幼儿真正成为英语学习活动的主动参与者和受益者。

幼儿园英语教育活动化的方法多种多样，除以上方法外，还有直接法、全身反应法、任务法、尝试法，等等。这些不同的方法互相联系，互相渗透，各有特点和优势，因此在具体实践中应综合加以运用。另外，值

---

① 潘光玲.幼儿园英语教育活动化的方法.早期教育，2004(2)

得一提的是,幼儿园英语教育活动化的方法应该是动态的、开放的,须在研究和实践中不断加以修正、完善和发展。

五、学前双语教学方法的选择和运用

教学方法种类繁多,只有恰当地选择和应用,才有利于教学活动的进行。

(一)依据

1. 依据教学任务

这里所说的不是教学的总任务,而是每一节课的具体任务。每节课的教学任务不尽相同,因此须选择不同的教学方法。

2. 依据教学内容

即要依据所讲学科的性质和教材的特点来选择教学方法。

3. 依据学生的年龄特征

教师在选择教学方法时要考虑到学生的认识特点和知识水平。

(二)运用

教学方法是教学活动中最为灵活多变的因素,它的使用没有固定的教条。同样的方法在不同场合由不同教师运用会产生不同的效果。优秀的教师便是能够从教学任务、内容和学生实际出发选择和运用适当教法,获得良好的教学效果。

教学方法运用的综合性是指方法本身不仅应能完成具体教学任务,而且应有利于学生能力和品德的发展。教师在运用教学方法时应当考虑到这一点。教学方法运用的灵活性是指方法本身的可变通性,在实际中应用教学方法往往要从实际需要出发随时调整,不一定完全符合教育教学理论中的概括,教师应当根据具体情况掌握,而不是拘泥于书本教条。教学方法运用的创造性是指教师可以也理应不被已有教学方法的种类及一般程式所束缚,而是从教学实践出发,在把握现有教学方法的基础上有所创造。

总之,教学方法的运用不是要教师照搬教育教学著作中的现成结论,而是要教师发挥自己的聪明才智,体现教师劳动的创造性特点,所谓"教有法,而无定法",也正是这个意思。

第六节　学前双语教育活动的评价

教学是一种有目的、有组织、有计划的实践活动,它要求必须经常地对教学实际情况及其变化进行评价,以验证教学目标的达到程度。现代教学论认为,没有评价就没有教学的改进与发展。因此,教学评价在教学实践中具有重要意义。它有利于激励和调动师生教和学的积极性。教学评价具有强化和激励作用。正确的、科学的教学评价,可以调动教师工作的积极性,激发学生的内在动因,维持教学过程中学生的适度紧张状态,促进教师和学生把主要精力集中在搞好教学工作和提高教学质量上。

一、教学评价的概念

教学评价是教学系统的一个重要组成部分,它对于教学的改进和教学质量的不断提高有着重要的意义。概括地说,教学评价是指以教学目标为依据,制定科学的评价标准,运用科学的评价技术和手段,对教学活动过程及其结果进行测定、衡量、分析、比较,并给予价值上的判断。由于各个教学模式在目标、策略、程序上存在不同,因而在评价方法和标准上存在差异,每种教学模式都应有适合自身特点的评价的方法和标准。

学前双语教学评价是指运用教学评价的一般模式,在参考英语语言学科特殊性的基础上,对学前英语

教学过程及结果进行科学分析、价值判断。学前英语教学评价应体现教学评价的一般性及英语语言发展特殊性的统一。

二、学前双语教学评价的类型

（一）教学评价的一般类型

1. 诊断性评价

诊断性评价是为了使教学适合于学生的需要和背景而在学习期间对学生的认知、情感和技能方面的评估。

2. 形成性评价

形成性评价是在教学过程中对学生的知识掌握和能力发展的及时评价。

3. 终结性评价

终结性评价是在一个学习阶段后学生学完后对学生是否达到教学目标要求所进行的整体的价值判断。

三种评价类型的比较[1]

种　　类	诊断性评价	形成性评价	终结性评价
作　　用	查明学习准备和不利因素	确定学习效果	评定学业成绩
主要目的	合理安排学生，考虑区别对待，采取补救措施	改进学习过程，调整教学方案	证明学习已达到的水平，预言在后续教程中成功的可能性
评价重点	素质、过程	过程	结果
手　　段	特殊编制测验、学籍档案、观察记录分析	经常性检查、作业，日常观察	考试
测试内容	必要的预备性知识技能的特定样本，与学生生理、心理、环境的样本	课题和单元目标样本	课程和教程目标的广泛样本
试题难度	较低	依教学任务而定	中等
分数解释	常模参照、目标参照	目标参照	常模参照
实施时间	课程或学期学年开始，教学进程需要时	课题或单元教学结束后，经常进行	课程或一段教程结束一般每学期1—2次
主要特点		"前瞻式"	"回顾式"

（二）学前英语教学评价

幼儿英语学习是一个感知、积累、内化、迁移、运用的长期复杂的过程，且英语经验积累不是英语学习的最终目的，语言运用能力的发展是英语学习的价值体现，所以在评价幼儿英语学习情况时，应确立正确的价值观，制定科学的标准进行评价。

首先，采用量化与质化相结合的方法，对学习结果进行终结性评价。如不仅要看幼儿掌握了多少单词、短语、句型，还应该看发音是否正确，语音语调是否流畅连贯，是否有主动交往的意识和能力。

其次，对英语学习过程的形成性评价，包括幼儿学习的兴趣、学习方法掌握、意志努力、主动交往意识的评价，这里不仅要关注知识的掌握，更应该关注情感社会性的发展及原认知能力的发展、良好学习习惯的培养。

---

① 　泰勒著. 施良方译. 课程与教学的基本原理. 北京：人民教育出版社，1994

　　最后,根据幼儿表现进行档案袋评价,即发展性评价,不仅包括幼儿个体的纵向,还应包括与其他幼儿横向发展比较评价,用积极的、发展性的眼光来分析、评价幼儿的学习。

　　教育评价的目的不是区分幼儿学习结果的优劣,而是要寻找教育过程中教育目标、教育内容及方法是否适宜,找出互动过程中的不足,从现有的学习情况预见、制定、修正近期的发展目标,从而进行有针对性的、积极的教育促进。单纯的量化测定不能真实科学地反映幼儿的学习情况,过于片面、狭隘,忽视了幼儿内在的发展价值。

三、学前双语教育评价指标

幼儿园英语学习活动评价指标

评价项目		评价要点		分数		
				A	B	C
教学设计	教学目标	与幼儿实际的程度	是否考虑到幼儿知识、能力			
		可操作的程度	教学目标明确、具体			
	内容学习	内容选择	贴近幼儿生活经验,有利于幼儿身心健康			
		学习资源的处理	学习活动所需要的相关材料、教具充足			
准备教学	物质	环境	学具与教具、设备、材料			
			物质环境的安全整洁,教育性,幼儿参与性			
课程组织	教师形象		仪表端庄,表情自然,对幼儿有吸引力和较强的感染力			
	学习过程的指导与调控	1. 导入环节	能调动幼儿的兴趣,激发学习愿望			
		2. 重要教学环节	为幼儿提供平等参与的机会,针对个体差异进行相应的指导			
			教师的提问准确,有激励性和启发性,引导幼儿自主表达			
			教学活动各环节紧凑、不拖拉			
			教学环节过渡(转换)自然、流畅			
教学实施	幼儿活动情况	幼儿参与活动的广度	幼儿参与学习活动的人数较多			
		幼儿参与活动的深度	幼儿能够倾听并大胆表达			
	课堂气氛	课堂气氛的宽松度	幼儿的讨论和回答问题得到鼓励			
		课堂气氛的融洽度	课堂气氛活跃、有序,师生、生生交流平等、积极			
	教学效果	目标的达成度	教学活动完整,活动有阶段感			
			多数幼儿能完成学习任务			
英语水平	语音	发音	发音准确,重读音节准确			
		语流	语音、语调自然,节奏适当,停顿准确			
		随机指导用语	准确地使用课堂组织指导用语			

（资料来源：天津课题组　李大维）

英语口语形成性评价教师记录表

目 标		技能			知识			情感	策略		文化	
能 力		说			唱 演			综 合				
项 目		上课发言	日常交谈	看图说话	歌曲演唱	童话表演	游戏表演	交际情景	上课纪律	兴趣态度	自信动机意识	策略
姓 名	日 期	评 价										

注：各栏评价均选用 A,B,C,D 表示,或用描述性语言。

四、幼儿园双语教育评价例举

主题评价量表

班级：_____ 姓名：_____ 评量日期：_____

领 域	评 量 项 目	一 般	好	很 好
语 言	1. 能口齿清楚快速地念绕口令《螳螂和蟑螂》。（连贯地念为"好"；不连贯、说不清为"一般"）			
	2. 能说出自己捕捉昆虫的过程和感受。（地点、昆虫名称及捕虫方法）			
	3. 能讲述英语儿歌"Shoo,fly,don't bother me"。			
健 康	4. 能用多种身体动作表现毛毛虫的蠕动与滚爬。（5 种以上"很好"；3—5 种"好"；3 种以下"一般"）			
社 会	5. 能主动积极参与到探索昆虫活动中,有好奇心,并能表达自己的见解。			
	6. 亲子活动中能愉快参与游戏,体验活动的乐趣,大胆表现自己。			
	7. 能爱护昆虫,懂得人与自然要和谐相处。			
	8. 能在成人的帮助下有始有终地完成调查表。			
数 学	9. 能掌握 5 以内数的分合方法。			
科 学	10. 能说出昆虫的主要特征。（一对触角,两对翅膀,三对足等）			
	11. 能说出昆虫自我保护的方法。（4 种以上"很好"；3—4 种"好"；2 种以下"一般"）			
	12. 能说出多种益虫的名称。（5 种以上"很好"；3—4 种"好"；2 种以下"一般"）			

续　表

领　域	评　量　项　目	一　般	好	很　好
科　学	13. 能说出常见害虫的名称及危害。(3种以上"很好";2—3种"好";2种以下"一般")			
	14. 能说出蝴蝶的生长过程。			
艺　术	15. 对画昆虫感兴趣,能画多种昆虫。(4种以上"很好";3种"好";2种以下"一般")			
	16. 能积极参与和家长一起制作昆虫化装舞会服装道具。			
	17. 会边唱边表演歌曲"Busy, Bee"。			
	18. 能模仿多种昆虫的动作。(4种以上"很好";3—4种"好";2种以下"一般")			

(资料来源:苏州幼师附属花朵幼儿园)

五、学前双语教育评价注意的问题

教师应用开放的、发展的眼光评价幼儿的发展。评价的价值取向不能只局限于知识特别是英语知识的获得,而应以幼儿综合语言能力(特别是双语思维能力)、个性情感、社会交往能力方面的和谐发展为重点,以幼儿学习英语的兴趣和理解能力作为活动设计及评价的主要标准。在评价过程中教师要明确主题活动与双语课程整合的总体目标、分类目标及具体的教学活动目标,通过诊断性、形成性评价发现问题,并及时反思与调整,制定改进策略,不断矫正与完善预定目标,通过终结性评价验证实验效果。评价应是多层次、多纬度的,可以采用目标参照评价,即以预先设定的客观目标为参照系,把评价对象与之比较,并评定对象达到预定目标的程度,进而对幼儿整体、一般的水平进行评估,同时也可以采用发展性比较评价,将幼儿的原有水平与现有水平进行比较,获得个别幼儿的成长发展评估。评价要客观、科学、全面。

第三章

学前教育五大领域中的英语渗透

随着幼儿园双语教学实践研究的不断深入,我们对幼儿双语教育的价值也有了新的认识。幼儿双语教育的价值追求是什么? 幼儿双语教育在幼儿全面发展教育中的作用是什么? 我们认为学前双语教育的实质是语言教育,它的实施应是全领域教育,它的目标应是全人教育。学前双语教育应是儿童全面发展教育中的有机组成部分,它的价值追求应是在追求儿童全面和谐发展基础上实现英语语言能力的特殊发展。

学前双语教育不仅是英语基础知识的教学,而应是把英语融于幼儿发展的各个相关领域(科学、社会、艺术、健康、语言),用英语作为教学语言进行的非语言学科的教学。通过领域的双语学习(活动),把英语向各个领域渗透,做到学用结合,在促进幼儿全面发展的同时,引发和提高他们学习和使用英语的兴趣,为今后的学习和成长打下良好的基础。

第一节　学前教育五大领域中英语渗透的指导思想①

一、学前教育五大领域中英语渗透的基本原则

在领域双语教学实施过程中,要严格把好领域关,在确保领域教学目标基本达成的基础上,进行一定量的与领域相关的语言机能的训练,以优化幼儿的英语习得环境,培养幼儿英语学习习惯,实现英语和领域学科的"双赢"。要实现英语和领域学科的"双赢",幼儿园领域双语学习活动应遵循以下几个基本原则。

1. 幼儿的英语学习是整体性学习。幼儿的发展应是全面的、整体性发展,幼儿英语教育应放在全面发展教育体系中才能真正地实现、发挥其价值。儿童语言发展的过程是以完整的方式进行和呈现出来的。因此,幼儿语言的认知学习应是完整的学习。从活动层面讲,真正整合状态下的语言教育活动应当既能发展幼儿的语言能力又能发展其他能力。整合课程状态下的语言教育除了要求在领域活动中渗透外,还要求对不同类型的语言活动进行整合。

2. 幼儿的英语学习是自然而然的活动性学习。幼儿是通过与人互动的方式学习使用语言的,主动理解是主要特点,它的前提必须是有良好的语言环境(机会、资源)的创设,及示范、参与、练习或角色扮演、创造表达自然学习方式的运用。

3. 幼儿的英语学习是有效的和有用的学习。幼儿的英语学习只有与生活紧密相连、用来日常交流沟通及在自然情景中的学习才是有效、有用的学习。

4. 幼儿的英语学习是开放平等的学习。在英语教学中强调学习共同体的建立,幼儿有权利去自我选择的时候学习的效果会最好。

5. 幼儿的英语学习是创造的学习。灵活、变通是语言学习的最高境界,从小就应该让幼儿明白感受这一点。

6. 幼儿的英语学习应是适宜性学习。幼儿英语教育内容应与幼儿当前学习经验紧密联系,强调幼儿的学习经验,强调学习经验的情境相连性。

---

① 杨立群.小学双语教学双切整合模式.上海:文匯出版社,2004

双语教育的目标是促进学生双语能力的发展,但这种发展不能损害"母语教育",不能以牺牲母语为代价。在学前教育五大领域的英语渗透中,应保持、遵循各学科的内在特点及规律,因此领域双语学习也不能以牺牲学科教育价值为代价。

二、学前教育五大领域中英语渗透的基本要求

在学科领域中,双语教育的共性是利用学科领域的内容拓展英语词汇量和积累英语语材,这些词汇和语言材料一部分包括在幼儿园英语教材中,大部分则必须要通过在学科领域的习得过程中不断丰富和积累。但是,由于学科领域或主题的不同以及本身的特点,使用的英语在词汇和句型方面有较大的差异。例如,美术学科是以形状和色彩为基本教学元素的;音乐是以音调、音色、旋律、节奏为基本教学元素的。在学科的双语教学中把握学科的特点开展双语教学,在组织好本学科学习活动的同时对本学科英语的词汇和句型进行整理和归纳,理出教学的序列,分散难点,突出重点,做到领域发展带动英语学习。

教师对双语教育活动的基础应该有一个正确的判断,这将直接影响到活动是否能顺利进行,活动目的是否能全面达到。教师不能简单地凭学了多少单词和句型判断幼儿的英语发展水平和实际经验。下表是在各个发展领域中进行英语学习所应达到的基本目标。

美　术	了解常用美术工具材料的英语表达 用简单的英语句型表述自己的感受
音　乐	用简单的英语描述音乐所描绘的情景 能说出常用的儿童打击乐器的英语名称 能有表情地演唱简单的英语歌曲 知道音乐知识中的英语表达 律动活动中常用名词和句型的英语表达
自　然	了解围绕各主题的关键字的英语表达 了解围绕各主题的简单英语句型
数　学	了解数字和基本运算符号的英语表达 了解数学中基本内容中出现的专有名词和基本句型的英语表达 了解几何图形中专有名词和基本句型的英语表达 在主题中研究和实践这些基本的英语
体　育	游戏时常用名词和句型的英语表达 体育教学中常用名词和句型的英语表达 球类或其他类活动中常用的名词和句型的英语表达

三、学前教育五大领域中的知识和英语知识的平衡

领域双语要符合领域学科本身的特点,才能不损伤领域学科教学,同时又能提高幼儿的英语能力。在双语教学中,英语语言的难度和学科知识的难度必须平衡。一般情况下,学科知识难度较高时,英语语言的难度要低一些,使用学生熟悉的英语,以便学生能学习学科知识。复习学科知识时,学科英语的使用可以提高一点,拓展英语的学科词汇和学习英语的表达,尤其要培养他们用英语进行思维的习惯。

内　容	双　语　目　标
小乌龟 (美术双语)	通过剪、折、画,制作一个小乌龟。 理解"剪、折、画"的英语表达方式,cut ...、fold ...、draw ... 等句型。
鸡的一家 (美术双语)	了解公鸡、母鸡、小鸡的不同画法,并用点、线、面来进行装饰。 学会用英语正确表达"公鸡、母鸡、小鸡"。
做蔬菜瓜果 (美术双语)	利用彩陶,制作蔬菜瓜果,练习基本形状的变化和色彩的搭配。 能用英语介绍各种蔬菜瓜果。
In my face (音乐双语)	用听唱法学唱歌曲,学简单的歌表演。 掌握脸部器官的英语表达方式。

续　表

内　　容	双　语　目　标
钟面的认识 （数学双语）	认识钟面；掌握时间的读法。 初步掌握描述时间的表达方式。
比较大小 （数学双语）	比较物体的大小、长短、多少；理解同样多、大的含义。 能根据图理解并说出大小、长短、多少等英语单词。
青蛙过沟 （体育双语）	模仿小青蛙的跳跃，跳跃动作连贯，落地轻巧。 了解用英语发简单的口令，相互游戏。
快快来排队 （体育双语）	学会纵队、横队的排队方式，养成排队整齐的好习惯。 了解相关的英语口令。

在领域双语教学实施过程中，要严格把好领域关，在确保领域教学目标基本达成的基础上，进行一定量的与领域相关的语言机能的训练，以优化幼儿的英语习得环境，培养幼儿英语学习习惯，实现英语和学科的"双赢"。

四、精简五大领域中的英语术语，注重复现

幼儿英语基础较低，字词积累少之又少，理解能力较差，多以形象记忆为主，所以课堂基本用语注重通俗易懂，更要反复出现，产生条件反射才行。因此，领域双语教学"铺设"三个阶段的课堂用语——第一阶段使用最基本用语（例如：Listen carefully. Raise your hands. Answer my questions. ）；第二阶段扩展到常用句子（例如：What shape is it? What color is it?）；第三阶段加入新的简短易懂的课堂用语（例如：Step by step. Hurry up. Don't waste ... ）。经过分层推入后，课堂用语复现率高，理解难度降低，学生耳熟能详，易于接受，双语教学收到了事半功倍的效果。以美术双语撕纸活动为例，精简后的步骤词只有 4 个——fold，draw，tear，paste。孩子们一旦熟悉了关键词，再把它扩大成句：（1）Fold the paper. （2）Draw a half circle. （3）Tear outside. （4）Paste it on the paper. 两个年级的撕纸课术语也不外乎这几个词句，学生乐于接受，自然学得开心，学有所获了。

第二节　艺术领域中的英语渗透

在幼儿园艺术领域中的双语活动是指幼儿初步感受生活、环境和艺术中的美，喜欢参加艺术双语活动并能大胆表现自己的情感和体验，创设英语听、说、做的环境，引导幼儿感性经验和审美情趣，能用自己喜欢的方式进行艺术表现和简单的英语表达。艺术领域中的双语活动包括美术双语活动和音乐双语活动。

一、幼儿美术中的英语渗透

美术双语教育是以美术活动为主线，扩展有关美术的英语输入量，拓展学习英语的时空，提高学生英语运用能力。一般的美术课，重点会全部落实在渗透美术知识、技能运用、审美情趣和美术作品上。而双语美术课，幼儿在欣赏丰富多彩的彩图或实物同时，在自己动手实践的过程中，还要理解教师娓娓道来的英语词句。

（一）幼儿美术双语知识技能要求的落实

1. 围绕美术的"形"与"色"开展教学。幼儿美术要素是形状和色彩，无论是绘画、欣赏、纸工等都离不开形象性和多彩性。因此，双语教学必须通过英语语言和美术的"形、色"结合实施。美术课的直观性、艺术形象和画面，与之相配的英语单词，学生容易理解。

2. 美术语言与英语语言结合，拓展英语词汇。美术有其自身的语言，通过丰富的色彩和多姿的板块显

示作品的意义。美术课在"形"方面的内容很多,如食物形状、形体位置、形体结构等,但是一般英语教材中形状方面的词汇很少,只有 square, circle, triangle 等, cube, cone, sphere 等很少出现,不能适应社会交往的需要。我们可以通过美术课拓展关于形状的基本英语词汇。

在美术课中,颜色是学生接触最多的要素。颜色在生活中是多姿多彩的,可是在英语课中学生主要是学习 red, yellow, blue, white, black 等。但是在生活中,无论是衣服还是食品等都有着丰富的颜色,并表示着物品的质量。通过美术双语教学,使学生掌握 violet(紫罗兰色), scarlet(猩红色), sky blue(天蓝色), purple(紫色), pink(粉红色)等常用的表示颜色的英语词汇。

3. 普通词汇向专业词汇的迁移。在美术双语教学中,要注意英语词汇如何表达美术中的"形、色"这些基本要素,使用普通的单词表示美术学科词汇。如 Use warm color to draw the triangle. Use cool color to draw the rectangle. 使美术学科词汇通过普通词汇进入实用。

4. 创设情境,提高语言运用能力。在教学环节上,精心设计情景,激发学生使用英语的兴趣。在学生对画画感兴趣时,教师会启发和帮助他们一边画,一边用英语表达和交流,在自然的状态中使用英语。我们也用媒体创设情景,把语言与画面、音乐有机结合起来,刺激学生的感官功能,使学生眼、耳、口、脑并用,提高学生英语运用能力。

（二）相关美术学科的英语词汇和句型

1. 参考词汇

		内　　容
美术	绘画	工具与材料：brush, carton, paper, color pen, crayon, ink, paperboard, pencil, pigment（色素、颜料）, rubber, pen, drawing kit（画具箱）, paintbrush, oil painting bar, easel（画架）, erasable sketch machine（可擦的画图板）, sketching pencil（绘图铅笔） What do you want to draw? Which picture do you like best? What can we see in the picture? Can I use your pencil?
		颜色：primary color, secondary color, warm color, cool color, blue, crimson（深红色）, dark green, light green, flesh-color, green, grey, yellow, ochre（赭色）, orange, pink, white, purple, red, rose, scarlet, vermilion（朱砂色）, violet（紫罗兰色）, viridian（鲜绿色） Red and blue make purple. Red and yellow make orange. Yellow and blue is green. What color is it? Do you like the color? What color do you like best? Which color is lighter?
		技法：brush, cover, dye, outline, shade, touch up, whisk（搅拌） Brush the picture.
	手工	泥工：knife, modeling board, modeling spatula（抹刀）, carve（雕刻）, chisel（凿子）, connect, dig, fingers, press, roll, rub, clay, play dough
		纸工：paper, pencil, rubber, knife, pen, scissors/clippers, tape（胶带）, straw（吸管）, ribbon, hose（软管）, tagboard, laminated card（塑封卡片）, rumple paper（皱纹纸）, glue, paint, cut, dig, fold, paste, paper-cut, paint Make a square from a rectangle. Can you fold the … into halves?
		制作：thin silk, paper, scissors, carving
	欣赏	交流：angry, afraid, bored, calm, excited, glad, happy, hot, hungry, interested, nervous, pleased, proud, sad, shy, silly, sorry, surprised, timid, unhappy, well, worried Speak out your thought. What do you think about the picture? Think it over. What does it look like? Good job! Very good! Excellent! Well done! Great!

2. 参考用语

1) Color the flowers red. 把这些花涂成红色。

2) Trace the dotted lines to complete a flower. 把虚线连起来形成花的图形。

3) Put a leaf under this page. Use a crayon to make the leaf printing. 把树叶压在纸下,用蜡笔勾勒出叶子的图形。

4）Mix the painting to get new colors. 混合颜料，制造出新的颜色。

5）Draw a picture of your father on the paper. 在纸上画一幅你父亲的肖像。

6）Fold the paper in half. 把这张纸对折。

7）Unfold the folds you just made and open up the card. 按刚折好的折痕打开卡片。

8）Cut out a rectangular hole on one side of the box. 在盒子的一面上挖出一个长方形。

9）Glue the curtains onto the box. 把制作的窗帘粘贴在盒子上。

10）Stick this curtain to the frame. 把制作的窗帘粘贴在镜框上。

11）Tear the paper into strips just like noodles. 把纸撕成面条形状。

12）Dye the paper yellow. 把纸染成黄色。

13）Dip your finger into the water. 把你的手指蘸入水中。

14）Tie three strings together. 把三条绳子系起来。

15）Staple the pages to make a book. 把书页装订起来。

16）Attach the leaf to a long string using tape, glue, or staples. 用绳子、胶水或钉书钉把叶子连到长绳上。

17）String the ribbon through holes. 将丝带从洞孔中穿过。

18）How do you feel about the picture? 这幅画看上去感觉怎样?

19）It's not good to scribble on the wall. 在墙上乱画不好。

20）Connect the dots and make a straight line. 连点成直线。

21）Mrs. Rose mixes flour and water together to make a paste. 罗丝女士把面粉和水混合起来制作面团。

22）To make the handprint，paint the child's palm red and press onto paper. Make a green thumbprint for the stem and leaf. 制作手印时，把孩子的手涂成红色后压到纸上，用绿色的拇指纹制作出茎和叶。

23）Make apple prints by cutting apples into halves and dipping them in paint，then making patterns with various colors. 把苹果切成对半，染上各种颜料，印在纸上做出各种图形。

24）Glue the illustrations onto 12″×18″ construction paper. 把插图用胶水粘在12英寸乘18英寸的手工纸上。

25）Please draw the trees nearby bigger and the ones in the distance smaller. 近处的树画得大一些，远处的树画得小一些。

26）Please try to keep the picture neat. 保持画面整洁。

27）Try to make your line smooth and the color even. 线条要流畅，颜色要均匀。

28）Please use these materials. 请运用这些材料制作。

29）Please color the picture in one direction. 请（从左到右或从上到下）按照一个方向涂颜色。

30）Please decorate the picture with the pattern you like. 用你喜欢的花纹装饰图画。

31）The dotted line means to fold and the real line means to cut. 虚线表示折，实线表示剪。

32）When you've finished，put away the rest materials and clean up the trash. 活动结束后请把材料和垃圾整理好。

（三）幼儿园美术双语教学活动例举

案例 1   CATS AND RABBITS 猫和兔子

苏州幼师附属花朵幼儿园 陈梦丽

 Teaching Objectives 活动目标

1. 学习单词 cat/rabbit，复习色彩 red/blue/green/yellow。

2. 尝试用手指蘸颜料平涂。

3. 乐意参与英语游戏,感受英语游戏的乐趣。

4. 学习单词 cat 和 rabbit。

Preparations 活动准备

红黄蓝绿四色门各一扇,幼儿人手操作材料正反面都有用白蜡笔画的小动物,四色颜料,抹布,教师操作猫兔材料各一份。

Procedures 活动过程

1. Warming-up "Simon says"

T：Hello，boys and girls.

C：Hello，Miss Chen.

T：Let us play a game named "Simon says"，OK? Are you ready?

(教师说口令,幼儿教师共同做动作。)

2. Presentation

T：Today I will show you something. Look! (教师出示白色操作纸。)What do you see on this piece of paper? Nothing. OK. I will use this pen. Please say one，two，three.

(幼儿说,教师快速用毛笔在纸上涂上颜料。)

T：What's this?

C：A cat.

(共同学习,用相同方法学习 rabbit。)

3. Game "Who is behind the door?"

T：Look. I have four doors. What color is it? (red)

T：There are some animals behind the doors. Who is behind the red door，a cat or a rabbit? Can you guess? Who? (通过幼儿的自发猜测来进行 cat or rabbit 的练习。)

4. Painting

T：Do you want to paint an animal with your finger? OK. There are four paints. What color is it? Everyone has a piece of paper. You can choose your favorite color，and use your finger to paint. If you think your finger is dirty，you can clean it with the dust cloth. When you have finished，you can show your paper to the teachers and tell them what animal it is on your paper.

(幼儿操作,完成的幼儿自由地去向老师介绍。)

**案例 2**　　CLAY SCULPTURE: ANIMALS 泥工： 动物

苏州新区实验幼儿园　尚红艳

Teaching Objectives 活动目标

1. 能运用搓、团、揉等方法制作、组合动物的不同身体部位。

2. 积极参加塑造活动,大胆表现不同动物的典型特征。

单词：head，ears，tails，eyes，legs。

Preparations 活动准备

1. 橡皮泥,动物图片(或实物),操作板。

2. 动物角。

 Procedures 活动过程

1. Warming up

(1) Chant：I am a ... I have a ...

(2) Review the animals' name.

T：This is an animal. It has two long ears，two red eyes，and one short tail. Its body is usually white. It walks just like hopping. It likes eating carrots and green vegetables. Could you tell me what it is?

T：Yes. You are right. Look! (Show a rabbit.) The rabbit has two long ears，two red eyes，a short tail and four legs. (Point to the rabbit's body.)

（通过描述动物明显特征，让幼儿猜出动物名称。）

2. Presentation

T：Look! What is it? (Show them the elephant or the duck.)

T：Yes，the elephant has ... （a long nose）

T：The elephant has two big ... （ears）

T：Very good. And the elephant has four big legs. Four big legs.

T：OK! Please watch carefully. The elephant's head is round.

（结合图片，唤醒幼儿关于动物典型特征的经验，对幼儿的发言及时肯定。）

3. Activity

(1) T：Now，we will use clay to make animals.

T：First，you may make the animal's head or body like this. Remember，the animal's head is round. So try your best to make it round. And an animal's body is usually long. Please don't make the body round. Second，please put the head and the body together. Then please make the animal's ears，tails and legs and put them together. That's OK! Now you may begin your work. If you have any problem，I'll help you. After doing it，please name the parts of the animals to me.

（教师详细讲解步骤，示范动作。）

(2) Time for children to make animals by themselves. Teacher should give them necessary help.

4. Show Time

Discuss the children's works and praise their works.

T：Look! The ... is very lovely. Its ears are so long ...

Extension 活动延伸

将幼儿制作的动物放在一起布置成"动物园"，鼓励幼儿利用自由活动时间用英语向同伴介绍交流。

（四）相关链接

1. 国外教案

制作圣诞祝愿书

Title — Christmas Wishing Tree

By — Diana Cohen

Primary Subject — Art

Secondary Subjects — literacy

Grade Level — K - 2

(1) Using green paper or card，have students trace around the outline of their hand. This is best done working in pairs，so one student can trace the other's hand and the other can hold their hand very still.

(2) Cut out the hands. Students with good fine motor control can do this themselves.

（3）Holding their handprint so that the fingers point downwards，ask each student to write a Christmas wish on their hand. They can write their own wish，or one for a friend or family member.

（4）Using glitter，paints or whatever is available，decorate the hands，being careful not to cover the written wish.

（5）Collect all the handprints and，on a separate large piece of card，arrange the hands into the shape of a Christmas tree and fix with staples or glue. Ensure the fingers all point downwards. The fingers look like branches and leaves and the finished "wish tree" looks fantastic. Kids will love reading each other's wishes.

HINT：Where possible，use a combination of light and dark green hands.

（资料来源 http：//www. lessonplanspage. com）

2. 活动参考及资源

（1）Delightful Dog Card

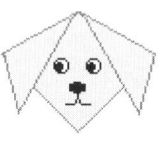

Make a great dog card for dog lovers.

Supplies：

- Card stock or construction paper
- Scissors
- Markers or crayons
- Googly eyes and glue (optional)

　You'll need a square piece of paper. To make a square from a rectangle，first fold the corner of the rectangular over.

　To finish making the square，cut off the small rectangle (which is already folded into a triangle).

　Fold over two triangles (to make the dog's ears).

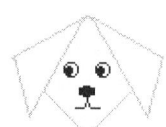　Draw a dog face. You can write messages under the ears or on the back of your new card.

（资料来源 http：//www. enchantedlearning. com）

（2）Simple Sailboat Craft

You can make these cute little toy boats in just a few minutes. They are great for preschoolers and kindergartners to practice cutting with scissors，drawing，and molding clay.

Supplies：

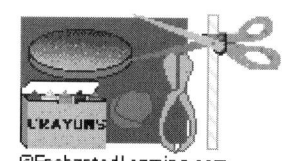

- A wide plastic lid (like the lid from a margarine tub)
- A drinking straw
- Construction paper

- Kids' scissors
- A hole punch
- Crayons, markers, and/or stickers
- A small wad of play dough

 Cut a triangle from a piece of construction paper — this will be your sail. Decorate the sail with crayons, markers, and/or stickers.

 Punch three holes along one side of the triangle.

 Weave a drinking straw (the boat's mast) through the holes.

 Put a small wad of molding clay on the inside of the lid. Push the end of the drinking straw into the clay. You now have a cute little toy sailboat that can float in water!

(资料来源 http://www. enchantedlearning. com)

(3) Sidewalk Chalk and Sand

What do you do with the bits of sidewalk chalk that the kids never seem to use up?

1) Smash into pieces and let kids create colorful mosaic pictures.

2) Combine with playing in sandbox and let the colorful pieces be "sprinkles" on sand cakes. You can even use shavings to create colorful "icing" between or on top of "layer" cakes.

3) Using dry chalk and dry sand, pour a small pile of sand onto a sidewalk. Rub the chalk into the sand to make colored sand — mixing and rubbing the chalk dust with the sand to tint it. Then, gather up the piles of colored chalk. Dampen sand slightly with water. Use the colors then inside sand molds — such as we have little plastic sand molds in shape of turtle, fish, scallop shell — to create colorful sand creations. We use bits of the many different colors in bottom of mold, then top off with plain wet sand, invert it to create the sand form, and the colors make a "rainbow" creation.

(资料来源 http://www. creativekidsathome. com)

二、幼儿音乐中的英语渗透

音乐主要是以节奏、旋律和强度等音乐语言来表达意义的。音乐双语教学活动是通过音乐语言与英语的结合,拓展词汇量,能用英语理解和表达对音乐的感受。

音乐是幼儿表现自我、表达交流的重要途径,节奏欢快、琅琅上口的英语儿歌往往让幼儿乐不释口,用音乐元素组织起来的英语内容便于幼儿记忆、表达。因此,英语在音乐活动中能实现更加有效、自然地渗透。当然在大胆、积极地参与英语音乐活动的过程中,幼儿的自信心,特别是英语学习的兴趣及信心都得到了很大的提高。

（一）幼儿园音乐双语知识技能要求的落实

1. 环绕音乐语言，拓展音乐英语词汇①

在一般英语课中基本上没有音乐的术语，使学生很难用英语对音乐进行交谈。音乐双语教学应该有选择地学、用音乐术语，如 rhythm, melody, opera, comedy, tragedy, rock and roll, solo, symphony, quarter note, percussion, instruments 等，这些术语在课堂教学中反复使用，学生基本上能听懂，而且能使用。

2. 结合乐感，提高英语的语感

英语的语感对于掌握英语起着重要的作用，语感是人们对语言直觉的感知、领悟、把握的能力，即对语言的敏感，包括语音的感受、语义的感受、语言节奏等方面的感受。学生对语言法则和语言组织方式的把握和运用依靠语感。语感来自语言实践，它是在大量的语言实践中逐步增强的。在言语活动反复练习或实践的过程中，形成言语动力定型。

英语双语教学应该利用乐感，提高学生的英语语感。良好的乐感对学习英语是十分有益的，英语的语感也体现在语言表达的节奏、强弱等方面。歌唱英语歌曲需要对英语歌词连续、失爆和意群等的把握，是提高英语语感的好方法。我们在音乐教学中经常选择一些适合学生英语水平的英语歌曲教唱，活泼而有趣的儿童歌曲使学生融入学习英语的良好氛围中，培养良好的语感。

3. 英语语言学习与有节奏的动作结合

在课堂教学时，可以利用一些动作，边做边学，如 clap, step, swing 等，这些节律动作训练反复性强，也就使这些英语得以高复现。同时，也可以结合音乐游戏、舞蹈，扩展英语词汇，提高英语的复现率。

另外，在选择幼儿英语儿歌、歌曲过程中，应注意根据幼儿的年龄特点、英语学习水平、学习需要选择合文化（外语文化）、合目的的内容，应强调音乐中英语内容的原汁原味，避免将一些中国化的音乐内容生搬硬套地翻译成英语内容。

（二）相关音乐方面的英语词汇和句型

1. 参考词汇

		内　　容
音 乐	唱　歌	歌词：an art day, carnival
	韵　律	动作：tiptoe, run, walk, march, stretch, skip, hop, jump, stand, bend, crouch, kick
	打击乐	brass instruments（管乐器）：French horn（法国号/圆号），trumpet（小号），trombone（长号），tuba（大号），saxophone（萨克斯） percussion instruments（打击乐器）：bell（响铃），drum（鼓），gong（铜锣），kettledrum（定音鼓），triangle（三角铁），maracas（沙球），tambourine（小手鼓），accordion（手风琴） string instrument（弦乐器）：violin（fiddle），cello（大提琴），double bass（低音提琴），bow（琴弓），guitar, electric guitar, harp（竖琴） others：music stand（乐谱架），harmonica（口琴），xylophone（木琴），piano（钢琴），conductor（指挥）
	欣　赏	listen attentively（倾听），feeling（感受），understanding（理解），performing（表现），creating（创造），funny, high, soft, low, angry, afraid, bored, calm, excited, glad, happy, hot, hungry, interested, nervous, pleased, proud, sad, shy, silly, sorry, surprised, timid, unhappy, well, worried, better How do you feel? I like dancing with music. Is the note high or low? This note is a bit high（low）.

2. 参考用语

1) Listen to the beat of the music. 请听一下音乐的节奏。

2) Let's listen to the tape/music. 让我们一起来听磁带/音乐。

3) Let's sing the ABC song. 让我们唱一下字母歌。

---

① 杨立群.小学双语教学双切整合模式.上海：文匯出版社，2004

4) Let's clap our hands with music. 让我们一起跟着音乐拍手。

5) Sing after me. 跟我唱。

6) How many parts are there in this piece of music? 这段音乐一共有几段？

7) What is the song about? 这首歌曲里唱了些什么？

8) How do you feel about the song? 这首歌曲听起来感觉怎样？

9) Please play with your conductor. 请跟着指挥演奏。

10) Please choose and play your favorite musical instrument. 选择自己喜欢的乐器演奏。

11) Please sing with the music. 请跟着音乐演唱。

12) Can you make up a story for the music? 你能为这段音乐编个小故事吗？

13) Please come and perform with your friends. 请和你的朋友一起表演。

14) Who would like to be the conductor? 谁愿意来指挥演奏？

15) Let's sing in small groups. 现在我们来分组演唱。

16) Do you want to sing with me? 想和老师一起唱吗？

（三）幼儿园音乐双语教学活动例举

案例 3　CLEVER KIDS AND STUPID WOLVES 聪明孩子笨老狼（大班）

苏州新区狮山中心幼儿园　诸玲霞

Teaching Objectives 活动目标

1. 借助英语故事，初步了解乐曲的旋律节奏和情绪内容，愿意尝试用不同的身体部位和身体动作表现对音乐的理解，并能用简单的英语进行表述。

2. 认真倾听英语故事，乐意参与创编、表达活动，体验活动带来的快乐。

3. 掌握表示身体部位的单词及相关动词。

Preparations 活动准备

1. 老狼手偶 1 个，老狼头饰 5 个，小朋友手偶若干。

2. 幼儿有两年多的英语学习经验，会简单的对话，能够组织简单的语言表达自己的想法。

Procedures 活动过程

1. Warming up

Game：*First I move, and then I stop here.*

T：Let's relax ourselves. First I move, and then I stop here.

T：Ready, go. First I move, and then I stop here. Everybody, come on. Wonderful. OK, once more.

（视情况提醒幼儿游戏的规则，幼儿和教师一起念 First I move, and then I stop here。教师检查时提问："Who are you?"幼儿回答："I'm a..."最后走进场地。）

2. Presentation

T：Perfect. You're so clever. Now, please find a seat and sit down.

T：Who am I? Yes, I'm a wolf. Hello, everyone. Look at me. I've got bad eyes. I can't see with my eyes, but I have very good ears. I can hear with my ears, even a little bit sound.

T：Today, I'd like to share a story with you. It happened between the wolf and the kids. It is called *A Stupid Wolf and Some Clever Kids.*

（介绍故事的主角。）

3. Share the story

(1) Teacher tells the story.

T：Once upon a time, there were some clever kids. One day, they wanted to go to visit their grandpa, but they must go across a black forest. There were so many trees in the forest and they couldn't find the right way to their grandpa's house. They were lost. In the forest, there was a stupid wolf. He couldn't see with his eyes, but he could hear with his ears. Anyway, he could go across the forest very easily. The clever kids got a good idea. That is, they could follow the stupid wolf. The problem is that they must go with the same steps of the wolf, or they would be eaten. So when the wolf went, the kids should also go very quietly.

(2) Emphasize：The wolf go go go go go go go stop. The kids also go go go go go go go stop. （初步感知故事以及其中蕴涵的情绪内容。）

4. Show Time

(1) Get familiar with the music.

T：Here is the music. It tells us the same story. Let's listen together.

(2) T：We will listen to the music again. But this time I hope you can not only listen to the music, but also show me in which part of the music the kids should go and in which part of it they should stop. OK? You can use any part of your body.

（感受音乐的旋律节奏,幼儿尝试用不同的身体部位来掌握走和停的节奏,并用简单的英语表述。）

T：Who wants to show us what you hear and act for us?

C：Me.

T：What part of body do you use?

C：I use my . . .

T：Let's follow him/her.

（每一次集体模仿在教师哼唱和幼儿 go go go stop 的节奏中进行,重复地帮助幼儿熟悉节奏。）

(3) Use different body parts to show go and stop.

T：Now this time, I will be the wolf, and you all are the clever kids. I hope you can use different ways instead of going. OK?

T：Good. Music.

T：Who wants to show us what you can do?

（请幼儿讲述自己除了用走路的方式表现行进还可以用什么方式表现。这一环节要求幼儿用"I can . . ."回答自己运用的不同动作。）

T：Well done, my children. Now I want two more wolves. Who wants to play?

（请若干幼儿与教师一起扮演狼,幼儿用不同的动作、造型来表现行进和停止。）

T：This time, I will be one of the kids. And we need more wolves. Who wants to try?

（请原来的 2 名幼儿和再请的 3 名幼儿做老狼,教师和其他幼儿一起做小朋友。）

5. Closure

T：The kids went across the forest at last, they were so happy. Are you happy?

T：OK. Let's have fun. Music.

（放英语歌曲,又唱又跳庆祝走出黑森林。）

案例 4　　　　THE CHRORUS OF FROGS 青蛙合唱（中班）

苏州新区狮山中心幼儿园　曹　红

 Teaching Objectives 活动目标

1. 学习青蛙的英语单词 frog,能用英语表示小青蛙和大青蛙唱歌。

2. 感受乐曲的节奏和音区高低的变化,用多种形式表现乐曲。

3. 享受游戏的乐趣体验与同伴合作表演的快乐。

Preparations 活动准备

1. 角落里放这首乐曲,让幼儿熟悉三拍子节奏及旋律。

2. 图片"小青蛙和大青蛙"。

3. 音乐。

Procedures 活动过程

1. Warming up

T：Let us sing "*I like candy!*"

C：We are good friends.

T：I would like the frog to come with me! Where is the frog? Here I am! This is the first time we meet. We must be polite. Please say "Hello" to the frog.

C：Hello, frog!

T：There is a concert. Do you want to come with me?

C：Yes, I do.

T：Listen to the music. Let us go!

(在倾听的基础上初步感受三拍子乐曲的节奏。创设青蛙要开音乐会的情景,激发幼儿的兴趣。引导幼儿用小手做小动物的脚,听着音乐去参加音乐会。)

2. Presentation

1) T：How does the frog sing?

C：The frog sings "gua,gua,gua. "

T：Let us sing together.

(请幼儿用声音表现音乐节奏。)

2) T：Here are my hands, one and two. But now, they are frogs. Where are your frogs?

C：Here are my frogs.

T：I am so happy. I want to dance. Follow me,frogs. We will be tired if we are always jumping so high. Can we jump high, and jump low, and jump low?

(请幼儿用手的动作表现音乐节奏和强弱。第一遍,对节奏的要求;第二遍,对强弱的要求。)

3. Activity

1) T：What is the difference between them?

C：This is a little frog. That is a big frog.

T：Can you sing like a little frog? Can you sing like a big frog?

(创设情景进一步欣赏：用一大一小的教具青蛙,激发幼儿对两只青蛙发出的不同声音的想像。)

2) T：They want to sing together. It is a chorus when someone sings together with others. Listen to the music. When is the little frog singing?

C：At first, there is the little frog singing.

T：When is the big frog singing?

C：Then, there is the big frog singing.

T：When are they singing together?

C：At last, they sing together.

(进一步感受表现乐曲的变化：教师出示图片"小青蛙和大青蛙",帮助幼儿理解乐曲。告诉幼儿像这样用不同的声音来唱歌叫合唱,这首歌叫青蛙合唱。听一听、想一想,哪儿是小青蛙唱哪儿是大青蛙唱呢? 什么地方又是大青蛙和小青蛙一块儿唱?)

3）T：Who wants to be the little frog? Who wants to be the big frog?

C：I want to try!

T：Now，ladies and gentlemen，welcome the frogs' chorus!

（启发幼儿分角色扮演大青蛙和小青蛙，表现乐曲的变化。）

4．Show Time

T：Some musical instruments can help us. Please choose one and play it.

（幼儿自主选自己喜欢的小乐器，包括幼儿自制的乐器，也可以用其他形式来表现乐曲。）

5．Extension

在区域活动其他时间，进一步和幼儿一起用自己喜欢的形式表现乐曲，鼓励幼儿模仿其他的声响如小狗、小猫的叫声等等进行"合唱"，进一步探索有趣的声音变化。

幼儿在音乐节奏较快的情况下能否仔细倾听，根据幼儿实际情况调整弹奏速度，幼儿的扮演角色及表现的兴趣及随乐表演能力。给予个别幼儿帮助融入集体的表演中。

（四）相关链接

1．国外教案

听音乐"彼得和狼"认识乐器

Title — Peter and the Wolf — Instruments

By — Cathy Maddox

Primary Subject — Music

Secondary Subjects — Language Arts

Grade Level — 1 - 3

（This is a two/three part lesson）45 minutes each

Lesson one：

Materials needed：Any book of *Peter and the Wolf*，various instruments — drums，maraca，jingle bells，glockenspiel，claves，etc.

Procedures：

（1）Read the story *Peter and the Wolf*.

（2）After reading the story，talk about the characters and then assign classroom instruments to each character. Re-read the story and have students play their instruments at the appropriate times.

Lesson two：Peter and the Wolf

Materials needed：a CD with the music of *Peter and the Wolf* by Sergei Prokofiev（I went online and found the music），pictures of each instrument — flute，oboe，clarinet，bassoon，horns，violin，and drum. I also use costumes.

Procedures：

（1）Explain that just as we the class put our classroom instruments to the story last class time，there is a man by the name Sergei Prokofiev who did the same thing. He used instruments from the orchestra.

（2）Show the picture of each "character" and play an example of each instrument. The copy of music that I downloaded has this section.

（3）Assign students to each character（it's ok if there are 4 birds and 2 cats ... you get the picture）.

（4）Explain that the "characters" will act out the story when they hear their instrument played. To make this easier for the little guys，I hold up the picture that represents their character.

It's a lot of fun watching them pretend to be a cat，bird，wolf，duck，hunters，grandfather，or Peter.

You can do lots of things with this exercise. But it is a good way to introduce orchestra instruments to the students. Even the little guys enjoy this and understand.

（资料来源 http：//www. lessonplanspage. com）

2. 活动参考及资源

Bingo

There was a farm-er had a dog and Bin-go was his name - o. B - I - N-G - O B - I N - G - O B - I - N-G - O, And Bin-go was his name - o.

Old Macdonald

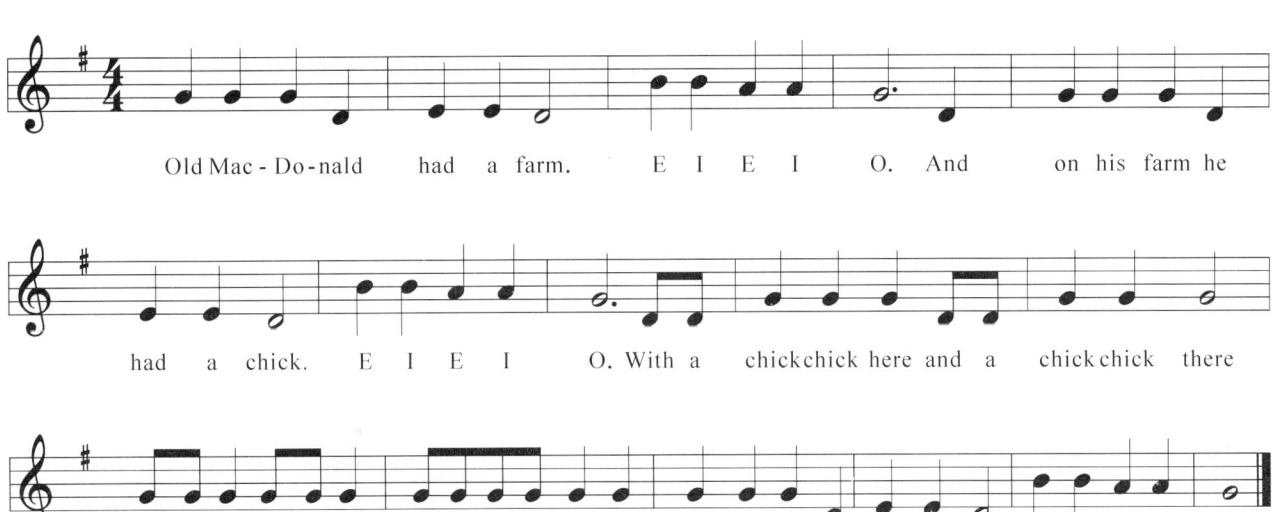

Old Mac - Do-nald had a farm. E I E I O. And on his farm he had a chick. E I E I O. With a chickchick here and a chickchick there Here a chick, there a chick, everywhere a chick chick. Old Mac-Do-nald had a farm, E I E I O.

Rain Rain Go Away

Rain, rain go a - way. Come a - gai - n anoth-er day. Lit-tle sol-ly wants to play. Rain rain go a - way.

Row Row Row Your Boat

Row,　　row,　　row　your boat.　Gent - ly Down　the　　stream

Mer - ri - ly, mer - ri - ly,　mer - ri - ly, mer - ri - ly,　Life　is　but　a　dream.

Ten Little Indian

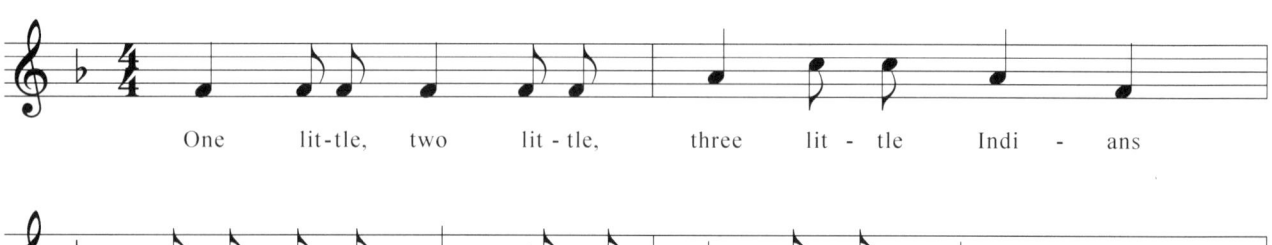

One　lit-tle,　two　lit - tle,　three　lit - tle　Indi - ans

Four　lit - tle,　five　lit - tle,　six　lit - tle　Indi - ans

Seven lit-tle, eight lit-tle,　nine lit-tle Indians. Ten　lit - tle　Indi - an　boys.

Three Blind Mice

Three　blind　mice　Three　blind mice.　See　how they run!　See　how they run!　They

all ran　af - ter the farm - er's wife. Who　cut off their tails with a car - ving knife. Did you

ev - er　see such a　thing　in　your life　as　　three　blind　mice?

Color Songs & Poems

RED
Tune: Are You Sleeping

I like red,
I like red,
r-e-d, r-e-d.
A fire truck is red.
A stop sign is red.
r-e-d, r-e-d.

PURPLE
Tune: This Old Man

P-U-R-P-L-E
Spells the color purple you see.
Like the grapes on a vine,
Or some plums in a tree.
P-U-R-P-L-E

BLUE
Tune: The Farmer in the Dell

B-l-u-e spells blue.
B-l-u-e spells blue.
Hi-ho did you know
B-l-u-e spells blue?

The big sky is blue.
The ocean is too.
Hi-ho did you know
B-l-u-e spells blue?

YELLOW
Tune: If You're Happy and You Know It

Y-e-l-l-o-w spells yellow.
Y-e-l-l-o-w spells yellow.
Like the early morning the sun
When the day has just begun.
Y-e-l-l-o-w spells yellow.

Daffodils and baby ducks are yellow.
Lemonade and scrambled eggs are yellow.
I like the smiley face that's yellow.
He is such a happy fellow.
Y-e-l-l-o-w spells yellow.

ORANGE
Tune: The Wheels on the Bus

O-r-a-n-g-e,
O-r-a-n-g-e,
O-r-a-n-g-e,
Orange is what that spells.

Jack-O-lanterns are always orange.
Carrots are always orange.
Oranges are always orange.
O-r-a-n-g-e!

BLACK
Tune: Jingle Bells

Black bats fly,
Black cats cry,
b-l-a-c-k
Black is the color of the night.
b-l-a-c-k
BLACK!

WHITE
Tune: Little Brown Jug

W-h-i-t-e
That spells white, sing with me.
Milk is white and so is glue,
Ghosts are white and they say
BOO!

W-h-i-t-e
That spells white, sing with me.
The clouds above, the snow below,
Santa's beard
HO, HO, HO!

BROWN
Tune: Bingo

There is a color we all know.
Can you guess what it is?
B-r-o-w-n,
B-r-o-w-n,
B-r-o-w-n,
That's how you spell brown.

Teddy bears and squirrels are brown,
Autumn leaves are too.
Chocolate candy is always brown.
Chocolate cake is always brown.
Chocolate milk is always brown.
I like brown, don't you?

续　表

Color Songs & Poems	
GREEN Tune：Bingo There was a farmer who had a snake and it was very green. g-r-e-e-n，g-r-e-e-n，g-r-e-e-n and it was very green. There was a farmer who had an alligator and it was very green. g-r-e-e-n，g-r-e-e-n，g-r-e-e-n and it was very green. There was a farmer who had a frog and it was very green. g-r-e-e-n，g-r-e-e-n，g-r-e-e-n and it was very green. They all lived in the long green grass and they were very green. g-r-e-e-n，g-r-e-e-n，g-r-e-e-n and they were very green.	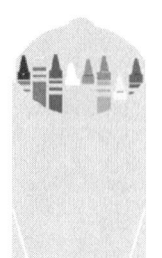 We Love to Sing Our Colors

（资料来源 http：//www. readysetgoteach. com）

第三节　科学领域中的英语渗透

在幼儿园科学领域中的双语活动是指幼儿对事物现象感兴趣，能运用多种感官探究问题、能用适当的方式表达交流探究结果、从生活和游戏中感受数量关系并且体验数学的重要和有趣、爱护环境亲近大自然为目标，喜欢参加科学双语活动，创设双语听、说、做的环境，引导观察事物的特点和变化规律、培养大胆发现和提出问题并且积极主动运用多种探究方式进行探索。科学领域中的双语活动包括数学双语活动和自然科学双语活动。

一、幼儿数学中的英语渗透

数学学科的双语教学不是把原先的数学教材翻译成英语来教学，而是以学生原有的英语知识为基础，有效地把一定量的英语融合于数学教学之中，使数学学科知识和英语语言合理整合，通过数学学习促进学生一定量的英语语言的积累与获得。在数学双语教学中让学生掌握一些在英语教学中不常接触到的专业词汇，拓展在生活中需要的数学词汇。

（一）幼儿园数学双语知识技能要求的落实

1. 抓住基本的数学英语词语，扫除学生的词语障碍，如英语的基数词和序数词的认读、加减乘除算式读法、数学符号"＝、＞、＜"等的读法、简单几何体和平面图形的名称、物体相对空间位置的描述等。同时，注意学生数学的英语听力的提高，培养学生对数字的听力敏感，对度量与方位的快速反应，为学生的数学双语思维奠定坚实基础。

2. 在数学双语教学中，要专注基本句型，有效阻止学科语言。数学双语课使用的句型应该尽量是学生学过的，甚至用简单的单词、词组。数学双语课可以使用的句型主要以陈述句为主，如 It means . . . We can

say ... 等。要根据学科的要求运用学科语言,尽可能使用简单词句表达数学知识点。

在教学过程中,应该多设置生活情景,让学生能够用所学的英语教学知识来解决实际问题,增加英语学与说、说与用的内容,丰富数学知识习得的体验过程,形成主动用两种语言来解决生活中数学问题的习惯。在双语教学过程中,要提高数学学科语言的复现率,要让学生能够熟练运用新学的学科语言进行听、读。

(二)能基本运用初步的数学英语词汇和句型

数学学科的双语教学不是把原先的数学教材翻译成英语来教学,而是以学生原有的英语知识为基础,有效地把一定量的英语融合于数学教学之中,使数学学科知识和英语语言合理整合,通过数学学习促进学生一定量的英语语言的积累与获得。在数学双语教学中让学生掌握一些在英语教学中不常接触到的专业词汇,拓展在生活中需要的数学词汇。

1. 参考词汇

	标　准	内　　容
分类、排序与对应	分类、排序、对应	classify/label, arrange, in order, match
数、计数与数的运算	数	zero, one, two, three, four, five, six, seven, eight, nine, ten, eleven, twelve ... hundred, thousand, first, second, third, fourth, fifth, sixth Let's count. How many? What time is it?
	计数	digit number, decimal(小数), decimal point(小数点), even number(偶数), odd number(奇数), fraction(分数)
	数的运算	add, subtract, multiply, divide, be equal to, be greater to, less, more, minus, plus, times, equal to, less than equal, less than, greater than, greater than or equal(大于等于), percent, division symbol What is three plus/minus two?
几何图形	形状及性质	circle, triangle, rectangle, square, star, trapezoid(梯形), oval(椭圆形), heart, diamond(菱形), parallelogram(平行四边形), rhombus(斜方形), kite, arrowhead(箭头), sector(扇形), cylinder(圆柱体), cone(圆锥体), cube(立方体), big, small, long, short, dark, light, heavy, hard It is round. It is big.
量与计量	计量	kilometer, meter, decimeter(分米), centimeter(厘米), millimeter(毫米), foot, gram, kilogram, Fahrenheit, centigrade degree, length、liter(公升), row, *Yuan*
空间和时间	时间	second, minute, hour, morning, afternoon, day, week, month, year, A. M., P. M., calendar(日历), clock, second hand, minute hand, hour hand, leap year(闰年), yesterday, today, tomorrow, last week, this week, next week What time is it? It is seven o'clock. It is half past one. When do you get up in the morning?
	空间	north, east, west, south, northeast, northwest, southeast, southwest, compass(罗盘) near, far, front, back, left, right, over, under, below, above, on, between, in, out, out of the house, in front of you, on your left Where are you? Where do you live? It is near the desk. It is far away.

2. 参考用语

1) Name some daily objects that match the colors and shapes on the right part. 找出你身边具有右图中的颜色和形状的日常物品。

2) Name the color of the following items. 请说出下列物品的颜色。

3) What shape is it? 它是什么形状的?

4) How many corners/sides does a square/rectangle have? 一个正方形/长方形有多少角和边?

5) Can you make a square into two triangle? 你能把一个正方形分成两个三角形吗?

6) What differences are there between them? 它们之间有什么不一样的吗?

7) Please count these shapes following the demand. 请根据要求数出图形的数量。

8) Can you divide five into two and three? 你能将 5 分为 2 和 3 吗？

9) Can you find the numbers hiding in the picture? 你能找出藏在图画中的数字吗？

10) Please arrange ×× in a right order. 请按照规律给×× 排队。

11) Please put the same things together. 请把相同的东西放在一起。

12) Please put these things with different colors/sizes/patterns into different … 请按照颜色/大小/图案的不同把这些……放在不同的……里。

13) Can you think of any other way? 你还有什么不同的方法？

（三）幼儿园数学双语教学活动例举

 **案例 5 FIRST, SECOND, THIRD, FOURTH, FIFTH 1—5 的序数词**

苏州市平江区挹秀幼儿园 朱莉娜

 Teaching Objectives 活动目标

1. 熟练掌握 5 以内的序数，能够从不同方向确定物体在序列中的位置。

2. 初步理解 first，second，third，fourth，fifth 的含义，养成良好的倾听习惯。

3. 初步体验师幼互动的快乐。

 Preparations 活动准备

1. 三角形、圆形、正方形、长方形、椭圆形小图形各 3 张；

2. 猫、狗、猴、猪、鸭图片各一张；房子一幢，地上贴有相应的图形标记的火车一列；

3. 音乐 A，B，C。

 Procedures 活动过程

1. Warming up

Greetings and sing the song *Hello*.

2. Presentation

T：Look! Here's a tall building. Let's count. How many floors are there in this building?

T&C：One, two, three, four, five. Five.

T：Which is the first floor? Point it out, and paste the number next to it.

（以同法引出 second/third/fourth/fifth floor）

T：There're many animals in the building. Who are they?

（教师做动作，让幼儿猜，引出动物 pig，duck，monkey，dog，cat。）

T：Who's on the first/second/third/fourth/fifth floor?

3. Activity

T：The animals want to go out. Chug-chug, toot-toot, Chug-chug, toot-toot. Oh, the train is coming. How many carriages are there in the train? Let's count.

T&C：One, two, three, four, five. Five.

T：Which is the first/second/third/fourth/fifth carriage? Point it out.

T：The cat wants to get on the first carriage. Who can help him?

（以同法让 pig，duck，monkey，dog 上车。动物乘火车，巩固 1—5 的序数。）

T：Let's get on the train, OK? Our train is leaving. Are you ready?（火车舞）

4. Game

T：We're arriving in the Maths Kingdom. I'll knock at the door. Who's coming?

T：Hi, I'm the king of the Maths Kingdom. Welcome to my kingdom. If you want to get in and play, you must answer the questions，OK? See you later.

T：Take out your shapes and paste them on your forehead. Find the same shapes on the floor. When I say "the first line"，the kids in the first line should jump out，OK?

（站队游戏两次，巩固序数。）

T：Look! Here're three groups of teachers in the red cap. Let's find the teachers，OK?

T：You're good kids. You can go into the kingdom，bye-bye.

T：We're the winners，yeah! Line up. Let's go to the kingdom. Say "bye-bye" to teachers.

 案例6　　　　　Magic Shapes 魔形（中班）

苏州新区实验幼儿园　尚红艳

这个活动是整合了数学、美术方面的内容，小组活动中有三个层次的活动：一是用橡皮筋拉出图形或组合图形；二是按要求找出作业单上各种图形并涂上相应的颜色；三是在图形基础上添画；四是创意拼贴。

 Teaching Objectives 活动目标

1. 熟悉正方形、长方形、圆形、三角形、梯形，了解半圆形、椭圆形，并能用英语描述图形的特征及其变化。

2. 能不受图形颜色、摆放形式的影响按照意愿进行拼贴。

3. 乐于运用已有的英语经验表达交流，感受拼贴图形的乐趣。

 Preparations 活动准备

大小不同的正方形、长方形、圆形、三角形、梯形、半圆形、椭圆形若干个；黑色衬板若干；操作纸若干；橡皮筋及衬板若干；三幢不同颜色、形状的房子。

 Procedures 活动过程

1. 机器人拼图，引起幼儿参与活动的兴趣。

T：What shape is it?（出示机器人的身体）I will play a magic. Please close your eyes.（出示完整的机器人拼图）Now，what do you see?

2. 通过比较区分正方形、长方形、圆形、三角形、梯形，感知图形的特征。

（1）观察、比较机器人身体的组成部分：What shape is the robot's ...? What color is it? What difference are there between them?（重点比较长方形、梯形）

（2）运用猜谜语的方式比较圆形、正方形。

T：I have four sides and four corners. They are all of equal length. Who am I?（Square）

T：I look like a sun. You can go around me and can not find a corner. Who am I?（Circle）

3. 通过观察，比较圆形、半圆、正方形、三角形的变化，重点认识半圆。

（1）观察图形的变化，了解半圆的特点，学习单词 semicircle。

T：They are magic shapes. Look! What is in my hand? If I fold the square/circle in half，what will I get? How many rectangles/semicircles will I have?

（2）通过游戏巩固对半圆的认识。

Game：Please find the ... for me.

幼儿根据指令寻找不同颜色、大小的半圆形，并交到教师手上。

（3）通过游戏进一步巩固对各种图形特征的认识。

Finger/Body game：Can you make some shapes with your fingers/body? Look! I can use my fingers to make a square. What shape can you make? 运用儿歌对答的形式，请幼儿介绍自己用身体表现的图形：Circle，circle，where are you? Here I am，here I am．I am a circle.

4. 迁移经验，了解组合图形的特点。

鼓励幼儿寻找生活中的各种图形：What is it? What does it look like?

通过对三种房子的辨认，了解组合图形在生活中的运用。

T：I will describe the houses．Please guess which house it is．Its roof is a triangle．Its door is a rectangle and its windows are squares and circles．Which house is it?

T：We can use the shapes to make many pictures we like! Do you want to have a try?

5. 不受图形颜色、摆放形式的影响尝试将不同图形组成生活中的不同物体。

（1）教师讲解活动要求。

T：We have four games，and you can choose the one you like best.

The first game：You can use ... to make a beautiful picture.

The second one：You can draw the picture following the instructions.

The third one：You can use the different shapes to make a beautiful house.

The last one：You can use the shapes to make your favorite picture.

（2）小组活动，教师指导。

（3）展示作品、讲评。

T：What do you make? Can you introduce it? What shape/color is the ... ?

6. 结束活动。

T：Your pictures are very beautiful．I like them very much．Now let's go to our classroom．You can introduce them to other children，OK?

 案例 7　　　ON，IN，UNDER，BEHIND 方位介词

苏州工业园区新馨花园幼儿园　赵　贞

 **Teaching Objectives 活动目标**

1. 乐于参与活动，体验英语活动的乐趣。
2. 熟悉有关方位的介词：on，in，under，behind。
3. 复习有关动物的内容。

 Preparations 活动准备

床，桌子，凳子，房子，箱子，树。

 Procedures 活动过程

1. Presentation

（1）T：Good morning，everyone．Look．Who is it?

C：A rabbit.

T：I'll tell you today is the rabbit's birthday．（Show the rabbit.）

T：What shall we say to the rabbit?

C：Happy birthday.

T：Louder，please．（Clap your hands.）

（引出兔子今天生日。）

（2）T：Do you know a lot of animals have gone to the rabbit's birthday party? But who are they? Can you guess?

C：Cat/monkey...

T：So many animals. But (show the action) where are they? Where are they?

T：Let's look for them together, OK?

C：OK. （寻找动物。）

2. At the rabbit's

T：(Knocking at the door) Is there anyone in the box?

T：Yes, I'm in the box.

T：Oh, a cat is in the box.

C：A turtle is in the box...

T：What about other animals? Let's go on.

T：Is there anyone on the bed?

T：Yes, I'm on the bed.

T：Oh, who is on the bed?

C：... is on the bed.

T：（打呼）Listen. Oh a pig is behind the tree. (Passing by) (A pig is behind the tree.)

T：Oh so many animals are behind the tree. Who wants to get one of them out?

C：... is behind the tree.

C：... is behind the tree.

C：... is behind the tree.

T：Oh so many animals.

T：Cat, monkey, panda, dog, duck...

T：Where is the ox?

T：I'm here. I'm under the table.

T：Let's ask the ox together.

T：Ox, ox, where are you?

T：I'm under the table. (throwing the ball)

T：There is another animal under the table. Let's ask him. Who is under the table?

T：Loud, please.

C：Who is under the table?

T：... is under the table.

T：Oh all the animals are here. Let's sing the birthday song to the rabbit. OK? But at the same time, let's play a game. You should find a place for yourselves. When we stop singing, you should tell me where you are. OK? Are you ready?

T：... where are you?

C：I am ...

（结合故事，自然感知并熟悉有关方位的介词。）

（四）相关链接

1. 国外教案

（1）简单加法

Title — Adding & Counting Butterfly Sums

By — Joanne Capolongo

Primary Subject — Math

Secondary Subjects — Science, Art

Grade Level — K

Materials Needed: One page of four butterflies outlined.

Purpose: The purpose of this activity is to have the children make enough dots on each wing to equal the same sum on each.

Description of Activity: Give each child a page with four butterflies on it. The butterflies should be outlined and show only a blank wing. The child will then put dots on each wing on each butterfly. (Different amount of dots for each butterfly wing.) The wings on each butterfly, combined should all equal ONE sum. (Example: $1 + 7 = 8$, $2 + 6 = 8$, $3 + 5 = 8$, $4 + 4 = 8$.) Each butterfly should look different. There might be two dots on one wing, and four dots on the other. This would make the sum six. Depending on what sum is to be used, is how many dots should be on each butterfly wing.

（资料来源 http://www.lessonplanspage.com）

(2) Shapes

Share print images of animals. Talk about the different colors and shapes of these animals. Tell students that they are going to create pictures of animals with different shapes. They will also draw a picture of the animal's habitat.

Demonstrate using a print image as an example. Talk about different shapes students might see on the animal. What shape are its ears? What shape is its body? Use different size construction-paper shapes to create the animal. Arrange the shapes on the background habitat, being sure to tell students that you will not use glue until it looks the way you want it to. Finally, glue the shapes on the background habitat. Demonstrate using crayons to make additional lines that should appear (such as whiskers) on the animal.

（资料来源 http://school.discovery.com）

(3) Learn why numbers are an important part of everyday life

Have students draw a picture showing an example of a time they have used numbers. Give them some examples: standing first or last in line, dividing candy among friends, or having a doctor measure their height. All of these represent important uses of numbers in everyday life. More advanced students could write words or a sentence or two explaining their drawing.

（资料来源 http://school.discovery.com）

2. 活动参考及资源

(1) math symbol words(数学符号)

Match 10 math symbol words to their pictures.

+	minus
−	plus
=	times
×	equal
<	less than or equal
>	less than
≤	greater than
≥	greater than or equal
÷	percent
%	division symbol

(2) quadrilateral(四边形)

Match each quadrilateral's picture to its name.

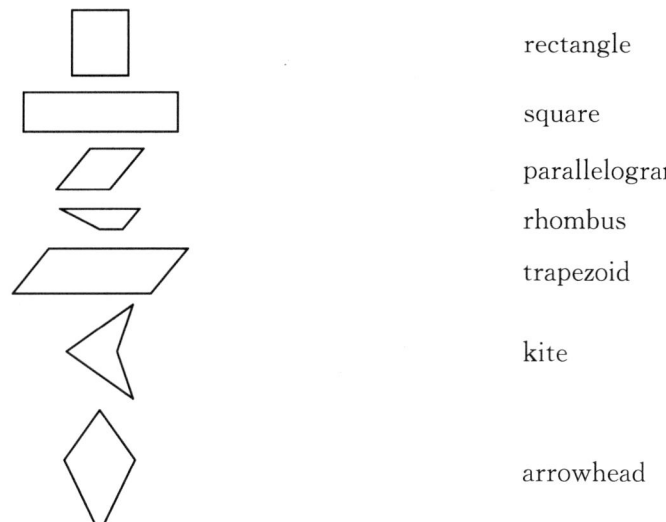

rectangle

square

parallelogram

rhombus

trapezoid

kite

arrowhead

（3）shapes（形状）

Draw lines between the shapes and the words for the shapes.

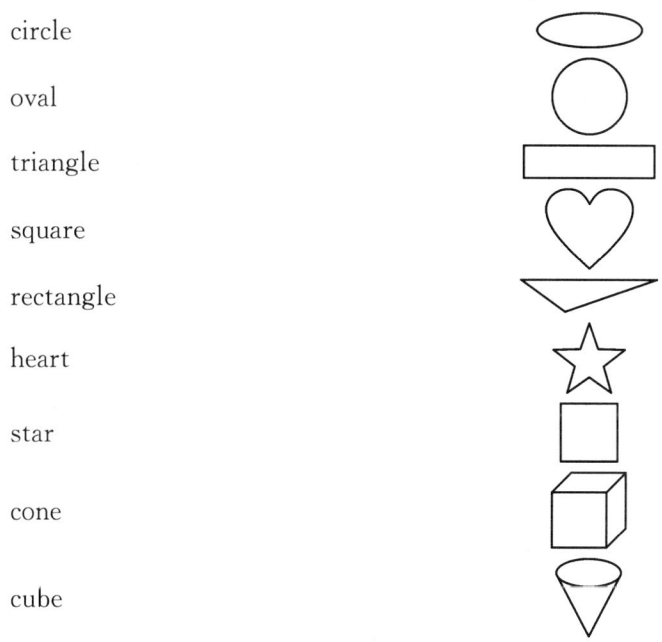

circle

oval

triangle

square

rectangle

heart

star

cone

cube

（资料来源 http://www.enchantedlearning.com）

二、幼儿自然科学中的英语渗透

自然科学中的双语教学对于拓展学生的英语词汇和丰富英语的言语有着不可替代性。英语教材比较偏重于生活的词汇和语言素材，自然科学中的知识型英语学生接触很少。自然科学中的词汇，即使是科普性的词汇在教材中比例也很低，因此无法满足现实生活和正常交往中表述事情和表达思想的需要。应该充分利用自然科学开展双语教学，丰富学生科学技术词汇和提高学生科技性英语水平。

（一）幼儿园自然科学双语要求的落实

自然科学中的教学重视教学内容与生活的联系，包括生物和生命过程、材料及其属性、物理过程和天体等。因此，自然常识学科的双语教学应该针对学生已有的生活经验和知识水平组织教学。

1. 自然科学内容的选择应遵循幼儿的年龄特点、现有经验水平、兴趣倾向等。自然知识应该与幼儿的生活密切相关，是直观的、简单的、实用的内容。自然既是教育的内容，也是丰富的教育资源，教育者要充分地发掘、利用各种有效资源为双语教学服务。

2. 应通过直观形象的、游戏化的教学，给幼儿提供感知、内化、使用知识的机会。幼儿的思维具有直观形象的特点，而自然常识学科的英语词汇对于幼儿来说很生疏，有的比较抽象，因此在教学时必须采取生

动、具体、形象的方式(图片、录像、多媒体等),帮助学生理解教学语言,增强语言输入量,并对语言信息做出反应,使学生在直接认知自然常识知识的同时获得语言信息。在感知知识的基础上,让幼儿走进真实的自然环境,让幼儿切实体验语言信息,运用已学到的自然常识学科的语言。在教学中特别要注意运用生活经验,这是最直接、最形象的,易于引发幼儿学习英语的积极性,调动幼儿用英语表达的兴趣,更容易促使学生在生活中运用英语就自己所体验的自然常识学科的问题进行交流。

3. 教学过程中重视提高语言复现率。自然科学的教学内容前后必然的直接联系较弱,幼儿学到的自然学科的英语词汇复现率不高。不注意英语词汇的复现可能会导致不是双语自然常识课,而成为自然常识课。要注意选择教学内容和组织教学内容,强化英语词汇的复现率,并不断强化一些简单的科技英语句型,让幼儿能听懂和会表达。不仅注意在一节课上提高词汇和句子的复现,而且要在单元间、学期中不断复现。

(二)相关自然科学的英语词汇和句型

1. 参考词汇

内　　容			标　　　准
自 然	天气与气候		cloudy, cold, cool, fine, foggy, hot, humid, misty, rainy, stormy, sunny, hot, warm, wet, windy, lightning, spring, summer, fall, winter, rainbow, snow, thunder, typhoon(台风), cyclone(龙卷风), sandstorm, winter sleep, open sleigh, wake up, weather forecast 　It's snowing. Don't forget to bring your umbrella. How's the weather today? It's sunny. What a nice day! It's raining. The rain is coming. Is it very hot? What season do you like best?
	动 物	空　中	bird, bee, butterfly, bat, cuckoo(布谷鸟), owl(猫头鹰), parrot(鹦鹉), pie(喜鹊), pigeon, red-crowned crane(丹顶鹤), sparrow(麻雀), swallow(燕子), wild goose, woodpecker(啄木鸟), yellowbird(黄鹂鸟) 　The bird is beautiful. The goose is lovely.
		陆地上	hen, chicken, horse, cow, duck, goat, pig, sheep, goose, dog, rabbit, tiger, cat, mouse, panda, bear, deer, elephant, frog, fox, lion, monkey, leopard, snail, snake, spider, ox, ostrich(鸵鸟), wolf, kangaroo, camel, spider, caterpillar, dragonfly, polar bear, zebra, parrot, gecko(壁虎), angleworm(蚯蚓), zoo, a lovely panda, a big tiger 　Where is the monkey? What's your favorite animal? I love sheep. A black cat is coming. The lion is very dangerous.
		水　中	fish, crocodile, frog, toad, carp(鲤鱼), crab(螃蟹), crucian(鲫鱼), cuttlefish(乌贼), goldfish, grass carp(草鱼), green turtle(海龟), hairtail(带鱼), loach(泥鳅), mullet, mussel(蚌), octopus(章鱼), polliwog(蝌蚪), shrimp(虾), starfish, tortoise, trepang/sea cucumber(海参), whale, shark, yellowfin tuna(黄鳍金枪鱼) 　The fish can swim.
	植 物	水　果	fruit, apple, pineapple, pear, persimmon(柿子), orange, peach, watermelon, banana, coconut(椰子), grape, lemon, mango(芒果), melon(瓜), papaya(木瓜), strawberry, kiwi fruit, jujube(枣), plum(李子), litchi/lychee, muskmelon(香瓜) 　Do you like fruits? The fruit is good for us. The apple smells good. The orange looks juicy.
		蔬　菜	cabbage, greens, corn, horsebean(蚕豆), tomato, white gourd(冬瓜), squash(南瓜), bean, carrot, chili(红辣椒), pepper(青椒), garlic(大蒜), mushroom, onion, pea, peanut, spinach(菠菜), cucumber, eggplant, green bean(青豆), cauliflower(花椰菜), sweet potato(甘薯), water chestnut(菱角,荸荠), asparagus(芦笋) 　Do you like vegetables? I like mushrooms.
		其他植物	Flowers:cactus(仙人掌), chrysanthemum(菊花), rose, sunflower, carnation(康乃馨), lily(百合花), daffodil(水仙花), hibiscus(芙蓉), lotus(荷花), orchid(兰花), tulip(郁金香), violet(紫罗兰) Plants:bamboo, mulberry(桑树), maple tree(枫树), willow, palm tree(棕榈树), fir tree(杉树), poplar tree(白杨树), cypress(柏树), pine tree(松树), grass, wheat(小麦), paddy(谷子)

续　表

内　容		标　　　准
自 **然**	植 物	其他植物	petal（花瓣），leaf，stem（茎干），root，branch，trunk（树干），flower bud（花蕾），leafage（叶子） Do you like flowers? We should take good care of plants. Plants are our friends.
	人		head，face，eye，nose，mouth，ear，teeth，eyebrow，hair，shoulder，arm，elbow，wrist，knee，ankle，foot Touch your face. Stretch your arms. Where's your face?
	环 境		water，earth，clay，mountain，oil，river，sand，scree（碎石），volcano，magma（岩浆），harbor，lane，railroad，road，hospital，bus-station，supermarket，kindergarten，school，police station，in the water，in the school Do you like your school? Keep clean.

2. 参考用语

1）How many seasons are there in a year? What are they? 一年有几个季节？分别是什么？

2）What is the weather like today? 今天天气怎样？

3）What animals can foresee the weather? How can they do it? 哪些小动物会预报天气？它们是怎么预报天气的？

4）Guess what will sink and what will float. 猜猜哪些东西会沉下去，哪些东西会浮起来？

5）Please write down what you have seen. 请把你观察到的记录下来。

6）What has happened? Why did it happen? 发生了什么变化？为什么会发生这样的变化呢？

7）Let's do an experiment. 让我们一起做个小实验。

8）Do you have any questions? 你还有什么问题？

9）Try to work out the problem with your friend. 和你的朋友讨论一下应该怎样解决。

10）Do you know these tools? 你认识这些工具吗？

11）What can the tools be used for? 这些工具可以用来做什么？

12）It is very hot in summer and very cold in winter. 夏天炎热，冬天寒冷。

13）What's that over your head/below you/in front of you/behind you/on your left/on your right? 你的上/下/前/后/左/右有什么？

14）What will happen if we mix two colors together? 两种颜色混在一起会发生什么变化？

15）How can a tadpole turn into a frog? 小蝌蚪是怎样变成青蛙的？

16）My pet（rabbit）can hop. 我的宠物会跳。

My pet（fish）can swim. 我的宠物会游。

My pet（bird）can fly. 我的宠物会飞。

My pet（dog）can run. 我的宠物会跑。

My pet（tortoise）can crawl. 我的宠物会爬。

17）Can you hop like a rabbit? 你能像兔子一样跳吗？

Can you jump like a frog? 你能像青蛙一样跳吗？

Can you waddle like a duck? 你能像鸭子一样走路吗？

Can you run like a dog? 你能像狗一样奔跑吗？

Can you fly like a bird? 你能像小鸟一样飞翔吗？

Can you swim like a fish? 你能像鱼儿一样畅游吗？

（三）幼儿园自然科学双语教学活动例举

案例 8　　**THE ANIMALS IN THE PICTURE 图画里的动物（大班）**

苏州新区狮山中心幼儿园　诸玲霞

Teaching Objectives 活动目标

1. 能够在教师的引导下，用完整的语句来介绍图画里动物的生活习性，大胆回答教师的提问。

2. 按照动物的生活习性，将各种动物与其生活环境匹配分类，进行简单的粘贴组画并统计。

3. 体验与同伴分工合作所带来的快乐。

Preparations 活动准备

各种动物的图片、背景图、统计表等共 4 套。

Procedures 活动过程

1. Warming up

1) Go into the classroom singing the chant *The Cat's Got the Measles*.

2) Daily dialogue.

T：Good morning.

How do you feel today?

What's the weather like today?

（鼓励幼儿用完整的句子大胆回答老师的问题。）

2. Presentation 基本部分：粘贴组画、统计表述、完整语句表达

1) 看图说话：图画背景讲述

T：Today I bring here a picture. Let's have a look.

将具有情景性的图片面向幼儿，图片上有天空、绿色的大地和蓝色的水面。

T：What can you see in the picture?

教师提问，让幼儿将注意力转移到天空、绿色的大地和蓝色的水面上。

在幼儿回答的基础上出示图片并强调 in the sky，on the ground，in the water。

2) 看图说话：小动物生活习性讲述

T：What's this? What can ... do? Where does ... live?

根据幼儿的回答把动物贴到相应的位置。（用夸张的动作撕动物背后的双面胶，为后面的幼儿操作做示范。）

T：How many ... are there in the picture? What's the difference between these ... ?

这部分加入同类动物的不同点比较，请幼儿讲述区别，根据具体情况适当加入加法的内容。

3) 统计记录分类讲述

T：How many animals are there in the sky? How many animals are there on the ground? How many animals are there in the water?

4) 分组粘贴组画、统计记录

① 教师讲述要求：将教师准备的材料合作组合成一幅画；幼儿自己商量分工——介绍图画里的动物、讲述统计表。

T：I've prepared a piece of paper for each group. You should put these animals on the right place. And this form is also for you to record the numbers. Choose one of you to record the number，and another one to introduce the picture.

② 幼儿分组操作、教师指导。

5）分工表述图画、统计结果，并回答教师的提问

教师根据幼儿介绍情况提问幼儿：Which animal is like the flower? How many … can you see in the picture? What's the difference between these …? Who's the tadpoles' mommy? How do the tadpoles become frogs?

3. Closure 结束部分：三组统计表述

1）教师总结幼儿讲述内容，将分组统计表合并统计。

T：In these pictures how many animals are there in the sky?

In these pictures how many animals are there on the ground?

In these pictures how many animals are there in the water?

2）教师带着孩子边唱 *Eensey Weensey Spider* 边走出教室。

案例 9　　　　　　　　　　**THE EGGS 卵**

苏州幼师附属花朵幼儿园　罗　静

Teaching Objectives 活动目标

1. 初步了解常见的一些卵生动物。

2. 活动中能认真倾听，并且对仿编儿歌感兴趣。

3. 能积极、投入地参与游戏活动。

Preparations 活动准备

课件（The Egg），各种卵生动物的图片。

Procedures 活动过程

1. Warming up

T：Please look at the picture. What is it?（出示蛋）

C：An egg.

T：Yes. The animal hides itself in the egg. Now let us guess what is in it?（幼儿自由猜测）OK! Let's say it together，OK?（教师逐一出示头、翅膀、尾巴、脚，带领幼儿边念儿歌）

Head head，come out.

Wings wings，come out.

Tail tail，come out.

Feet feet，come out.

Baby bird，come out.

T：Now it becomes a …

C：Bird.

T：Yes, a bird. A baby bird. A baby bird.

T/C：A baby bird. A baby bird.

2. Presentation — Let's Guess

1）T：Look. What is it?

C：An egg.

T：Yes. An egg. An animal hides itself in the egg. Let us try to guess，OK? Listen!（教师播放课件：恐龙的吼叫声）Who wants to try?（猜对则播放"掌声"，以示鼓励）

T：Now，let us call it，OK? Please act like an egg. Are you ready? Read a rhyme about a duck. One，two，start.

Head head，come out.

Tail tail，come out.

Feet feet，come out.

Baby dinosaur，come out.

T：Say "hello" to the dinosaur.

（同样方法猜下面的动物）

2）T：All these animals come out of eggs. Do you know others?（教师根据幼儿的回答，出示图片，并朗读）

3）T：Look. There are one，two，three，four eggs. Among these eggs，which one is the biggest? Which one is the smallest?（教师根据孩子的回答分别点击"掌声"及"降声"）

3. Game

T：Let us play a game. OK? We act out these animals with the music.（幼儿根据屏幕上的动物，分别来扮演小动物）

T：Now，let us go out and play games. OK? Let's go.

（备注：此案例为 2003 年 12 月课题《幼儿英语教育渗透式探索》中期汇报开设的公开活动。）

（四）相关链接

1. 国外教案

Objectives

Students will

- identify and describe three states of water;
- observe and predict how water will change states.

Materials

- water
- 1 electric tea kettle
- crushed ice (about 1/3 liter)
- funnel
- 1 plastic liter bottle
- 1 small plastic baggie
- 1 rubber band
- 1 black permanent marker
- 1 ruler
- white paper：1 sheet per student
- crayons or colored pencils

Procedures

(1) To begin the lesson，fill an electric kettle with water and plug it in. Ask students to tell you what they think will happen when the kettle heats up. Have students watch the kettle as it heats，and ask them to tell you what they observe. Explain that steam is a form of water and that they are observing evaporation，the process by which a liquid becomes a gas. Write the words "steam" and "gas" on the board.

(2) After watching the program，hold a class discussion about water. Ask students to tell you what they learned about water. Write their comments on the board for reinforcement.

(3) Tell students that water has three states：liquid，solid，and gas. Show students the plastic liter bottle and tell them they will observe water changing into different states. Ask a volunteer to help you use

the funnel to fill the bottle about one-third full with crushed ice. Have another volunteer help you place the baggie over the bottle top and seal it in place with a rubber band.

（4）Have a student help you measure the level of ice in the bottle with a ruler. Move through this part quickly before the ice melts, and ask a few students to confirm the measurement. Make sure that the class agrees with the accuracy of the measurement, then ask a volunteer to help you draw a line on the bottle that indicates the level of ice. Write the words "ice" and "solid" next to this line.

（5）Place the bottle in the sun or in a warm area of the classroom where students can observe it. Have students divide a sheet of paper in half. On the upper half, they will draw pictures predicting what they think will happen to the ice in the warmth. Encourage students who are able to write words or sentences that describe their pictures.

（6）After about 30 minutes, ask students to look at the bottle and describe what they see. What has happened to the ice? What is happening in the bottle?

（7）Ask volunteers to measure the water level. When the class is satisfied with the accuracy of the measurement, ask a volunteer to help you draw a line on the bottle that indicates the new water level. Write the words "water" and "liquid" next to this line.

（8）Place the bottle in the warmth again and ask students to predict what they think will happen if the bottle stays there overnight. Have them draw pictures and, if able, write words or sentences on the lower half of the paper.

（9）The following day have students observe the changes that occurred in the bottle. What has happened to the water level? Where did the water go? Point out the droplets of water that have formed in the baggie. How did the water get into the baggie?

（10）Have students share their observations and talk about the accuracy of their predictions in a class discussion. Talk about temperature and how it helps water change states. Ask students to tell you about the different forms of water and to describe how water changes from one state to another.

（资料来源 http：//school. discovery. com）

2. 活动参考及资源

（1）Animals and Their Babies(小动物词汇)

Match 10 farm animals words with their babies. The farm animals and babies are：sheep — lamb, cat — kitten, dog — puppy, pig — piglet, cow — calf, goose — gosling, horse — foal, duck — duckling, goat — kid, chicken — chick.

	sheep	puppy
	cat	lamb
	dog	calf
	pig	kitten
	cow	gosling
	goose	piglet
	horse	duckling
	duck	foal
	goat	chick
	chicken	kid

（2）Sounds of Animals(动物的叫声)

(母鸡)咯咯声叫：hens — *chuck/cackle*

(公鸡)啼鸣；喔喔声：cocks — *crow*

鸭子嘎嘎叫：ducks — *quack*

狼叫：wolves — *howl*

蛇叫：snakes — *his*

青蛙呱呱叫：frogs — *croak*

蜜蜂嗡嗡叫：bees — *buzz*

小鸡唧唧叫：chickens — *cheep*

猫咪叫：cats — *meow/meow*

狗、狐狸吠：dogs, foxes — *bark*

小鸟叽叽叫：birds — *chirp/twister*

鹅叫：geese — *cackle*

蚊子叫：mosquitoes — *hum*

昆虫叫：insects — *chirp*

狮虎叫：lions — *roar*

马叫：horses — *neigh*

喜鹊叫：magpies — *chatter*

猫头鹰叫：owls — *hoot*

猴子叫：monkeys — *chatter*

海鸥叫：gulls — *mew*

驴叫：donkeys — *hee-haw*

(猪等)咕噜：pigs — *grunt*

牛哞哞叫：cows — *moo*

(鼠等)吱吱声：mice — *squeak*

(3) Useful Vocabulary（有用词汇）

① 春天词汇

Match 10 spring vocabulary words to their pictures.

egg

butterfly

umbrella

baseball

frog

bee

rabbit

bird

rain

rainbow

② 夏天词汇

Match 10 summer vocabulary words with their pictures.

sunflower

popsicle

beach ball

watermelon

sun

ice cream

sandals

sunglasses

shorts

rose

③ 秋天词汇

Match 10 fall vocabulary words with their pictures.

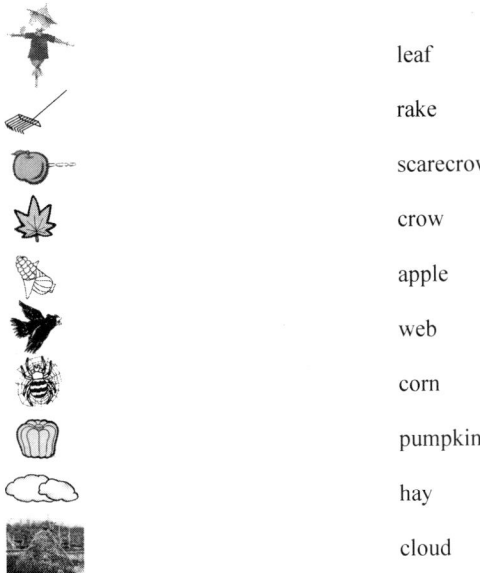

leaf

rake

scarecrow

crow

apple

web

corn

pumpkin

hay

cloud

④ 冬天词汇

Match 10 winter vocabulary words with their pictures.

skis

icicle

ice skates

snowflake

snowman

snow

tree

sled

scarf

glove

（资料来源 http：//www. enchantedlearning. com）

（4）Where Is the Apple?

Cut 8 trees and put them on paper along with the following sentences：

The apple is over the tree.

The apple is under the tree.

The apple is in front of the tree.

The apple is behind the tree.

The apple is in the tree.

The apple is beside the tree.

The apple is between the trees.

（5）Apple Finger Plays

Eat an apple.

Save the core.

Plant the seeds.

And grow some more.

＊＊＊＊＊＊＊＊

If I had two apples，

What would I do?

I'd keep one for me.

And give the other one to you.

＊＊＊＊＊＊＊＊

Here I have five apples.

And here are five again.

How many apples altogether?

Why，five and five make ten!

＊＊＊＊＊＊＊＊

How many apples

Do you see?

Can you count them?

1，2，3.

How many green ones?

How many red?

Now eat an apple

And go to bed!

（资料来源 http://www.kinderkorner.com）

第四节　健康领域中的英语渗透

幼儿园健康领域中的双语活动是指幼儿以身体健康、情绪安定愉快、生活卫生习惯良好、知道必要的安全保护意识、参加体育活动为目标，喜欢参加双语活动，创设双语听、说、做的环境中培养良好卫生习惯、教育幼儿爱清洁讲卫生、进行营养和保健教育、开展户外游戏和体育游戏以及培养幼儿坚强、不怕困难、主观合作的性格。

健康领域中的双语活动包括身体锻炼（体育）双语活动和身体保健双语活动。

一、幼儿体育中的英语渗透

双语体育学科的教学目标不仅是培养幼儿良好的体育锻炼习惯，增强体质，而且还要拓展幼儿的体育词汇，促使幼儿能用英语进行有关体育的交流。体育活动中宽松、自由的游戏氛围、有趣的动作练习及积极、活泼的交往环境能充分调动幼儿运用英语交流交往的积极性，因此，幼儿体育活动是幼儿英语渗透的有效落实点。

（一）幼儿园体育双语知识技能要求的落实

体育的双语教学应该根据体育学科的特点实施。体育课的主要特点是运动，学生在体育运动中实现体育学科的目标。运动是体育课的要素，双语教学应该环绕体育运动拓展英语词汇，提高英语的听说能力，学习体育方面的英语交流。

1. 与活动相结合，拓展英语体育词汇

注重与体育活动相关的单词学习。根据教学内容，要求学生掌握一些体育项目和体育动作的英语

词汇,例如,basketball,volleyball,cut,draw 等,还包括体育规则词汇,如 outside,inside 等。同时,要求学生用英语短语进行交流,如踢足球"play football",犯规"a foul",越位"offside play",加油"come on"等。

2. 与动作结合,提高直接反应能力

体育教学过程中,动作是主要学习内容和载体。动作比较具体、形象,在用英语表达时,学生易理解。例如,在队列教学和练习时,教师采用英语口令,学生按英语口令直接反应做出动作。在起始时,为了帮助学生明白口令的意义,教师可以辅以手势引导学生。通过反复的英语语音和动作之间的条件反射的强化,促进学生英语听力水平和思维速度的提高。

3. 与教学过程结合,尽可能多运用英语

体育课组织教学的英语教学语言,具有普遍的生活意义,使用率高。教师在体育课上使用的语言应该清晰、简单,同时在提高复现率的基础上,帮助学生于不经意间理解并学会使用一些简单的英语教学用语。例如,"Follow me, please." "In two groups." "Let's relax, OK?"等。

(二)相关体育方面的英语词汇和句型

1. 参考词汇

内 容	标 准
体育活动名称	sport games, archery, athletics, boxing, canoeing, cycling, fencing, golf, gymnastics, handball, judo, rowing, shooting, softball, swimming, diving, water polo, table tennis, tennis, volleyball, football, basketball, badminton, weightlifting, wrestling, Kungfu, yachting, activity centre, swing/seesaw, slide, merry-go-round, gym, play with blocks, play in the sandpit, fly a kite Do you like sports? I like playing football. I want to swim with you. Who wants to skip a rope? Who wins? Who's the winner? What's your favourite sport?
基本动作	tiptoe, crawl, run, walk, swim, march, stretch, skip, skate, ski, hop, leap, jump, stand, bend, crouch, sit, lean, dive, push, hold, drag, pull, throw, catch, hit, punch, lift, carry, pick up, put down, kick, slap I can run fast. I like long-jump. Can you skate?

2. 参考用语

室外活动准备和队列整理:

(1) It's time for outdoor activities. 户外活动时间到了。

(2) Let's go to the playground. 我们去操场吧。

(3) Follow me to the playground. 跟我去操场。

(4) One by one, please. 一个跟着一个。

(5) Two by two and hand in hand. 两人并排手牵手。

(6) Come on. 跟上来。

(7) Let's do morning exercise. 我们做早锻炼吧。

(8) Listen to the beat of the music. 听音乐。

(9) Do it with strength. 用点力。

(10) Stretch your arms and legs. 打开手臂和腿。

(11) Put out your right foot. 伸出右脚。

(12) Please go out and line up. 出去排队。

(13) Please stand in line. 排队。

(14) Line up, please. 排队。

(15) Make one line. 排一队。

(16) Make two lines. 排两队。

（17）Count off. 报数。

（18）Attention. 立正。

（19）At ease. 稍息。

（20）Hands out. /Spread out. 伸手。

（21）Keep your space. /Stay apart. 拉开距离。

（22）Head rolls，arms stretch. 转转头，伸伸臂。

（23）Raise your head. Bend your back. Touch your toes. 抬头。弯腰。摸脚指头。

（24）Squat down. 蹲下。

（25）One step forward. 向前一步。

（26）One step backward. /Backward three steps. 向后退一步。/向后退三步。

（27）Dress right. 向右看。

（28）Eyes front. 眼睛向前看。

（29）About turn. 向后转。

（30）Right turn. 向右转。

（31）Left turn. 向左转。

（32）March in your place. 原地踏步。

（33）Parade step，march. 齐步走。

（34）Ready，go! 准备，开始!

（35）Left right，left right. (one two) 一二一，一二一。

（36）Try to keep balance. 保持身体平衡。

（37）Throw the ball into the basket. 把球投进篮框里。

（38）Relax yourself. 放松身体。

（39）Have a rest. 休息一会儿。

（40）Jump over the huddle and the river. 跨过栏杆，跳过小河。

游戏和体育活动项目：

（41）Let's dance. 我们来跳舞吧。

（42）Let's play basketball/football/volleyball/badminton. 我们来打篮球/踢足球/打排球/打羽毛球吧。

（43）Let's play cat and mouse. 我们来玩猫抓老鼠的游戏吧。

（44）Let's play hide and seek. 我们来捉迷藏吧。

（45）Let's play on the slide/swing/seesaw. 我们来荡秋千吧。

（46）Let's fly kites. 我们来放风筝吧。

（47）Let's build the sandcastle. 我们来堆沙滩城堡吧。

（48）Let's jump/run/walk/crawl. 我们来跳/跑/走/爬吧。

（49）Run as fast as you can. 跑起来。

（50）Let's have a race. 我们来比赛吧。

（51）Let's see who is the best. 让我们瞧瞧谁是最棒的。

（52）Let's see which group is the best. 让我们瞧瞧哪个队是最棒的。

（53）Let me tell you how to play the game! 我来宣布比赛规则。

（54）Everybody must follow the rule/obey the rule. 每个人都必须遵守比赛规则。

（55）Make a circle hand in hand. 手拉手围成一个大圈。

（56）I can bend my arms and knees. 我能弯手臂和膝盖。

（57）I can wave my hands. 我能挥手。

（58）I can wriggle my toes and fingers. 我能弯动手脚指。

（59）I can swing my legs. 我能晃腿。

（60）I can stamp my feet. 我能跺脚。

（三）幼儿园体育双语教学活动例举

 案例 10　　　CAN YOU KEEP BALANCE? 你能保持平衡吗?

苏州工业园区新加花园幼儿园　王　令

 Teaching Objectives 活动目标

1. 练习助跑跨跳,有向刘翔学习、乐于迎接挑战的精神。
2. 能运用多种材料搭建跨栏,在游戏中提高遵守规则的能力。
3. 能听懂老师的英语口令,并尝试用英语作出积极应答。

 Preparations 活动准备

可垒高的小凳子、平衡木等各种可以练习平衡能力的器材、黑板、照片、沙包、旗帜、梯子、轮胎等。

 Procedures 活动过程

1. Greetings

T：Good morning!

C：Good morning!

T：What's the weather like today?

C：A sunny day!

T：Yeah! A sunny day is good for us to have some fun，right?

C：Yeah!

2. Warming up

T：Hand in hand，and make a circle! Let's warm up with the song *Ring around the Rosy*.

C：OK!

3. Presentation

(1) 尝试单腿站立并且保持平衡,接触 keep balance。

T：Now，listen carefully! Everyone stands on one foot just like a plane and keeps balance! We will see who can hold on! Can you beat me?

C：Yes!

(老师在此过程中不断提醒幼儿"Keep balance!""Hold on!")

T：Stand on the other foot!

(2) 幼儿选择自己感兴趣的器具练习保持平衡。

T：Look around! I've prepared a lot of stuff for you to play! Can you keep balance on all of that?

C：Yes!

T：OK! Now go and choose what you like and try to keep balance on them!

(老师在此过程中不断询问幼儿"Can you keep balance?"并且引导幼儿回答"I can keep balance!"邀请幼儿演示如何在各种器械上保持平衡。)

T：OK! Now I want to invite someone to show us how to keep balance on that. Who can keep balance?

C：I can keep balance!

(3) 引出沙包,要求幼儿在保持平衡的同时增加难度,将沙包放在手上、肩膀上、头上等并能保持平衡。

T：Look！What's this?

C：Sandbag！

T：OK！This time you must take at least one sandbag and put on your hand or head or shoulder or your back just the way you like when you play again！Do remember to keep balance！

（老师在此过程中不断询问幼儿"Can you still keep balance?"并且引导幼儿回答"I can keep balance!"）

T：OK！Now I want to invite someone to show us how you play that and keep balance on that? Who can still keep balance?

C：I can keep balance！

（4）展示山坡上设置的照片，询问幼儿是否能在上面保持平衡，并练习一次。

T：Look！What's this?

C：Tyres！

T：Can you keep balance on that?

C：Yes，I can keep balance！（其他几个一样，略）

T：Do you want to have a try?

C：Yeah！

T：Now，go！

（5）分成两队并比赛。

T：OK！This time we will have a competition！Let's see which team will be the winners，red team or blue team? Who is the best?

C：I am the best！

4. Closure

T：Listen！*Teddy Bear*！Time to take a rest！

跟音乐绕圈唱歌，和老师说再见。

 **案例 11**　　　　I LIKE SWIMMING 我喜欢游泳

苏州工业园区新洲幼儿园　费　尘

 Teaching Objectives 活动目标

1. 尝试滑板的多种玩法，愿意接受挑战。
2. 喜欢参加游戏，知道游戏中要自我保护。
3. 重点练习英语句型：I can _____.

 Preparations 活动准备

16 slide boards；a big slide；stickers of fish；a jumping bed；music；tape recorder.

 Procedures 活动过程

1. Warming up

Rhythm：*Hands up. Hands down*.

（音乐节奏轻松明快，将头、肩膀、手臂、腿脚等部位的热身练习融入其中。）

2. Presentation

（1）T：Hi, little fish. What's the season?

C：It's summer.

T：How do you feel now?

C：I feel hot.

T：Yes. In summer，it's very hot. What can we do to make us feel cool?

C：I can eat ice cream. /I can eat watermelons. /I can wear T-shirt. /I can wear shorts. /I can wear sandals. /I can drink water. /I can use the fan. /I can take a bath. /I can go swimming.

（对之前的主题内容进行回顾，引导幼儿回忆并用英语大胆表述。）

（2）T：Do you like to go swimming?

C：Yes，I do.

T：How can you swim?

C：I can swim like this.

（引出游泳话题，请幼儿用肢体动作和简单英语介绍自己知道的游泳方式。）

T：Look，what's this?

C：It's a slide board.

T：Can you say something about it. What color is it? What shape is it? How many wheels on it?

C：It's red/green ...

It's a rectangle/square.

Four wheels.

（介绍滑板，讨论其颜色、形状、轮子的数量等。）

T：Here is a swimming pool. Little fish，I'll give you two minutes to swim by yourselves. But listen carefully. When you swim，watch out your hands and feet. Don't hurt yourself and others. OK? Are you ready? OK? Go，babies. Get the slide boards one by one.

（让幼儿运用滑板自由练习游泳，时间为 2 分钟左右。活动前提醒幼儿注意事项，活动中进行个别指导。）

（3）T：Now time is up. Can you swim well?

C：Yes，I can.

T：Who can tell us how to swim?

C：I can. （Children show and say，"I can swim like this. "）

Invite one child to swim forward. Explain the points. （Put your belly on the board. Use your hands to push backward. ） And encourage others to say the sentence，"I can swim forward. "

T：Who can swim forward?

C：I can swim forward. （Have a try together. ）

（请个别幼儿示范，教师讲解动作要领。集体练习。）

【Use the same way to introduce：I can swim backward. （Put your belly on the board. Use your hands to push forward. ）/I can turn around. （Move your hands a bit faster. ）】

（重点练习：向前游，向后游，转圈。讲解要领的同时，注重与幼儿的互动。）

（4）Children play based on Teacher's orders.

3. Activity & Competition

（1）T：Now，we've learned how to swim. There's a slide here. Can you slide on it?

C：I can slide.

（2）Invite one child to do it. Explain the key points. （Put the slide board like this. Put your belly on it. Two hands hold here. On the slide，don't put your hands down. ） Then help children slide one by one. Touch the jumping bed，then swim back.

（3）For the second time，put the jumping bed a bit farther. Then help children swim one by one.

（挑战练习：幼儿从一定坡度向下冲刺滑行。挑战 2 次，距离拉长。）

4. Closure

Music — *Little Fish*

T：Do you enjoy swimming?

C：Yes，I do.

T：You must be tired. Please relax yourself.

（随着音乐做放松动作,提醒幼儿擦汗。）

（四）相关链接

沙滩词汇

Draw lines between words and relative pictures.

hat

sun

sandcastle

sunglasses

umbrella

popsicle

towel

beach ball

shell

sandals

（资料来源 http：//www. enchantedlearning. com）

二、幼儿身体保健中的英语渗透

身体保健与幼儿日常生活有着密切的关系,身体保健双语教学对于拓展学生的英语词汇和丰富英语的言语有着不可替代性。英语教材比较偏重于生活的词汇和语言素材,身体保健的英语知识幼儿接触很少。

（一）幼儿园身体保健双语知识技能要求的落实

身体保健的教学重视教学内容与生活的联系,包括卫生习惯、饮食营养、身体的认识和自我保护等,因此,身体保健的双语教学应该针对学生已有的生活经验和知识水平组织教学。

1. 借助游戏化、生活化教学,给幼儿提供感知、理解、运用英语的机会。在教学中可以运用直观的教具,让幼儿直接感知语言信息,并通过熟悉的句型运用语言信息。教师也可以通过形象的图片,播放录像、多媒体等,增强语言输入量,并对语言信息做出反应。在感知知识的基础上,在教学中特别要注意运用生活经验,这是最直接、最形象的,易于引发学生学习英语的积极性,调动学生用英语表达的兴趣,更容易促使学生在生活中运用英语就自己有体验的自然常识学科的问题进行交流。

2. 学习语言需要学生动口、动脑、动耳,通过手、眼的配合,达到最佳的学习状态。身体保健的教学中边看、边听、边说,通过游戏操练习得语言,增加语言使用率和复现率。寓教于乐,在游戏活动中感知自然知识和操练语言。

3. 注重日常生活活动中的英语渗透。身体保健双语的教学内容前后必然的直接联系较弱,学生学到的身体保健的英语词汇复现率不高,所以必须在日常生活中特别是保健活动中加强随机的教育渗透。

（二）相关身体保健方面的英语词汇和句型

1. 参考词汇

内　容		标　　准
生活保健	日常短语	wash your face, brush your teeth, comb your hair, yawn, take a nap, go to bed, have a rest, roll up your sleeves, put on my shoes, tie my shoelaces, put on my clothes, button my shirt, rinse your mouth
	食　物	rice, pork, beef, steak, sausage, noodle, spaghetti, fish, burger, cookies, dumplings, steam-bread, popcorn, cake, bread, butter, pie, cheese, cereal, salad, candies, pizza, delicious, sweet, nice, bitter, spicy, plain, juicy, tart(辣的) It smells/tastes/looks good. I like it very much. Don't be picky.
	饮　料	cola, yogurt, fruit juice, milk, water

2. 参考用语

餐前：

（1）It's time for breakfast/an afternoon snack. 吃早饭/午后点心的时间到了。

（2）Let's have breakfast. 吃早饭吧。

（3）Breakfast is ready. 早餐准备好了。

（4）Wash your hands before eating. 餐前要洗手。

（5）What shall we do before snack time? 吃点心前要做什么呢?

（6）Who is the helper today? 今天谁是老师的小帮手?

（7）Boys and girls, set the table please. 孩子们,铺好桌子(准备吃饭)。

（8）Boys and girls, sit at the table please. 孩子们,在桌边上坐好。

（9）I guess/bet you are all hungry. 我想你们都饿了吧。

（10）Are you hungry? 你们饿吗?

（11）You'll have cake and milk. 我们今天吃的是蛋糕和牛奶。

（12）You'll have noodles/dumplings. 我们今天吃的是面条/饺子。

（13）Milk is good for our health. 牛奶对我们的身体有益。

（14）This is for you. 这是给你的。

（15）This is yours. 这是你们的。

（16）It's hot. Be careful. 很烫,要小心。

（17）In order to stay healthy, you need to eat vegetables and fruits/drink enough water/do exercises/rest and sleep well. 为了保持身体健康,你需要吃水果和蔬菜/喝足够的水/做运动/有良好的睡眠休息。

餐中：

（18）Please hold your bowls. 把碗拿好。

（19）Put down the tray gently. 盘子轻放。

（20）Eat your food before it gets cold. 趁热把饭吃掉。

（21）Take your time. 慢慢吃。

（22）Help yourself. 自己吃。

（23）Who wants more? 谁还要来一些?

（24）Do you want some more apples? 你还要些苹果吗?

（25）More water? 还要水吗?

（26）This is what you want. 这是你要的。

（27）Please try to finish everything in your bowl. 争取把碗里的东西吃完。

（28）You will feel much better if you have soup after a meal. 饭后喝些汤会舒服很多。

（29）It's nice/delicious. 真好吃。

（30）It smells good. 闻上去真香。

(31) Don't be picky. 不要挑食。

(32) Don't put dirty things into your mouth. 不将脏东西放到嘴巴里。

(33) Please put what you don't want on your plate. 把不要吃的放在盘子里。

(34) Please put the remains on the plate. 把吃剩下的倒在盘子里。

(35) Please keep your table clean. 保持桌面整洁。

(36) Don't talk with your mouth full. 嘴巴里有食物的时候不要说话。

(37) Don't spill. 不要把饭菜洒出来。

(38) Don't make a mess. 不要把饭菜弄得乱七八糟。

(39) Don't waste food. 不要浪费食物。

(40) Eat up your food. 把饭菜吃完。

(41) Are you full now? 现在吃饱了吗?

餐后:

(42) Clean your mouth with the napkin. 用餐巾把嘴巴擦干净。

(43) Please use your napkins to clean your mouth. 用餐巾把嘴巴擦干净。

(44) Move your chair gently. 轻轻搬动椅子。

(45) Please put away the bowls,chopsticks and plates. 把碗、筷和盘子放回原处。

(46) Rinse your mouth. 漱口。

(47) Put your cups back into the cupboard. 把杯子放回柜里。

(48) Please go and play with the toys over there for a while. 去玩一下玩具吧。

(49) Remember not to jump/chase each other after eating. 记得饭后不要蹦跳/追逐打闹。

(50) Please go and drink some water. 去喝点水。

(51) Please put your cups away when you are finished. 喝完后把杯子放好。

洗漱:

(52) Go to the bathroom，please. 去上厕所吧。

(53) May I go Pee-pee? 我可以去上厕所吗?

(54) Flush the toilet after using. 上完厕所后记得冲厕。

(55) Pull up you pants. 卷上裤子。

(56) Wash your face. 洗脸。

(57) Brush your teeth. 刷牙。

(58) Slowly，like this. 慢慢地,像这样。

(59) Bend down a little. 稍微弯下点腰。

(60) Don't get wet. 不要把身上弄湿了。

(61) Don't swallow the water. 不要把水吞下去。

(62) Please comb/rush your hair. 把头发梳一下。

(63) Let me cut your nails. 我来帮你剪一下指甲。

(64) Please roll up your sleeves. 把袖子卷起来。

(65) Come here and wash your hands. 过来洗洗手。

(66) Oh，your hands are so dirty. 你的手真脏啊。

(67) Wash your hands with some soap. 用肥皂洗洗手。

(68) Dry your hands with the towel. 用毛巾把手擦干。

(69) Don't spill water on the floor. 不要把水溅到地上。

(70) Don't play with the water. 不要玩水。

(71) Don't waste water. 不要浪费水。

(72) Remember to turn off the tap when you've done. 洗完后记得把水龙头关掉。

(73) Let me see whose hands are the cleanest. 让我看看谁的手最干净。

(74) Show me your hands. 让我看看你的手。

(75) Good! Your hands are clean. 真棒！你的手真干净。

（资料来源 http：//www. loowx. com）

（三）幼儿园身体保健教学活动例举

 **案例 12** THE TIGER'S TEETH WERE TAKEN AWAY 老虎拔牙

苏州幼师附属花朵幼儿园 宋施萍

 Teaching Objectives 活动目标

1. 知道多吃糖类食品容易蛀牙,学习保护牙齿的方法。
2. 感受英语情景剧的表演,在复习单词短语的基础上,乐意参与情景剧的表演,进行简单的表述。
3. 熟悉词汇：candy, chocolate, cake, biscuit。

熟悉句型：Here you are。

 Preparations 活动准备

老虎服装、兔子、猫、狗、猴子头饰若干；糖果、巧克力、饼干、蛋糕、玩具人手一个；课件；牙医用具；森林背景。

 Procedures 活动过程

1. Warming up

(1) Greetings

T：Hello, rabbit/cat/dog/monkey. How are you?

C：I'm fine,thank you! Ha ha ha.

(2) Review the words

T：I'm a monkey. It's a fine day. Let's have a picnic. Look，what's this?

C：A candy/Chocolate/A cake/A biscuit.

T&C：The candy is sweet. /The chocolate is sweet. /The cake is sweet. /The biscuit is sweet.

T：Let's have a taste.

2. Story

(1) 老虎出现

T：Who is it?

C：A tiger.

Tiger：I'm a tiger. I'm the king of the forest. I'll eat you. Ha ha ha ha.

(2) 动脑筋想办法

T：What can we do? Let's think it over. Oh! Yeah! I've got an idea to keep the tiger away from us.

T：Let's give the sweet food to tiger.

(3) 给老虎送甜食

T：Oh,Mr. tiger. Would you like a cake?

C：A cake. Here you are.

M：Rabbits，let's give the sweet food to tiger.

M：Cats，let's give the sweet food to tiger.

M：Dogs，let's give the sweet food to tiger.

C：Candy, chocolate, cake, and biscuit. Here you are.

(4) 老虎牙疼找医生

Tiger：Ouch. I have a toothache. Help me! What can I do? I have to see a doctor.

Doctor：What's wrong with you?

Tiger：I have a toothache.

Doctor：Let me help you. Your teeth are decayed.

Tiger：Oh, my god. There are no teeth left.

（5）给老虎拔牙

3. Closure

T：Now you see, the tiger has had too many candies but hasn't brushed his teeth. Now his teeth are decayed and pulled. We shouldn't do as the tiger does. We shouldn't have too much sweet food. We'd better brush our teeth in the morning and at night. Brushing teeth is good for our health.

4. Extension 学刷牙

T：What's this?（a toothbrush）Let's brush our teeth.

案例 13　　I LIKE TO BRUSH MY TEETH 我爱刷牙（小班）

苏州工业园区新馨花园幼儿园　周　莱

 **Teaching Objectives 活动目标**

1. 尝试用折、卷、撕、贴的方法制作杯子和牙刷，初步学习单词 toothbrush 以及句型 Brush teeth。
2. 乐意刷牙，从小养成爱刷牙的好习惯。
3. 能积极参与活动，体验活动的乐趣。

 Preparations 活动准备

彩色纸、蜡笔、废弃的图片、洗手池（建构出的）、录音机、磁带、凳子若干。

 Procedures 活动过程

1. Warming up 以音乐律动的形式进场，幼儿跟着老师做动作

T：Listen to the music.

（教师做律动：睡觉、起床打哈欠、照镜子、洗脸、梳头、刷牙）

T：Go to sleep.

Get up. Look at the mirror. Comb your hair. Wash your face. Brush your teeth.

2. Presentation 制作牙刷和杯子

（1）认知牙刷和杯子，学习单词 toothbrush

T：（随着音乐结束，教师出示做好的牙刷和杯子）What's this?

C：…

T：Yes, this one is a cup. But this is a toothbrush.

（幼儿反复跟读）

（2）教师示范

T：Do you want to make it?

C：Yes.

T：（教师出示纸张做杯子）What color is it? What shape is it?

Roll this piece of paper, with a big one. Tear it, then paste the paper.

Count it，one，two，three.

T：（教师出示纸张做牙刷）What color is it? What shape is it?

Roll this piece of paper, with a small one, and pinch it. Tear it, then paste the paper. Count it, say one, two, three.

（装饰杯子）You can also do something to make them more beautiful.

（3）幼儿操作

T：When I turn on the radio, you can go there and make your own toothbrush and cup. But look, what is this?

C：...

T：There is a washroom. When you complete your toothbrush and cup, you can go to the washroom and brush your teeth.

3. Closure 跟音乐做律动

T：（教师跟着音乐带动幼儿做律动：睡觉、起床打哈欠、照镜子、梳头、洗脸、刷牙,上幼儿园去。）Listen to the music and do as I do.

第五节　社会领域中的英语渗透

在幼儿园社会领域中的双语教学是指创设英语听、说、做的环境,拓展幼儿的英语词汇和丰富英语的言语。其主要教育内容包括发展幼儿的社会性、增进幼儿的社会认知、激发幼儿的社会情感、引导幼儿的社会行为。

社会生活中的双语教学不是把原先的教材翻译成英语来教学,而是以幼儿原有的英语知识为基础,有效地把一定量的英语融合于社会教学之中,使社会学科知识和英语语言合理整合,促进学生一定量的英语语言的积累与获得。在社会双语教学中让学生掌握一些在英语教学中不常接触到的专业词汇,拓展在生活中需要的英语词汇。

（一）幼儿园社会生活与文化双语活动要求的落实

1. 抓住基本的社会生活英语词语,如英语的家庭中称呼、职业等,幼儿园中教师和幼儿、社区中的设施的描述等。同时,注意学生社会生活中的英语听力的提高,培养幼儿对社会的听力敏感,为幼儿的主题双语活动打下坚实的基础。

2. 利用真实的、创设模拟的社会环境,鼓励幼儿运用英语大胆交流、交往,在此过程中获得一定的社会知识,发展社会交往能力。在社会双语教学中,使用的句型应该尽量是幼儿熟悉的,甚至用简单的单词、词组,尽可能地使用简单词句表达社会生活的知识点。在教学过程中,应该多设置生活情景,让幼儿用所学的英语教学知识来解决实际问题,增加英语学与说、说与用的内容,丰富社会生活知识习得的体验过程,形成主动用两种语言来解决生活中的问题的习惯。在双语教学过程中,要提高学科语言的复现率,使学生熟练运用新学的学科语言进行听、读。

3. 重视社会文化特别是外来文化的感受。一定的社会文化总是与特定的社会背景、社会特征等因素结合在一起的。在人们希冀将文化因子完美地渗入具体的教育过程之前,深入分析并充分把握社会文化自身的属性是相当必要的。社会文化为幼儿园英语教育内容提供了丰富的素材,而幼儿园英语教育内容也在不同层面上对外来社会文化产生积极的影响,通过文化的传播,推动了社会文化的发展。进行社会双语活动时,不仅要关注社会文化本身,还应将英语教学的特质与社会文化结合起来,遵循生活化、经验化、适宜化原则,找到两者之间理想的切入点,使存在于幼儿园双语教育之中的社会文化能真正地促进儿童的发展。

（二）相关社会领域的英语词汇及句型

1. 参考词汇

内　容		标　　准
社会生活	介绍自己	What's your name? Can I have your name? My name is ××. Hello, how are you? Fine, thank you. How old are you? I am six years old. How many people are there in your family? Who are they? Four. My father, my mother, my grandpa and I.
	我的幼儿园	教室：desk, chair, window, door, wall, TV, TV set, watch TV, cartoon book, toy, ball, doll 学习用品：pen, pencil box, rubber/eraser, ruler, schoolbag Close the door. Open the window. Put the book on the table. Let's watch TV. I like my books. I have toys. I want to... It's for you. Let's play together. Please put your toys away. What's your favorite toy? Where is my toy? I like to go to school. I will go to school. Put the pencil box in your schoolbag.
	我的家庭	家：balcony, bathroom, bedroom, dining room, kitchen, living room, restroom Your room is lovely. It looks good. 卧室：curtain, lamp, pillow, quilt, sheet, frame, recorder How sweet it is! The lamp is cute. 家具：armchair, bed, bookcase, chair, dresser(梳妆台), stool, table, sofa Sit on the chair. Lie in my bed. 电器：television/TV/TV set, refrigerators/fridge, computer, washing-machine, vacuum cleaners(吸尘器), air conditioner, microwave 家庭成员：father, mother, brother, sister, son, daughter, uncle, aunt, grandma, grandpa, cousin, nephew, step-mother, mother-in-law Who is the man/woman/boy/girl? I love my... He/she is kind/nice to me. 职业：doctor, nurse, teacher, policeman, lawyer, engineer, fireman, accountant, driver, painter, athlete What does your father do? He is a doctor. What do you want to be? I want to be a driver.
	我们的社区	社区配备：store, hospital, kindergarten, MacDonald's, KFC, school, supermarket, bus stop, post office, activity center, bank, car, park, garden, tree, flower What is that?
	我的社会	交通：bicycle/bike, motorcycle, taxi, bus, train, plan, fast, slow, go, stop, wait, road, sign, by car, get to, on foot, parking lot, cross the street, go straight, green light, red light, yellow light, traffic lights, turn left, turn right, wave your hand, zebra crossing No parking. The bus is coming. What is the sign for? Many cars on the road. I go to school by bus. I take a bus to school. We should obey the traffic rules. Stop at the red light. Look out. 购物：buy, money, how much I want to buy an apple. It looks good. How much is it? Here is thirty *yuan*. Here is your change. Can you give me some discount? I will take it. Here you are. 节日：Children's Day, Chinese New Year, Ching Ming Festival, Christmas, Dragon Boat Festival, Easter Day, Father's Day, Mother's Day, Labour Day, Mid-Autumn Festival, New Year's Day, New Year's Eve, Thanksgiving Day, National Day, Teachers' Day The New Year's Day is coming. Do you like the Spring Festival? What do we do on Mother's Day? I'm happy. 打电话：— Hello, this is ×× speaking. Who is that? 　　　　— This is ××. 　　　　— May I speak to...? 　　　　— Please hold on.

2. 参考用语

Do and don't 注意规则：

(1) Look out. 当心。

(2) Take care. 小心。

(3) Be careful. 小心点。

(4) Don't push. 不要推。

(5) Don't fight. 不打架。

(6) Don't fall down. 别摔倒。

(7) Don't run around. 别到处跑。

(8) Don't break the rules. 别犯规。

(9) Don't litter. /No littering. /Put rubbish in a rubbish bin. 不乱扔垃圾。/把垃圾扔到垃圾桶里。

(10) Don't walk on the grass. 不践踏草地。

(11) Don't pick the flowers. 不采摘花朵。

(12) Don't destroy the trees. 不摧残树木。

(13) Don't talk when your mouth is full. 嘴巴里有食物的时候不讲话。

(14) No spitting. /Use a tissue paper to hold your spit and discard it into a bin with a lid. 不乱吐痰。/用纸巾包住痰，然后扔到垃圾桶里去。

(15) Cover your mouth and nose with tissue paper or handkerchief when sneezing or coughing. 打喷嚏或者咳嗽的时候用纸巾或者手帕捂住嘴和鼻子。

(16) No smoking in public. 公众场合不要吸烟。

Pass kindness on 传递爱心：

(17) Send a flower. 送花。

(18) Listen with heart. 用心聆听。

(19) Visit a sick friend. 探望生病的朋友。

(20) Clean a neighbor's walk. 清理邻居的过道。

(21) Pick up litter. 随手拣垃圾。

(22) Offer a hug. 给人一个拥抱。

(23) Cheer up a friend. 给朋友鼓励。

(24) Help carry a load. 帮人分担。

(25) Thank for a teacher. 感谢老师。

(26) Lend a hand. 给别人帮助。

(27) Read to a young child. 为小孩讲故事。

(28) Do a kind act every day. 每天做件好事。

(29) Offer your seat. 让座。

(30) Let others go first. 让他人先行。

(31) Be tolerant. 宽恕别人。

(32) Share a snack. 与人分享。

(33) Encourage a friend. 鼓励朋友。

(34) Give a compliment. 给人表扬。

(35) Celebrate something every day. 每天庆祝一些事。

(36) Respect others. 尊重别人。

(37) Smile at someone new. 对陌生人微笑。

(38) Forgive mistakes. 原谅过错。

(39) Walk a dog. 遛狗。

(40) Lend a classmate a pencil. 借铅笔给同学。

(41) Help others make friends. 帮别人交朋友。

（42）Leave a thank you note. 留一封感谢信。

（43）Call a lonely student. 打电话给孤独的孩子。

（44）Assist an adult. 帮助大人。

（45）I know I can help my classmate. 我知道自己能帮助同学。

（46）I know I should take turns to get water. 我知道轮流去打水。

（47）I know I should share the toys with my friends. 我知道和朋友分享玩具。

3. 其他常用语句

（1）Please obey traffic rules：stop at the red light，run at the green light and wait at the yellow light. 要遵守交通规则：红灯停、绿灯行、黄灯等一等。

（2）Work out the problem with your friends. 和你的朋友一起商量解决问题。

（3）Do you know these signs? 你认识这些标志吗？

（4）What do the signs mean? 这些标志是什么意思？

（5）What does the phone number 110/119/120/114 mean? 110、119、120、114 这些电话号码是什么意思？

（6）We should take care of the items in our classroom. 要爱护教室里的物品。

（7）You can not take away anything from others without permission. 没有别人的允许，不可以随便拿别人的东西。

（8）Who would like to help her? 谁愿意帮助她？

（9）Hand up if you have any problem. 如果你有问题请举手。

（10）Do you like your school? 你喜欢你的学校吗？

（11）Where are you from? 你的家乡在哪里？

（12）We are Chinese. Our capital is Beijing. 我们是中国人，我们的首都是北京。

（13）Can you tell me your phone number? 你家电话号码是多少？

（14）How can you help your father and mother at home? 你在家能帮助爸爸妈妈做什么事情？

（15）Are you afraid of being alone at home? What can we do then? 一个人在家怕不怕？一个人在家应该怎样？

（16）What can you do when you get lost? 当你迷路时你应该怎么办？

（17）What games do you like to play with your friends? 你和你的朋友喜欢一起玩什么？

（18）How do you feel today? 你今天感觉如何？

（19）What shall we do when we are in trouble? 遇到困难怎么办？

（三）幼儿园社会双语教学活动例举

　　案例 14　　　　　　　　THIS IS MY FAMILY 我的一家

苏州工业园区新洲幼儿园　张　静

 Teaching Objectives 活动目标

1. 初步掌握单词 grandpa，grandma，并注意区分 daddy-mummy 及 grandma-grandpa 的正确发音。

2. 能积极主动地参与情境表演，并随儿歌的节奏做动作。

3. 在动作的帮助下，能初步理解 I love you，kiss，kiss，kiss 的含义。

4. 培养幼儿热爱家庭的情感。

 Preparations 活动准备

家庭成员手偶、卡片、自制房子。

 Procedures 活动过程

1. Warming up 师生相互问候

T：Good morning，Babies!

C：Good morning，Nancy!

T：Stand up! Sit down! Turn around! I'm tall! I'm short!〔请小朋友一起跟着老师做课前热身活动〕

2. Song 歌曲：*Head Shoulders Knees Toes*

（师生之间简短的对话，一下子使幼儿进入了英语的情境中。通过复习孩子们已经会唱的歌曲和儿歌，使孩子们逐步融入英语的情境中）

3. Game 游戏，出示人物图片，和幼儿打招呼

I have some cards. There is daddy，mummy and baby on them. Let's guess who it is?

Who can have a try?（幼儿每猜测一个人物，老师就把人物翻过来，同时和幼儿练习句子。This is Daddy，yes or no?）

T：(模仿爸爸的声音)Good morning，boys and girls.

C：Good morning，daddy!（逐一出示妈妈、宝宝的图片，并用不同的方式打招呼）

（让幼儿猜测图片上是谁，充分激发了幼儿的好奇心，同时老师运用体态语帮助幼儿理解老师的提问 Who is it? 易于幼儿的理解，更能吸引幼儿的注意。通过 yes or no 的提问，更提高了幼儿的倾听能力）

4. 教幼儿初步学说 grandpa，grandma

Who is it?

Grandpa，grandpa.

Grandma，grandma.

（新授爷爷和奶奶的单词，通过重复练习和模仿爷爷奶奶的神态，让幼儿在游戏的情境中，体会爷爷和奶奶的含义）

5. Game 游戏 My family house

T：＜Take out a family house＞ Where is my Daddy? I'm coming! I love you，daddy!〔代表爸爸的弹簧娃娃从窗户里出来，逐一请出妈妈、爷爷、奶奶〕

（因为房子的门和窗是老师用了巧妙的技巧设置的，门和窗户可以打开。他们往往会好奇，个个注意力集中，探出小脑袋。看看究竟窗户里会跳出谁来了。在带有游戏性质的这个活动环节中，小朋友再一次巩固了爷爷和奶奶的发音，了解了他们的意义，并且区分了妈妈和爸爸的发音）

6. 初步了解句子的含义，能够正确倾听

（1）教师示范。I love you! I will kiss you. Kiss kiss.

（2）教师拿出准备好的嘴巴，发给小朋友，让他们把嘴巴贴在爸爸、妈妈、爷爷、奶奶的脸上，同时要说 I love you! Kiss，kiss kiss。

7. 根据儿歌内容进行表演，教幼儿初步学习儿歌

（1）Look，my hand will change. 教师给自己的手分别戴上一个人物的指偶，让幼儿观察清楚，五个手指分别代表的人物。

（2）教师边念儿歌边用手做示范。Listen to me.

（3）请全体小朋友一起做人物手指操，并念儿歌。OK，let's read the rhyme.

组织幼儿集体表演手指游戏，请幼儿模仿老师的动作，边做动作，边念儿歌。

Now，all the boys and girl，let's read the rhyme together.

Daddy finger，Daddy finger，where are you? Here I am. How do you do?

Mommy finger，Mommy finger，where are you? Here I am. How do you do?

Grandpa finger，Grandpa finger，where are you? Here I am. How do you do?

Grandma finger，Grandma finger，where are you? Here I am. How do you do?

Baby finger，Baby finger，where are you? Here I am. How do you do?

（在这个环节中，由于教师运用了手指，把人物单词融进儿歌，用手指的形式表演出来，生动形象，配上肢体语言，小朋友们更感兴趣，他们一起做游戏，并且一起大声地唱，跟着老师一起做）

8. Closure 结束

请小朋友一起表演英语音乐游戏：peek-a-boo，歌曲结束。

 案例 15　　THE EASTER DAY 复活节（中班）

苏州工业园区新馨花园幼儿园　　徐琳娜

Teaching Objectives 活动目标

1. 了解复活节的由来以及有关的风俗活动。

2. 尝试用句型 I make ... for the Easter Day. 来介绍自己为复活节做的准备。

3. 乐意参与英语活动，体验英语活动的乐趣。

Preparations 活动准备

1. 设置 5 个幼儿操作区域：

区域一：包装礼物（彩色包装纸、彩色丝带、礼品花、彩纸辫子、纸花、圆点片、橡皮筋、油画棒、各种包装盒子、剪刀、胶水、纱）

区域二：制作花环（毛根、彩纸、彩色丝带、皱纹纸、剪刀、胶水、纱、礼品花、彩纸辫子、纸花、圆点片）

区域三：制作彩蛋（煮熟的鸡蛋、油画棒、记号笔、颜料、彩纸、剪刀、胶水、礼品花、圆点片）

区域四：制作食品（彩色橡皮泥、一次性盆子）

区域五：制作面具（卡纸、彩纸、彩色丝带、油画棒、剪刀、胶水、纱、礼品花、彩纸辫子、纸花、圆点片）

2. 各个区域的指示牌

3. 有关复活节的幻灯片

4. 音乐 *If you are happy*

Procedures 活动过程

1. Warming up

T：Good morning，boys and girls!

C：Good morning，Annie!

T：How do you feel today?

C：I feel happy/sad/angry/tired/scared.

2. Presentation

T：Boys and girls，attention，please! Today，I will show you an interesting movie. Would you like to have a look?

C：Yes.

T：Great!（播放片头）What's this?

C：It's an egg.

T：Wonderful! Can you guess what's in it?

C：...

T：Maybe. /Good idea. /Wonderful.

T：OK，look carefully. Let's go on watching. What's this?

C：Pictures.

T：Yes，there are many pictures. Let's have a look.

（在欣赏图片的过程中渗透单词：present，food，mask，garland，Easter egg）

3. Introduce the Easter Day

T：Just now，we saw many pictures about the Easter Day. Do you know the Easter Day?

C：No.

T：OK，you see，the Easter Day is used to celebrate the Jesus' revival. And on the Easter Day，people will hold many activities. Also，I have some pictures about the interesting festivities，would you like to have a look?

C：Yes.

（在欣赏图片的过程中再次重点渗透单词：present，food，mask，garland，Easter egg）

T：What can you see in the pictures?

C：I can see . . .

4. Activity

T：Today，I would like to hold an Easter Day party，who will go with me?

C：I will，I will.

T：OK，I have prepared many materials for you. You'll be divided into five groups. You see，Group 1 can use the materials to make the nice present. Group 2 can use the materials to make the beautiful garland. Group 3 can use the materials to make the colorful eggs. Group 4 can use the materials to make the delicious food. Group 5 can use the materials to make the interesting mask. Are you clear?

C：Yes.

T：OK，you can choose your favorite group. Let's go!

（幼儿操作，教师指导）

5. Show Time

T：Boys and girls，attention，please! Have you finished it? Please put your work on the table. OK，show me your production. Oh，so beautiful! Let's introduce our work.

I make . . . for the Easter Day.

（幼儿逐个介绍，练习句型：I make . . . for the Easter Day. ）

T：So wonderful! Everything is ready，how do you feel now?

C：I feel happy.

T：OK. If you are happy，please sing the song with me.

6. Closure

Song：*If You Are Happy*

（四）相关链接

1. 国外教案

Title — The People Next Door

By — Joan M. Diez

Subject — Social Studies，Other

Grade Level — Grades：5 - 8

If you feel your students will benefit from reading about your neighboring countries，you can easily adapt our project to your own interests and needs.

We used similar strategies when dealing with the different countries. Find below some details of our research on France and the French.

We started by choosing a number of interesting topics（art and artists，business，cuisine，entertainment，fashion，geography，history，literature，famous people，places，politics，sports and the

cinema).

Then, after using various manuals, encyclopaedias and, of course, the Internet, we made a list of names under each category, e. g. language, fashion, festival etc.

Afterwards, we looked for information on the selected words and names, added pictures where possible … and we eventually made a booklet: "France, Morocco and Portugal from A to Z". It is not available at bookshops but … if you'd take my word for it … it's interesting!

（资料来源 http：//www. lessonplanspage. com）

2. 活动参考及资源

（1）圣诞节词汇

Match 10 Christmas vocabulary words with their pictures.

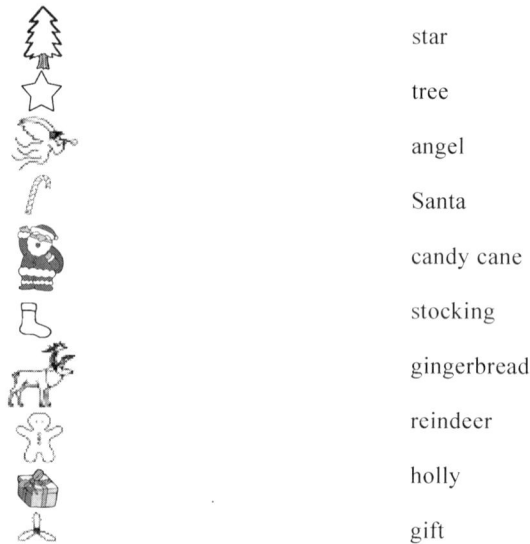

（2）感恩节词汇

Match 10 Halloween words with their pictures.

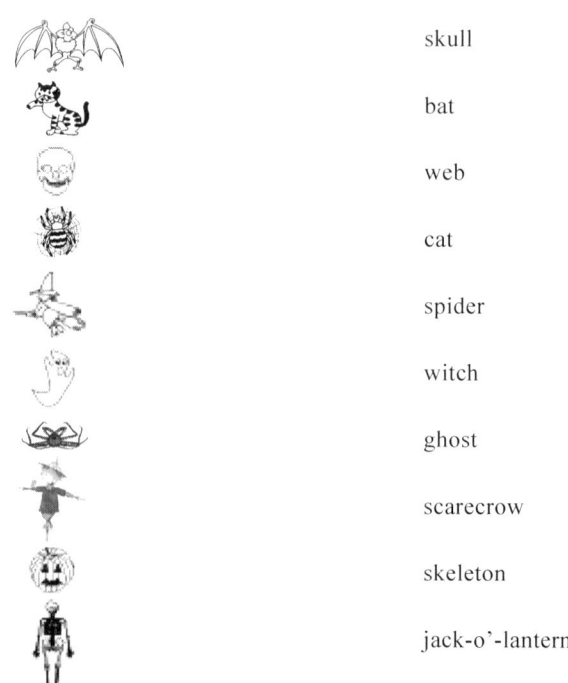

（3）中国十二生肖

Match 12 Chinese Zodiac animal words with their pictures.

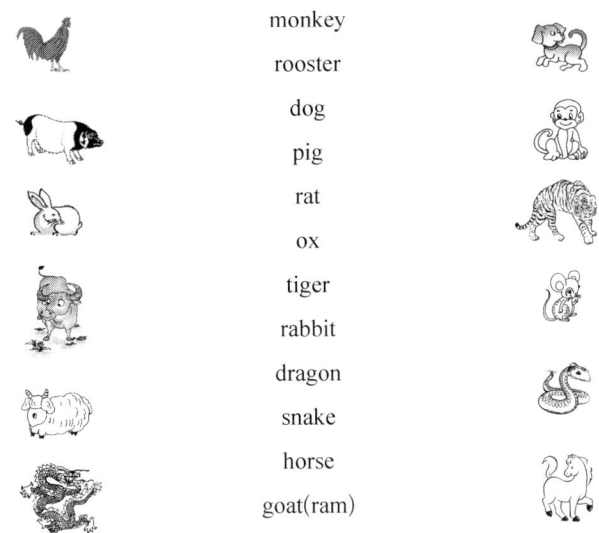

monkey

rooster

dog

pig

rat

ox

tiger

rabbit

dragon

snake

horse

goat(ram)

（资料来源 http：//www. enchantedlearning. com）

第六节　语言领域中的英语渗透

在幼儿园语言领域的双语教学旨在在拓展学生的英语经验的基础上,促进幼儿综合语言能力的提高。语言领域中的双语活动比较偏重于生活的词汇和语言素材,幼儿以乐意与人交谈并且讲话礼貌、注意倾听并理解日常用语,能听懂和会说为目标,以体验交流的乐趣、学习使用适当礼貌的语言交往、养成注意倾听的习惯。

（一）幼儿园语言双语活动的落实

1. 围绕语言要素的"语音"与"词汇"、"句型"开展教学。这些内容可以是以单元、主题、版块等多种形式组织起来的,有一定的系统性、完整性、层次性。

2. 在语言教育中不仅要重视语言形式,更应该重视幼儿语言功能。即创设自然的语言交往氛围,鼓励、指导幼儿运用完整、流畅、规范、灵活的英语进行表达交流,提高幼儿的语言运用能力。幼儿的语言学习包括语言形式的学习、语言内容的学习和语言运用的学习,在进行幼儿园语言双语活动中,这三者缺一不可。

3. 要充分利用诗歌、故事、散文、童话等文学体裁及阅读、讲述、谈话等活动形式进行英语的渗透。

（二）相关语言领域的英语词汇和句型

1. 参考用语

（1）Let's begin（our class）. 上课。

（2）Stand up. 起立。

（3）Sit down. 坐下。

（4）Sit in a semi-circle. 坐成半圆。

（5）Please form a circle. 请围成一圈。

（6）Sit up（straight）. 坐直。

（7）Put your hands on your knees. 把手放在膝盖上。

（8）Is everybody here? 人都到齐了吗?

（9）Come（over）here. 过来。

(10) Come to the front. 到前面来。

(11) Go back to your seat. 请回到自己座位上去。

(12) Back into your group. 请归队。

(13) Look and listen. 看着,听好。

(14) Listen to me, please. 听我说。

(15) Listen and say. 边听边说。

(16) Say it after me. 跟我说。

(17) Say it again. 再说一遍。

(18) Say it in English, please. 请用英语说。

(19) Follow me. 跟我说。

(20) Read it aloud. 大声读出来。

(21) Do/Say it like this. 像这样做/说。

(22) Do what I do. 和我一样做。

(23) You may do as I do. 可以跟我做。

(24) Who will answer the question? 谁来回答这个问题?

(25) Who will try? /Who'd like to try? 谁想试一试?

(26) Who knows? 谁知道?

(27) Volunteers? /Any volunteers? 谁主动来参与?

(28) Do you want to go? 你想去吗?

(29) Raise your hands, please. 请举手。

(30) Put down your hands. 请把手放下来。

(31) Are you ready? 你们准备好了吗?

(32) Speak clearly, please. 请说得清楚些。

(33) Look at the blackboard. 看黑板。

(34) Do you like the story? 你喜欢那个故事吗?

(35) Who wants to be . . . ? 谁想扮演……?

(36) What is the name of this story? 故事的名字是什么?

(37) How many ×× are there in the story? 故事中有多少个……?

(38) How is the story? 这个故事怎么样?

(39) Can you tell us your idea? 能说说你的想法吗?

(40) What will happen next? 接下来会发生什么事情呢?(接下来会怎样呢?)

(41) If you were ××, what would you do? 如果你是……你会怎么做?

(42) How many sentences in the poem? Which one do you like best? And why? 这首诗一共有几句?你最喜欢哪一句?为什么?

(43) What is the story about? 故事里讲了一件什么事?

(44) Who are in the story? Who do you like best? Why? 故事里有谁?你最喜欢谁?为什么?

(45) What did ×× say and do? ××是怎样说的和怎样做的?

(46) Can you say anything with the words in the poem? 你能用诗歌里的话说说看吗?

(47) Let's read the poem aloud with music. 让我们一起随音乐朗诵诗歌。

(48) Please listen to others carefully. 请认真倾听别人的发言。

(49) Please turn to page 6. 请把书翻到第6页。

(50) Can you make up a story? 你能编一个故事吗?

(51) Try to finish your words in complete sentences. 请把话说完整。

(52) Please circle the words you know. 请圈出你认识的汉字。

（三）幼儿园语言双语教学活动例举

案例 16　　　**A GOLDEN HOUSE 金色的房子（中班）**

苏州工业园区新馨花园幼儿园　周　莱

Teaching Objectives 活动目标

1. 了解故事《金色的房子》，学习故事中重复的对话。

2. 能够在教师引导下表演故事，在活动中体验快乐，知道要与同伴友好相处的道理。

Preparations 活动准备

一座金色的房子，小女孩、小鸭、小兔、小狗、小猫、小鸟的图片各 1 张，头饰各 3 个。

Procedures 活动过程

1. Story-telling 讲故事

T：Today July will tell you a story about a house. Can you guess what kind of house it is?

C：I guess it's a . . . house.

（请幼儿讨论这是一个怎样的房子的故事）

T：It's a golden house.（将金色房子图片贴在墙上，继续讲故事）

Once upon a time, there is a girl. She has a house. It has red walls, green windows and the golden roof is shining. What a beautiful house! An animal is coming. Can you guess who is coming?

C：I guess it's a . . .

T：Look, it's a duck.（将小鸭图片贴在墙上，继续讲故事）

A duck came to her house. It stood in front of her house, and talked to her："What a beautiful house! Red walls, green windows, and the golden roof is shining. Girl, girl, may I come in?" Then the girl said："No, no, no. Don't come in!" Duck was sad and sat on the grassplot.

Can you guess who is coming at that time?

C：I guess it's a . . .

T：Look, it's a rabbit(dog/cat/bird).（将小兔/狗/猫/鸟的图片贴在墙上）

A rabbit(dog/cat/bird) came to her house. It stood in front of her house, and talked to her："What a beautiful house! Red walls, green windows, and the golden roof is shining. Girl, girl, may I come in?" Then the girl said："No, no, no. Don't come in!" Rabbit (dog/cat/bird) was sad and sat on the grassplot.

T：Several days later, the duck, rabbit, dog, cat and bird came back to the grassplot again. They played the game together and had a happy time. Little girl looked out of the window, saw these animals playing together, and felt sad. The animals saw it. They came up to the golden house, knocking at the door. "Do do do. . ."They said："Little girl, little girl, come here and play with us." At last, little girl went out and played games with them. She also invited them to come and play in her house. They had a happy time on the grassplot.

2. Show Time 演故事

T：Now we know the story "A Golden House". Do you want to act out the story?

C：Yes.

T：Now, I will invite some children to come here and show us the story. You can wear these caps and play it.

（请幼儿分组上来表演故事《金色的房子》）

案例 17　　THE RABBIT'S FAMILY 小兔一家（小班）

苏州工业园区新馨花园幼儿园　徐琳娜

Teaching Objectives 活动目标

1. 复习单词：蘑菇 mushroom，萝卜 turnip。
2. 复习句型：穿衣服 put on the clothes，刷牙 brush my teeth，洗脸 wash my face。
　　　　　　你喜欢什么？What do you like？我喜欢……I like ...
　　　　　　学习单词：青菜 greens。
3. 对英语感兴趣，乐意参与英语活动和英语游戏。

Preparations 活动准备

1. 大牙刷 1 把，毛巾 1 块。
2. 三块菜地，上面有蘑菇、萝卜、青菜的模型若干。
3. 兔子头饰 1 个，兔子挂牌若干（与幼儿人数相同）。
4. 篮子若干（与幼儿人数相同）。
5. 音乐《摇篮曲》、*Riding in My Car*

Procedures 活动过程

1. Greetings and Review 问候与复习

T：Hello，I'm the mommy rabbit，and you are all my babies. You see，it turns dark and we should go to sleep.

（柔和的摇篮曲，兔妈妈和兔宝宝都进入了梦乡。）

（一会儿，兔妈妈起床了，并逐个叫醒兔宝宝。）

T：Oh，my dear children，it's time to get up.

T：Good morning，children！

C：Good morning，mommy！

T：Hum，my dear，what should we do after we get up？

C：...

T：Yes，we should put on the clothes. OK，say it together，and put on the clothes.

C：Put on the clothes.

T：OK，let's put on the clothes.

（师生一起穿衣服）

T：Hum，my dear，what should we do after we put on the clothes？

C：...

T：Yes，we should brush our teeth. OK. Say it together：brush our teeth.

C：Brush our teeth.

T：OK，let's brush our teeth.

（Sing the song and do the actions）

Hum，my dear，what should we do next？

C：...

T：Yes，we should wash our face. OK. Say it together，wash our face.

C：Wash our face.

T：OK. Let's wash our face.

（Sing the song and do the actions）

2. Learn the new words 学习新单词

T：Hum，I feel a little hungry. Are you hungry?

C：Yes.

（Sing the song *Are You Hungry* together）

T：Oh，so wonderful! Don't worry，My dear. Mommy will prepare the breakfast for you. But can you tell me what you like?

C：I like mushrooms.

（神秘地从围裙里取出蘑菇，拿着蘑菇，随机问幼儿。）

T：Yes，the mushroom is very delicious. Let's say "mushroom，mushroom，come out!"

C&T：Mushroom，mushroom，come out!

T：Oh，the mushroom is coming! I like mushrooms!

C：I like mushrooms!

T：What about other food? What do you like?

C：I like turnips.

（拿着萝卜，随机问幼儿）

T：Yes，the turnip is very delicious. Let's say "turnip，turnip，come out!"

C&T：Turnip，turnip，come out!

T：Oh，the turnip is coming! I like turnips!

C：I like turnips!

T：Huh … I will tell you a secret，mommy has prepared other nice food for you. Would you like to have a look?

C：Yes!

T：OK，close your eyes. No peaking!

Oh，it's greens. Please read it after me，greens，greens，greens.

C：Greens，greens，greens.

（拿着青菜，随机问幼儿）

T：I like greens.

C：I like greens.

3. Game：Help yourself to some … 摘蔬菜——句型练习

T：Hum，dear，you see there are many mushrooms，greens and turnips on the field. Listen carefully，mommy will take you to the fields，and you can pick anything you want but remember you must say I like … before you pick it. Are you clear?

C：Yes!

（幼儿自由地摘蔬菜，练习句型）

T：OK，get the basket. Let's go!

（Do it for several times. ）

（师生一起品尝蔬菜）

4. Do the exercises 做运动

T：Oh，rabbits，come here，and sit with mommy. Let's eat the nice vegetables.

T：Oh，I'm full，I want no more. Are you full?

C：Yes，I'm full.

T：OK，let's put the baskets here.

T：Oh，it's a sunny day. Let's have a walk，OK?

C：OK.（师生一起散步）

5．A wolf is coming 狼来了

T：Oh，look，what's this?

C：It's a wolf. Oh，mommy，mommy…

Wolf：I'm hungry，I want something to eat. Oh，there are so many rabbits，Haa…

T：Oh，my dear，don't be afraid. Come here. Let's hide behind the trees. OK?

C：OK.

（The wolf has nothing to eat，so he has to go.）

T&C：Yeah，we are the winners.

（师生一起跳起来，欢呼）

6．Closure 结束部分

T：Haa，the wolf is leaving! Let's get out! Are you happy?

C：Yes!

T：Let's sing and dance，OK?

C：OK.（音乐 *Riding in My Car* 起，师生一起唱歌跳舞）

T：Oh，it's time to go home. Let's go!

（备注：本案例设计于 2005 年 4 月获苏州市双语实验幼儿园英语案例评比二等奖。）

 案例 18　　　MY GOOD FRIENDS 好朋友（中班）

苏州工业园区新馨花园幼儿园　赵　贞

 Teaching Objectives 活动目标

1．欣赏童话，学习童话中对话。Someone says to someone："We are good friends."Someone says："Yes，we are good friends."

2．理解童话中配对关系。

3．初步体会小鸟热爱自由、热爱大自然的情感。

 Preparations 活动准备

物质准备：

1．拟人化的茶壶、水杯、桌子、椅子等形象，可以进行配对跳舞。

2．铅笔、橡皮等可以配成对的卡片若干。

3．电脑、投影仪、音乐《找朋友》。

经验准备：幼儿已学习过《找朋友》的歌曲，对朋友有一定认识。

 Procedures 活动过程

1．以开舞会、跳《找朋友》舞的形式导入活动，引起幼儿兴趣。

T：Welcome to our happy party. Now go to look for your good friend and dance together，OK?

C：OK.

2．课件演示茶壶、茶杯、桌子、椅子、钥匙、锁等童话中的物品形象，幼儿进行配对，帮助幼儿理解——一对应的配对关系。

T：Today，a lot of guests will come to our party. Let's welcome them.

T：Look，what can you see?

C：I can see…

T：So many guests，but they don't have partners． How to join our party? Ah，I have a good idea． Let's help them find a good friend to be their partner，OK? When you get it，you should tell us in this sentence，"somebody and somebody are good friends." Who wants to have a try?

（重点是鸟笼和小鸟：有没有不同意见的？你们觉得小鸟的好朋友是谁？那它为什么不喜欢和鸟笼做朋友呢？我们来听听小鸟自己是怎么说的。小鸟刚才说还有谁也是它的好朋友啊，你们想不想和小鸟做好朋友，那你应该怎么做呢。我们要爱护小鸟，保护小鸟，不能捕杀它，这样小鸟就愿意和你成为好朋友了。）

3. 通过课件演示，幼儿完整欣赏，初步学习童话中对话式的语言。

T：Just now，you did a good job． You helped all the guests find their friends． Now let's listen to it again． Think it over． What have they said?

T：You know，the table and the chair are good friends． Have you heard what the table says?

（逐句练习句型，初步学习童话中对话式的语言）

4. 另外一些可以配对的形象卡片若干，幼儿进行配对。

T：Today，many more guests will come to our party，too． They hide themselves under your chair． Please find them and stick them here． Tell me who you are now．

C：I'm a soap/noodles/ . . .

T：Please have a look． Who is your good friend?

C：My good friend is . . .

T：Please hug each other and say "we are friends".

T：Who is your friend?

T：Now please go and find your good friend and have a dance．

T：Let's have a look，. . . and . . . are good friends．

T：All of you have found your good friends，but you found one friend only． You can find two，three，four，or more friends． Have a try，OK?

T：Ah，why are you good friends?

C：Because we are food．

T：Why are you good friends?

C：Because we can wash．

T：Because we are fruits．

T：So we say，we are good friends．

（重点引导幼儿知道在生活中可以找到很多很多的好朋友，一个，两个，三个，甚至更多，就像中一班所有的小朋友都是好朋友，主题得到了深化。）

5. 在《找朋友》的欢乐舞蹈中结束活动。

T：So you can find a lot of good friends． Just like our class one，all the children are good friends，yes or no?

C：Yes!

T：OK，let's go outside to find the good friends in nature． OK． Let's go．

T：Say bye-bye to everyone．

案例 19 **LYING ON A LOG 躺在木头上睡觉（小班）**

苏州幼师附属花朵幼儿园　王　赟

 Teaching Objectives 活动目标

能在安静的倾听中理解故事内容，并乐意大胆地参与讲述与表演。

 Preparations 活动准备

有关故事的动物图片,故事幻灯,相关动物头饰,2 条长凳,1 块磁性黑板。

 Procedures 活动过程

1. 出示图片,复习对话及单词 ladybug, lizard, lamb, leopard, lion,并把图片都贴到一块黑板上。

T：What's this?

C：It's a lamp ...

2. 听故事录音,初步感受故事。

T：I have a story about these animals. Listen carefully.

教师完整讲述故事一遍。

T：What have you heard?

3. 演示故事幻灯。

T：Please have a look.

4. 引导幼儿将黑板上的图片进行正确排序。

（1）排序

T：I hear a ladybug in the story. 教师把瓢虫的图片贴到另一块黑板上。

What will happen? Please select one picture and put it on the blackboard.

Who will go on? 幼儿将图片连接成完整的故事,指念。

（2）运用动作提示,重点学习两句短句

T：What are they doing? (Lying on a log.)

T：At last, what did the lion say? (Now it's time for lunch.)

4. 请若干幼儿佩戴头饰。集体讲述故事,请戴相应头饰的小朋友坐到长凳上。（1—2 遍）

T：Who wants to be the ladybug ... （分配角色）When the lion say "It's time for lunch", You must go back to your seat.

5. 结束

T：The story is interesting. Let's go back to our classroom and tell our friends.

（备注：2004 年 10 月对苏州市英语课题组成员开放观摩活动。）

 **案例 20**　　　　SEE SEE SEE 看 看 看

苏州幼师附属花朵幼儿园　罗　静

 Teaching Objectives 活动目标

1. 在欣赏的基础上理解儿歌的内容,并能积极参与学习。

2. 通过游戏活动,掌握新单词(词组)spider, spider web。

3. 养成认真倾听英语文学作品的习惯。

 Preparations 活动准备

1. 黄色的盒子 1 个,仿真蜘蛛 1 只。

2. 图片(starfish, snail, swan, skunk, seashell, seals, stars)各 1 张。

3. Flash 课件 *See See See*

Procedures 活动过程

1. Review 复习：starfish，snail，swan，skunk，seashell，seal，star。

T：What is this?

C：A box.

T：There are many things in the box.

Now，look at me please.（教师摸出一张卡片）

What is this?（A starfish)（利用重、轻、粗、细的声音来练习）

C：Starfish.（教师贴在黑板上）

（教师请幼儿上来摸，然后练习并贴在黑板上）

2. Game 游戏：织网

T：Now，let us play a game.

I have the wool ball.（出示线团）

Please pass the ball from one to another.

（幼儿传线团，一只手捏着线，一只手传递线团，直到每人都拿到了线）

T：（出示蜘蛛)OK! Look，who is coming?（A spider）

C：Spider.

T：Please touch it and say "spider".（幼儿摸一摸蜘蛛，并念单词）

C1&C2 ... Spider.

T：Oh! There is a spider web.（教师指幼儿织成的网）

C：Spider web.

T：Please give it to me.（教师收网）

3. Presentation

（1）请幼儿倾听儿歌。

T：Let us listen to the rhyme. Be quiet.（播放儿歌）

What did you hear? You can speak in English. You can speak in Chinese，too. Say something different.

（2）再听一次儿歌，并结合图片。

T：Let's listen to the rhyme once again. Please look at the pictures. What did you hear?

（3）边听录音，跟念儿歌。

T：Let's read the rhyme together，and do as I do.

4. Closure 跟着音乐，初步学唱歌曲 See See See，结束活动

T：Listen! Here is a song See See See. Let us sing the song and do as I do. OK? Stand up，please. Music，one，two，begin.

Let's go out and sing the song. OK? Let's go.

附 Rhyme：

See　See　See

See see see， see the spider on the spider web.

See see see， see the starfish in the swimming pool.

See see see， see the snail on her shoe.

See see see， see the swan on the slide.

See see see， see the skunk on the sidewalk.

See see see， see the seashell on the sands.

See see see， see the seals on the shore.

See see see， see the stars in the sky.

How shiny!

（四）相关链接

1. An Alphabet of Single Letter Poems can be used on charts，for poetry journals，as a class Big Book，or to make individual books to illustrate.

Aa A is for alligator. A is for ants. A is for apples on my pants.	Bb B is for bear. B is for boat. B is for buttons on my coat.	Cc C is for cow. C is for cat. C is for caterpillar on my hat.	Dd D is for dinosaur. D is for dog. D is for doll on my log.
Ee E is for envelope. E is for eggs. E is for elephant on my legs.	Ff F is for fire engine. F is for fish. F is for fox in my dish.	Gg G is for girl. G is for goat. G is for gorilla in my boat.	Hh H is for horse. H is for hair. H is for hippopotamus on my chair.
Ii I is for igloo. I is for ink. I is for iguana in my sink.	Jj J is for jelly. J is for jeep. J is for jacket on my sheep.	Kk K is for kite. K is for king. K is for key on my string.	Ll L is for lion. L is for log. L is for leaves on my frog.
Mm M is for mittens. M is for mouse. M is for monkeys on my house.	Nn N is for newspaper. N is for nest. N is for numbers on my vest.	Oo O is for octopus. O is for ox. O is for ostrich in my box.	Pp P is for pizza. P is for pan. P is for pencils in my can.
Qq Q is for queen. Q is for quail. Q is for quarters in my pail.	Rr R is for rose. R is for ring. R is for rabbit on my swing.	Ss S is for sun. S is for socks. S is for snails on my blocks.	Tt T is for tooth. T is for truck. T is for tie on my duck.
Uu U is for underwear. U is for up. U is for umbrella in my cup.	Vv V is for violin. V is for van. V is for violets in my pan.	Ww W is for worm. W is for wagon. W is for wings on my dragon.	Xx X is for x-ray. X marks the spot. X is for kisses I have a lot!
	Yy Y is for yo-yo. Y is for yak. Y is for yarn in my sack.	Zz Z is for zebra. Z is for zoo. Z is for zipper on my shoe.	

（资料来源 http：//www. kinderkorner. com）

2. Tongue Twisters（绕口令）

绕口令（tongue twister）是人们在语言实践中根据语言的特点，编出的一种语言游戏，它短小、活泼、诙谐、有趣。在外语语音的教学中利用绕口令可以训练学生的语音，提高学生的口语能力，帮助学生纠正不正确的发音,区别不同的因素。

元 音 音 素

(1) Bill had billboard, and Bill also has a board bill. The board bill bored Bill, so that Bill sold the billboard to pay his board bill. So after Bill sold his billboard to pay him board bill, the board bill no longer bored Bill.

(2) How many cans can a canner can if a canner can can cans? A canner can can as many cans can if a canner can can cans.

(3) Ask at the next grass path that you pass.

(4) The doctor's daughter knocked at the locked door.

(5) Paul called from the hall that he had slipped on the floor and couldn't get to the door.

(6) Mr. cook said to the cook: "Look at this cookbook. It's very good."

So the cook took the advice of Mr. Cook and bought the book.

(7) Too few rulers rule as rules should rule.

(8) The first person in a dirty shirt works in the third firm.

(9) Betty Botta bought some butter.

"But," she said "this butter's bitter

Will make my butter better."

So she bought a bit of butter

Better than the bitter butter.

And it made her butter better.

(10) I'm afraid you are late. It's half past eight, and they'll close the gate.

(11) We have now found the roundabout without any doubt.

(12) Oh! My! How the mayor glared at the rare chair with an air of despair.

(13) The doctor wasn't sure that he could cure the poor steward of his obscure illness, but the attacks became fewer and fewer as time passed.

(14) It's a joy to watch the boy playing with his toys.

辅 音 音 素

(15) A finnish fisher named Fisher failed to fish any fish one Friday afternoon and finally he found out a big fissure in his fishing-net.

(16) We have five lovely bridges over the river.

(17) She sells sea shells on the deashore, and the shells she sells are seashells, I'm sure.

(18) Little Loly writes a letter to her little sister Lily.

(19) We wonder if Wonderly and Wood would wait for another week.

(20) Only words no deeds, just like a garden full of weeds.

3. Fables(寓言)

(1) The Crow and the Pitcher

A crow felt very thirsty. He looked for water everywhere. Finally, he found a pitcher.

But there was not a lot of water in the pitcher. His beak could not reach it. He tried again and again, but still could not touch the water.

When he was about to give up, an idea came to him. He took a pebble and dropped it into the pitcher. Then he took another and dropped it in.

Gradually, the water rose, and the crow was able to drink the water.

【译文】《乌鸦喝水》

一只乌鸦口渴了,到处找水喝。终于,他找到了一个大水罐。

然而,水罐里面的水并不多,他的尖嘴够不到水面,他试了一次又一次,都没有成功。

就在他想放弃的时候,他突然想到一个主意。乌鸦叼来了一块小石子投到水罐里,接着又叼了一块又一块石头放进去。

渐渐地,水面升高了。乌鸦高兴地喝到了水。

【寓意】有些东西虽然看起来微不足道,但如果积少成多,便会带来很大变化。

(2) A Sick Lion

A lion had come to the end of his days. He lay helpless under a tree.

The animals came around him. When they saw that he was going to die, they thought to themselves, "Now it's time to pay him back."

So the boar came up and rushed at him with his tusks.

Then a bull gored him with his horns. The lion still lay helpless before them.

So the ass felt quite safe. He turned his tail to the lion and kicked up his heels into his face.

"This is a double death." growled the lion.

【译文】《老狮子》

一头年老体衰的狮子病得有气无力,奄奄一息地躺在树下。

动物们围在他的周围,看到狮子快要死了,就来报复他。

一头野猪冲到他身旁,狠狠地咬他。

接着,一头野牛也用角来顶他,狮子无助地躺在那里。

当驴子看到可以对这庞大的野兽为所欲为时,也用他的蹄子用力去踢狮子的头部。这头快要断气的狮子说:"我已勉强忍受了勇者的施暴,但还得含羞忍受你这个小丑的侮辱,真是死不瞑目。"

【寓意】无论过去多么辉煌,都难以避免辉煌失去后别人的不敬与报复。

(3) The Frogs and the Well

Two frogs lived together in a marsh. One hot summer the marsh dried up, so they had to leave it and look for another place.

They soon found a deep well.

One of them looked down and said to the other, "This is a nice cool place. Let's jump in and settle down here."

The other frog was much wiser. He replied, "Don't be so fast, my friend. If this well dries up like the marsh, how should we get out again?"

【译文】《青蛙与井》

两只青蛙住在沼泽里。在一个炎热的夏季,沼泽干涸了,因此他们不得不离开去寻找新的湿地。

他们很快发现一口深井。

其中一只向下看了看对另一只说:"这是个凉爽的好地方,就住这里吧。"

而另一只较明智,他说:"别着急,朋友,如果这口井也干了的话,我们怎么出来呢?"

【寓意】凡事应该首先考虑周到,然后再付诸行动。

(4) The Goose with the Golden Eggs

One morning a countryman went to his goose's nest, and saw a yellow and glittering egg there.

He took the egg home. To his delight, he found that it was an egg of pure gold.

Every morning the same thing occurred, and he soon became rich by selling his eggs.

The countryman became more and more greedy. He wanted to get all the gold at once, so he killed the goose, when he looked inside, he found nothing in its body.

【译文】《农夫和金蛋》

一天早晨,一位农夫发现自家的鹅窝中有一只金灿灿的蛋。

他将蛋带回家,惊喜地发现这是一只金蛋。

此后,农夫每天都能得到一只金蛋。从此,他靠卖金蛋变得富有起来。

农夫变得越来越贪婪,他想一下子得到鹅肚子中所有的金蛋。于是他杀死了鹅,但是,鹅肚子中什么也没有。

【寓意】如果不懂得知足,贪得无厌,我们就会失去已经拥有的东西。

(5) The Fox and the Tiger

An Archer, hunting in the woods, was so successful with his arrows that he killed many of the wild animals. This frightened the rest so much that they ran into the deepest part of the bushes to hide. At last the tiger stood up, pretended to be very brave, and told the other animals not to be afraid anymore. And to rely on his courage, he would attack the enemy on his own. While he was talking, lashing his tail and tearing at the ground with his claws to impress the others, an arrow came and pierced his ribs. The Tiger howled with pain.

While he was trying to draw out the arrow with his teeth, the fox went up to him and asked in surprise, "whoever had the strength and courage to wound such a brave and mighty beast as the Tiger?"

"Nay," said the Tiger, "I misjudged my enemy. It was that unbeatable man over there!"

【译文】《狐狸和老虎》

一个射手正在森林里打猎。他的箭法好极了,射死了许多野兽。这可大大地吓坏了其余的动物,他们都跑到最茂盛的灌木丛中躲藏起来。最后,老虎站了起来,装着非常勇敢的样子叫其余的动物相信他的勇敢,不必再害怕。他将独个儿向敌人进攻。他一边说着,一边甩动着他的尾巴,并用他的爪子刨着地上的泥土,想使别人更信任他。就在这时,一枝箭飞来,刺穿了他的肋骨,老虎顿时痛得吼叫起来。

正当他尽力用牙齿拔出身上的箭时,狐狸走上前来吃惊地问道:"谁能有这样的力气和胆量来伤害像老虎这样勇敢而强有力的野兽呢?"老虎说:"我低估了我的敌人,那是无法战胜的人类。"

【寓意】知识就是力量。

(6) The Cock and the Jewel

A cock, scratching in the farmyard for food for the hens, turned up a precious stone that shone and sparked in the sun.

"Well," said the Cock, "I don't know what you are doing here. You are a very beautiful thing, and no doubt if your owner found you, he would be delighted. But you are no good to me. I would rather have one grain of delicious barley than all the precious stones under the sun!"

【译文】《公鸡和宝石》

公鸡在农家的庭院里用爪子搔呀刨呀,为母鸡觅食。他从地里翻出了一粒宝石,那粒宝石在阳光下闪闪发光。

"喂!"公鸡说,"我不知道你在这儿干吗。你是一个挺美丽的玩意儿。如果你被主人发现,毫无疑问,他一定会喜出望外,可是,你对我却没有丝毫用处。我情愿要一棵美味的大麦,而不要天下所有的宝石。"

【寓意】有用才有价值。

(7) The Wolf and the Lamb

A Wolf meeting with a Lamb astray from the fold, resolved not to lay violent hands on him, but to find some plea, which should justify to the Lamb himself his right to eat him. He thus addressed him, "Sirrah, last year you grossly insulted me." "Indeed," bleated the Lamb in a mournful tone of voice, "I was not then born." Then said the Wolf, "You feed in my pasture."

"No, good sir," replied the Lamb, "I have not yet tasted grass." Again said the Wolf, "You drink of my well." "No," exclaimed the Lamb, "I never yet drank water, for as yet my mother's milk is both food and drink to me." On which the Wolf seized him, and ate him up, saying, "Well! I won't remain supperless, even though you refute every one of my imputations."

【译文】《狼和小羊》

一只狼瞧见一只迷路失群的小羊,决定暂缓下毒手,想先找一些理由,对小羊证明自己有吃他的权利。

他就说:"小鬼! 你去年曾经骂过我。"小羊可怜地说:"老实说,我去年还没有出生呢。"狼再说:"你在我的草地上吃过草。"

小羊回答说:"不,好先生,我还未曾尝过草的味道呢。"狼又说:"你喝过我井里的水。"小羊叫道:"不,我从没有喝过水,因为直到今天为止,我都是吃着母亲的奶汁。"狼一听这话,便抓住它,把它吃下去,说:"好! 即使你驳倒我每一句话,我终究要吃晚餐的!"

【寓意】暴君总有他施暴的借口。

(8) The Father and His Sons

Father had a family of sons who were perpetually quarrelling among themselves. When he failed to heal their disputes by his exhortations, he determined to give them a practical illustration of the evils of disunion; and for this purpose he one day told them to bring him a bundle of sticks. When they had done so, he placed the faggot into the hands of each of them in succession, and ordered them to break it in pieces. They each tried with all their strength, and were not able to do it.

He next unclosed the faggot, and took the sticks separately, one by one, and again put them into their hands, on which they broke them easily. He then addressed them in these words: "My sons, if you are of one mind, and unite to assist each other, you will be as this faggot, uninjured by all the attempts of your enemies; but if you are divided among yourselves, you will be broken as easily as these sticks."

【译文】《父亲和孩子们》

一位父亲有几个孩子,这些孩子时常发生口角。他丝毫没有办法来劝阻他们,只好让他们看看不合群所带来害处的例子。为了达到这个目的,有一天他叫他们替他拿一捆细柴来。当他们把柴带来时,他便先后地将那捆柴放在每一个孩子的手中,吩咐他们弄断这捆柴。他们一个个尽力去试,总是不能成功。

然后他解开那捆柴,一根根地放在他们手里,如此一来,他们便毫不费力地折断了。于是他就告诉他们说:"孩子们! 如果你们大家团结一致,互相帮助,你们就像这捆柴一样,不能被你们的敌人折断;但如果你们自行分裂,你们就将和这些散柴一般,不堪一折了。"

【寓意】团结就是力量。

(资料来源 http://www.bjmti.com 现代教学网资源中心)

4. 语言游戏

(1) Apple Pass. Have all Ss sit in a circle. Use a fake apple and toss it to one S. But you must say one English word as you pass. The S then throws to another S and says a different English word. If the student you threw it to drops it, he/she is out. And the game keeps going until you have one winner. It can be played with different categories, such as Food, Animals, etc. My students love it! (submitted by Kim S.)

(2) Clothes Fun. Students form teams of 3. Each team has a bag with some clothes in it. The first team member puts on the clothes. He/She must say, "This is my shirt", "These are my trousers", "This is my hat", etc., with each item of clothing. Then when all the clothes are on, they say, "I'm dressed" and start removing the clothes, passing them to the next team member, who repeats the process. If you have some fancy high-heeled shoes and silly hats this is a really fun game! Very young beginner students will normally only say, "shirt", "hat", etc., but it's still a worthwhile game for the vocabulary. My students loved it!

(3) Colors in the Air. This is good for very young ones. Give each S 2 pieces of different colored paper (origami paper is ideal for this). T calls a color (e. g., "Blue") and the Ss with that color hold it up. (submitted by Jo Ruoss)

(4) Color Game. This is a good one for teaching the names of colors to young children. Arrange various colors of construction paper in a circle. Play some music and have the children march around the circle. Stop the music and all the children must sit down next to a color. Pick a color and sing (to the tune of "Twinkle Twinkle Little Star"): "Who's beside the color (insert name of color)? Please stand up, if it's

you. " At that point, the child next to the color mentioned stands up. Continue until all of the children get a turn. (submitted by Josie Weisner)

(5) Cross the River. Place flashcards on floor in winding manner. Each card represents a stepping stone in the river, as students must say word/phrase/question/etc. in order to step on it and cross the river! (submitted by Michelle K)

(6) Follow the Leader. Ss line up behind the T and follows him/her around the classroom. The T does an action and shouts out the word for that action. The Ss copy the action and repeat the word. Good actions include: wave, hello, goodbye, it's cold/hot, stop, go, run, hop, skip, crawl, walk backwards, jump, sit down, stand up.

(7) Give Me Game. You can use with objects or flashcards. This works well with plastic fruit: Gather and elicit the different kinds of plastic fruit you have. Then throw all the fruit around the classroom (it's fun just to throw the whole lot in the air and watch the chaos of the Ss scrabbling to pick them up). Once the Ss have collected the fruit (they'll probably do their best to hide it in their pockets, etc.) T says "Give me an apple". The S with the apple should approach the T and hand him/her the fruit "Here you are". Avoid having the fruit thrown back to you as they can go anywhere and takes a long time to finish this game.

(8) Number Group Game. Play some music and have your Ss walk around the classroom. Stop the music suddenly and call out a number (up to the number of Ss in your class). The Ss must quickly get together in a group of that number. Any Ss who didn't make it sit out until the next round.

(9) Question Chain. Have the Ss sit in a circle. T asks the S next to him/her a question (e. g. , "What's your name?" "Do you like chocolate cake?") and the S has to answer the question and then ask the S next to him/her the same question. Continue around the circle and then start a new question. It helps to use a ball to pass around as the questions are being asked and answered.

(10) Touch. Have Ss run around the classroom touching things that T orders them to do (e. g. , "Touch the table. " "Touch a chair. " "Touch your bag. "). Colors work well for this, as Ss can touch anything of that color (e. g. , "Touch something green").

(11) Whisper Game. Sit the Ss in a circle with you. Whisper a word or sentence in the next S's ear (e. g. , "I'm hungry. "). S/he then whispers that in the next S's ear and so on until the last S. S/he then says the word/sentence out loud to see if it's the same as the original message.

(12) Window Game. You can only do this if your classroom has a window that you can stand outside of and look into the classroom (don't try this on the 10th floor!). Model first: stand the Ss in front of the window and go out of the room. Wave to them through the window and silently mouth some words (so it seems like they can't hear you through the glass). Look at a flashcard and then mouth the word a few times. Go back in and the S who first tells you the word you were saying can have a turn.

（资料来源 http://eslkidstuff.com）

管理篇

第四章

学前双语教育管理

纵观目前学前双语教育研究方面的成果，不难看出，目前的研究更多停留在双语教育、教学活动层面，对学前双语教育管理方面的研究甚少，尤其对于学前双语师资培训、双语教育资源的开发和利用、幼儿园双语教育园本管理、双语教育幼儿园与小学衔接、学前双语教育课题研究管理等方面的研究滞后。

幼儿园作为学前双语教育的主要实施机构，它是一个既开放又相对封闭的系统，与其外部的自然环境因素、社区因素、家庭因素等都具有广泛的联系。《纲要》明确指出："幼儿园应与家庭、社区密切合作，与小学相互衔接，综合利用各种教育资源，共同为幼儿的发展创造良好的条件。"《纲要》还指出："要充分利用自然环境和社区的教育资源，扩展幼儿生活和学习的空间。幼儿园同时应为社区的早期教育提供服务。"根据《纲要》精神，我们在学前双语教育融入幼儿教育，使之一体化的研究中，对学前双语师资培训、双语教育资源的开发和利用、幼儿园双语教育园本管理、双语教育幼儿园与小学衔接、学前双语教育课题研究管理等方面的问题进行了探索。

第一节　学前双语教育师资培训管理

学前双语教育的师资，是指能够比较熟练地使用两种语言（一种是母语，一种是英语）作为教学媒介语，组织和开展幼儿园一日生活活动中的大部分活动的学前教育工作者，是将合格的幼儿教师和合格的英语教师集为一体的"双师型"教师。学前双语教育开展的关键，是以教师为核心的师资队伍建设。目前，幼儿园双语教师远远不能满足幼儿园的需求。幼儿园英语师资主要来源有三类：（1）高薪聘用外籍教师。他们语音规范，能给幼儿提供良好的模仿对象和榜样，但他们普遍不了解幼儿教育的规律和特点，一般把英语当作一门学科来教学，往往背离了幼儿双语教育的根本原则和最终目标。在对教育内容的选择、教育要求、教育方法、组织方式的安排、对幼儿学习适宜程度的把握、对幼儿学习的评价上也常常存在着明显的不当。不了解中国的文化背景和中国幼儿学习特点，在活动组织、管理方面也存在一些问题。加之高薪聘请，难以长久维持。（2）招聘英语专业教师。虽然他们英语水平较高，但由于不懂幼儿教育，特别是不懂幼儿心理和学习特点，在学习内容、教育方法上易出现成人化倾向，使活动枯燥、乏味，且此类教师的流动性大。（3）本园教师。本园教师接受过英语专业教育的很少，英语基础比较薄弱，英语水平普遍较低，没有经过系统的英语培训，即使通过自学或短期培训，但由于英语基础起步低，提高不快，难以用英语有效地组织幼儿的日常活动，还有的教师发音不准，易误导孩子，虽然设计的教学活动在方法和形式上受到幼儿的广泛喜爱，但教师使用双语进行教学的能力有限，很难体现双语教育自身的特点。目前，大部分学前双语教育的师资现状与双语教育改革的需要不相适应，如何实现英语教师幼教化、幼儿教师英语化，使两者有机结合，培养既具备良好的幼儿教育业务能力又具有良好英语水平的"双师型"教师，是保证双语教育质量、提升双语师资标准、有效开展双语教育教学活动的前提条件，是亟待研究解决的重要问题。

一、建立学前双语教育师资三级培训体系

目前，学前双语教育师资培训还不能满足学前双语教育师资的不同层次的需求。全国教育科学"十五"规划教育部重点课题"学前双语教育师资培训研究"建立了一个由总课题组举办的全国一级培训，各地方幼儿师

范院校组织的二级培训和各幼儿园开展园本培训,构成三级师资培训体系。各级培训的任务、目标及内容形成梯度。从培训内容上看:一级培训侧重在观念、科研能力培养、最新的国内外双语教学动态,以及幼儿双语教育活动大纲、教材教法研讨、经验交流等方面,对象主要是各子课题单位的研究人员、培训者、实验幼儿园的课题负责人以及参加实验工作的一线教师。二级培训侧重在外语水平提高及教法研讨等方面,主要由各地的幼儿教师培训中心对各子课题所在地区实验基地的双语课题教师进行培训。三级培训更侧重于提高实验园教师整体外语水平及教法方面,在实验基地由经过一级或二级培训的教师对全园教师进行园本培训。

 **案例 1**　　　　　　　**学前双语教育师资三级培训**

苏州高等幼儿师范学校

据统计,苏州双语教师幼教专业占 75%,英语专业占 20%,非幼教、非英语专业占 5%。苏州课题组把双语教师着力点放在职后幼儿教师的培训上,为幼儿园双语教育提供质量保证。

一、总课题组一级培训

幼师教师和少量幼儿园教师赴广州、上海、天津、成都、昆明、泉州等地参加总课题组一级培训,了解国内外双语研究新动态,聆听资深教授、学者的精辟讲解和示范课点评,课题组之间交流、分享研究成果,为子课题组二级培训作充分准备。

二、子课题组二级培训

子课题组坚持开展"四个一"活动。

1. 每年暑假举办一期培训班,主要内容是英语听、说、读、写在幼儿园的应用和学前英语教材教法培训。

2. 每月出一份简报,及时进行双语教育、教研信息交流,分享总课题组提供全国各子课题单位简讯。

3. 每月组织一次幼儿园英语现场活动,交流研讨,组织幼儿园异地观摩,与全国各子课题单位跨区域交流。借鉴先进经验,提高双语教师教育教学能力。

4. 每年举行一次年会,组织专家讲座,为在职教师调整思维方式,树立新观念,主要目的是承担"境界"和"意识"的引导。年会中评选优秀双语教师,选送优秀论文、优秀活动方案在总课题组参评,苏州课题组还将中期研究成果汇编成册,促进幼儿园双语教育资料的收集与整理,促进双语教师科研能力发展。

三、幼儿园三级园本培训

为了加速学前双语师资队伍建设,每个幼儿园根据自己不同的实际情况,选择多种模式培养在职英语教师,体现了双语教育的园本化和多样化。一批有实力的幼儿园一方面直接引进英语专业教师,并对英语教师进行"国际儿童美语"培训,获得幼儿英语教育上岗证。一方面聘请外教进园,组织幼儿英语活动,开办英语沙龙,在不经意间向幼儿和教师传递"英文化"。另一方面每学期定期组织双语月活动,定期开展双语教师会课比赛,促进英语教师幼教化;有的幼儿园立足于本园实际,鼓励在幼儿英语教育方面有研究、有兴趣、有志向的教师在自己班实施英语教育,每班两名教师同时投入双语教育,不仅在幼儿园日常活动的各个方面渗透英语学习,而且实施中英文整合,以点带面,逐渐在全园形成英语教育环境。促进幼儿教师英语化,英语教师幼教化。

二、实施学前双语教育师资培训一体化

学前双语教育师资培训一体化是将双语教师专业发展贯穿于职前培养和职后进修的全过程,它主要包括双语教师职前培养、入职教育、职后提高的一体化,避免双语教师职前与职后培训分离、脱节、低水平重复,有助于资源共享、优势互补,切实发展双语教师的思维、教育能力和研究能力,促进双语教师专业发展。

双语师资培训要坚持两个基本点:把着眼点放在幼儿学生职前培养上,为幼儿园源源不断地输送双语教育新师资;把着力点放在职后幼儿教师的培训上,为幼儿园双语教育提供质量保证。通过各种培训活动,以培养高标准、双师型的教师为主要目标实施双语教育师资培训一体化。

（一）对幼师学生职前培养——学前双语教育师资准备

幼儿园大多数在职教师基本不具备英语听、说、读、写能力,接受过英语专业教育的教师很少,教师的英语基础比较薄弱,这是开展学前双语教育最大的困难。幼师学生是很好的学前双语教师资源,是开展双语

教育的后备力量,也将是学前双语教育的中坚力量。

幼儿师范学校根据自己的情况确定职前双语教师培养模式,幼儿园英语教师不仅要修习英语课程,更要学习幼儿教育方面的知识,真正了解幼儿的身心发展特点,幼儿师范学校对职前幼师学生的培养主要模式有:幼师试行2年半(幼师课程)+半年(英语强化课程)的培养模式;3年(幼师课程)+2年(英语专业教育)模式或5年(平行设置英语大专课和幼师课程)一贯制的幼师大专化实验①。

案例2　　　　　　　　　　**职前双语教师培养**

苏州高等幼儿师范学校

一、确定幼师大专学生英语教育专业方向

职前定向培训主要集中在幼儿师范学校。学校创造一切机会,增加英语课时,提高幼师学生英语素养;鼓励学生参加大学英语考级,提高学生英语水平;鼓励学生参加幼儿英语教法培训,获取幼儿英语教育上岗资格证书;鼓励学生到幼儿园参加英语教育实践活动,锻炼学生教育能力。为学生毕业后就业多提供一条出路,满足幼儿园对英语教师的需求。

1. 必修课:幼儿师范培养五年制幼教大专生,学校重视学生英语专业的学习,在课程设置上,逐渐增加英语必修课的课时,从过去每周开一节英语课到现在每周开五节,大专段开6—8节英语课。从2004年起,学校开设英语方向幼教大专班。开设听力、语音、口语、语法、阅读、写作等课程,要求学生通过听、说、读、写基本训练,获得英语基础知识、基本技能和交往能力等英语专业知识,英语教师平时注意了解学前双语教育实际,尽可能在英语专业课程中渗透学前英语教育内容,使学生获得英语与幼教联系的关键概念。在增加学前英语教育课程的同时,教育专业教师注意在幼儿教育专业课程尤其是幼儿园综合活动设计中,融入学前英语教育信息和相关知识,使学生了解哪些内容可以用英语设计、哪些内容可以用汉语、英语两种语言设计。

2. 选修课:开设英语口语、英语文学选读、英语考级辅导班、学前双语主题活动设计与研究等课程,提升未来双语教师的英文修养和专业水平。

3. 活动课:以兴趣班形式存在,培养学生兴趣和爱好,满足学生的需要,对学生进行英语教法培训、英语歌曲、儿歌、游戏、英语表演等活动,请外籍教师和学生交流英语、请幼儿园有经验的教师交流教法,培养学生英语教育专业技能。

4. 实践课:在实践活动上组织学生到幼儿园观摩英语教育活动,让学生感受幼儿学英语的潜能,使学生认识到,具备英语教育特长是未来的专业需要,激发学生学习的动力;学生利用见习、实习机会参加幼儿园英语教育活动;学生利用业余时间到幼儿园或社会组织的幼儿英语兴趣班上课,满足学生到幼儿园实践锻炼的迫切需要。

		英语专业综合课		学前英语教育课	
职前培训	必修课	英语专业课程等	听 说 读 写	幼教专业课程中融入双语教育内容	在学前心理学、教育学、教育史中渗透;在语言、数学、音乐、美术、常识、体育等学科教学法中渗透;在主题综合活动中渗透;在教科研方法中渗透。
	选修课	英语文化、英语专业方向课考级辅导等提高课程		学前双语教育理论、双语教学法、双语教育研究、幼儿英语教师资格辅导等双语教育综合素质训练等	
	活动课	外教交流、英语口语、听力辅导		组织英语歌曲、儿歌、游戏、表演、模拟英语教学	
	实践课	在实践中英语口语问题的矫正		组织学生利用见习、实习机会参加幼儿园英语活动	

① 强海燕、赵琳.中外第二语言浸入式教学研究.西安:西安交通大学出版社,2001

二、支持幼师学生参加幼儿英语教育实践活动

幼师学生群体由不同智慧倾向、不同能力类型和不同个性特点的人组成,构成丰富的英语教育资源,在教师的指导下幼师学生集体教研,创造更加有效的英语教育策略,为幼儿提供更好的英语教育活动氛围。如苏州幼儿师范学校与虎丘中心幼儿园相邻,2000年虎丘中心幼儿园与苏州幼儿师范学校合作,聘请对英语有兴趣的大专生到幼儿园兴趣班组织幼儿英语活动,5年来,这些学生在教师的指导下,分别在虎丘中心幼儿园小班、中班、大班组织英语活动,3人一组,集体备课,共同教学,弥补了幼师学生缺少实际操作经验、缺少对幼儿的了解、缺少幼儿英语教育方法的不足。在合作中不仅促进幼师学生专业成长,取得就业优势,而且大大增强了虎丘中心幼儿园英语教育的力量,形成办园特色,取得了双赢效果。

三、促进幼师学生英语教育专业成长

苏州幼师学生从5年前几人到现在百余人或利用业余时间、或利用见习和实习机会到幼儿园开展英语活动已历经6届。幼儿英语教育实践使幼师学生了解幼儿,获取教育经验,提高了教育能力,促进了幼师学生英语学习和幼教专业的成长。部分幼师学生通过了大学英语四、六级考试;有些学生通过英语教法培训,取得了幼儿英语上岗证;有的学生在校期间被英语教育社会机构聘为英语兼职教师;许多学生撰写幼儿英语教育毕业论文,并获省师范生论文评比二、三等奖。幼儿英语教育实践使幼师学生择业上岗时能很好地发挥英语优势,这些通过特殊训练的学生一般经过一年左右的磨合能顺利担当双语教师角色,有些学生毕业后担任了幼儿园英语专职教师;有些成为幼儿园英语骨干教师。我们对近5年来幼师在校生和毕业生英语水平、英语能力、英语教育及科研能力情况初步调查统计,如下表:

调　查　内　容	参　　与　　人　　数		
幼师生参加大学英语考级	报考人数200余人	通过六级2人	通过四级80余人
幼师生参加公共英语考级	报考人数500余人	通过二级450人	通过三级80余人
幼师生参加幼儿英语教育活动	利用业余时间300余人	见习、实习450人	社会兼职教师12人
幼师生获取幼儿英语教师资格	美乐蒂20人	阶梯50余人	口语和教法培训100余人
幼师生撰写论文、教育笔记	论文80篇、教育笔记若干	毕业论文50余篇	省市获奖论文10篇
幼师毕业生组织幼儿英语教学活动	幼儿英语专职教师20余人	兼职教师100人	幼儿英语公开活动40次

（二）对幼儿园新教师入职教育——适应学前双语教育实践

每个教师的专业成长都有阶段性,幼儿师范职前培养,为幼儿教师成为双语教师奠定必要的职业和专业成长的基础。但是,单靠职前培养的一次性终结型的幼师教育是不够的,幼儿师范输送的毕业生,还要经过教育实践的磨炼与职后继续教育才能趋于成熟,成为合格的职业教师。入职教育不仅包括幼教专业刚毕业的教师,还包括招聘的英语专业毕业生和刚参加英语实验班的幼儿教师。据统计,在苏州双语教师中有91％是新教师,这些新教师如果英语基础不扎实、发音不准确,或者缺少幼儿教育经验,都会对学前双语教育产生不良影响。新教师职初岗位培训,可以大大缩短新教师对岗位、教育教学常规、日常过程的熟悉和适应期。

1. 多种渠道进行双语教育上岗培训

为了使这些新教师尽快掌握双语教育技能,尽早适应幼儿园双语教育实践,课题组成员到幼儿园听新教师上课,组织新教师双语观摩活动;有的幼儿园对英语教师进行"国际儿童美语"培训,使这些教师获得了幼儿英语教育上岗证;有的幼儿园充分利用双语教材售后服务,每月免费提供教材培训,主要是正音和示范上课、定期辅导教材教法。如有的幼儿园利用两套教材提供的资源,不仅每月对教师提供两次辅导,提高教师双语教育水平,而且利用教材培训每学期给家长开放活动,取得很好的社会效应。

2. "师徒帮带"积累双语教育经验

新教师专业成长过程不是单靠外部灌输知识,而是有赖于其主观具有强烈的成长动机、有不断成长的

意识和获得发展的能力,把社会要求内化成为其自觉行动。幼儿园立足于本园实际,老教师与新教师配对,老教师潜移默化地影响新教师,共同实现幼儿教师英语化、英语教师幼教化。

3. 微格教学反思双语教育行为

学前双语师资培训引进现代化的技术,采用摄录系统全面记录教师在双语教育实践内的教育行为的全过程,由教育专家和教师一起看录像,分析成败得失,找出症结,讨论改进方案,由教师再实践、再进行实录与分析,直到行为调整改善为止。帮助教师提高独立思考、分析解决实际问题的能力,强化行为的自控意识和自觉性,有效地调动了教师的视、听觉和大脑的思考分析综合活动,直观、针对性强,反馈及时。

4. 给新教师提供展示的平台

现场培训对新教师的双语教育专业成长非常重要。每学期组织新教师(工作一年的教师)对刚参加工作的教师开课、介绍经验,老教师现场点评,新教师提出问题,新老教师形成研究伙伴,促进新教师专业成长。

案例3　　　　　　　　　　**新教师双语教育随笔**

苏州工业园区东港实验幼儿园　黄海平

第一次给孩子上英语活动是在幼师的时候,教颜色。为了上好这第一节课,我几乎查阅了学校图书馆中能找到的所有英语教案,在此基础上撰写出了自己的第一篇教学设计。那节课我上得比较成功,指导老师和幼儿园老师都很满意。这次成功给了我很大的启发,那就是必须最大限度地利用好所能利用的一切资源来为自己的教学服务。在老师的指导下,我又上了第二次、第三次有关颜色的活动课,取得了很好的效果,我总结出几十种英语颜色的教法。体验到其中的快乐,于是我更加积极了,活动的形式更加丰富,孩子们更加喜欢,我们之间更加有默契。在这样的基础上,我对幼儿英语越发感兴趣,一个偶然的机会,我走上社会为英语机构教儿童英语,我的心情是激动的,同时压力也很大。对一个在校学生来说这是个挑战。经过精心的准备,在所有家长的观摩下,我成功地给家长开了公开课。又是一个提升的机遇,我参加了上海的"美乐蒂"儿童英语的培训,在那里我学到了一些英语语统的知识技巧,对我的教学很有帮助。尽管如此,一些问题还是存在着,我不知道如何解决。

毕业时因拥有双语教学经验,我被东港实验幼儿园录取了,我有了一个双语教学的大舞台,我接手的班级作为双语实验班,孩子们通过我的活动学习另一种国度的语言,自豪感与责任感、压力与动力同时撞击着我的心扉,学校、家长、学生的目光聚焦镜一样都集中到了我的身上。我从教学生ABC开始走上了正式英语教学生涯。在实践摸索的过程中,每有外出观摩的机会,听课本是最重要的物品,我尽量把他人授课中精彩的设计,和启发孩子、鼓动孩子的话语都记录下来。回来后,遇见适合的活动,就把这些拿出来,用我的教学实践来磨合,一旦被验证了是适合我的教学的好方法,我就把它们确定下来。这种实践的最大好处是把"偷艺"得来的原本很杂的各种风格和自己的教学实际、自己的个性特点紧密结合起来,为形成自己的教学风格奠定了良好的基础。

在幼儿园我承担了两个年龄段的英语兴趣班,我发现老师要根据孩子不同年龄段的年龄特点、孩子的接受能力等等来设计活动,小、中、大班都接触下来,给予他们不同的要求,这无疑是个新的挑战。小班刚接触英语,会有一个相当长的"沉默期",应允许幼儿对教师的问题用汉语,甚至于用体态语作出反应。即使到了中班,也不宜强行要求他们用完整的英语句子表达,应允许他们使用汉英语混用句、简单英语句。到了大班就要提高层次了,尽量使用简单的英语句子,能用简单的英语表达自己的感受,介绍自己、介绍身边的人和事等。不同年龄阶段,目标也是不一样的,就幼儿英语表达的要求要适当放宽。两个兴趣班和自己班级的实验班的教学又有不同点,兴趣班的教学一星期只有45分钟的接触时间,更谈不上语言学习的语境了,所以孩子的英语发展得很慢,有的甚至于一学期学不到什么。实验班的孩子就不一样了,像母语一样,经常受到这种语言的刺激才能前进。他们每天感受的是两种语言。老师从一踏进班级就要80%的运用英语(肩负着母语和英语),为幼儿提供大量的英语输入,将英语渗透在孩子的一日生活中,孩子入园后的问候、晨间锻炼、教学活动、游戏、盥洗、用餐、午睡等各个环节,日常生活活动的形式是非正式的、随机的,无需占用正式活动时间,对幼儿学英语来说是自然的、潜移默化的习得过程,幼儿在其中是无压力、无负担的。另外,每天还有一个专门的英语时间,教学活动、游戏、Party等,提供一个他们交流、接触、模仿、内化的机会。尽量让

幼儿把学习与哑巴活动作为一种游戏,通过组织各种游戏活动,让幼儿以动作、表情和语言等形式参与活动,使他们在动身体、动手、动口的活动中感受英语、运用英语。将学习"言语符号"的活动变成玩"声音游戏",既符合幼儿"好玩"的年龄特点,满足幼儿玩的愿望,又能使他们在玩的过程中自然有效地习得英语。

一年的教学实践使我感到英语知识储量的严重不足,于是我不断地去提高自己的英语水平,利用晚上时间读英语提高班、口语学习班。在自身的努力下,英语水准提高了,还参加了"儿童阶梯美语"的师资培训,使我的教学活动活了起来。然而,参观了上海的小龙鱼和冰场田双语幼儿园之后,给我很大的冲击。上海就职幼儿园英语老师的要求很严格,第一,发音一定要标准;第二,英语专业毕业;第三,必须通过考核,获得"上海幼儿英语老师"的上岗证才能执教。他们不但英语运用娴熟自如,而且能够有机地把握好孩子。他们不再是不懂幼儿教育的英语老师,而是英语、幼教双执照。专职英语老师可以全身心投入幼儿英语教研中,将全部的精力和智慧花在英语上。我们切实地感受到他们的孩子学习英语是件快乐的事情,他们活泼开朗、胆大自信、想说、敢说、会说。英语已经作为他们的另一种语言在同伴、成人间交流了。我们的班级大、幼儿多,双语活动还局限在"教师讲幼儿听;教师演示幼儿说;教师提问幼儿答"的教学形式下,幼儿缺乏双语学习中的自主性、平等性,差距是显而易见的。通过介绍,我认为他们的一些做法和理念很前卫,值得我们借鉴。

(三)对幼儿园教师职后提高——英语教师幼教化,幼儿教师英语化

幼儿园双语教师来自不同专业、不同学历、不同年龄、不同性别。

1. 培训的对象

(1)加强幼教基本功训练,促进英语教师幼教化

针对英语教师不太熟悉幼儿教育规律和教学方法这种状况,我们着重就幼儿教师必备的基本知识和基本技能进行系统培训,定期组织英语教师进行教学方法、教学技巧、教学手段的研讨、运用、创新设计和实验等方面的培训。要求英语教师必须达到11种教育能力:观察了解幼儿的能力;与儿童沟通交往的能力;建立与培养儿童常规的能力;组织各项活动的能力;具有创造和利用环境的能力;评价的能力;具有与家长沟通、交往的能力;具有教育研究的能力;具有主动观察、发现儿童的兴趣和需要的态度与能力;具有"动态设计"与"随机生成"课程的能力;具有收集资料、记录与整理案例的习惯和能力。

(2)强化英语培训,实现幼教教师英语化

发展英语特色,首先要提高教师的英语水平,实现幼教教师英语化。为此,我们在提高全体教师的英语水平上下工夫,做文章,坚持全体教师每月一次英语教材培训,每周末由外籍教师进行口语培训,从音标、字母等基础入手,着重口语、听力练习,使非英语教师的英语水平有了显著提高,形成了"人人学英语,人人会英语,人人说英语"的局面,通过多种形式的英语培训,教师的语音语调纯正地道,为孩子们掌握纯正地道的英语发音打下了坚实的基础。

2. 培训的内容

(1)英语专业知识培训

主要包括规范的语音基础训练(即对教师进行发音和语调等方面的"正音"培训)、口语能力训练、教学组织语言的训练(幼儿园很多教师对如何使用英语组织教学和进行管理不熟悉,因此,如何恰当有效、简洁明了地使用英语组织教学也应作为培训重点)、英语背景知识(这不仅有助于教师创设有效的英语学习环境,而且也能使教师了解英语的使用习惯)、有关第二语言习得的理论知识(让教师了解第二语言的特征、与母语的关系及其习得规律,有助于提高教师对幼儿园英语教育的认识)。

(2)幼儿教育理论知识培训

目前,幼儿园英语教师以年轻教师为主体,在幼儿教育方面本身没有丰富的经验,组织英语活动时,又主要着眼于英语知识的准备,对幼儿的关注明显不够。至于外聘的高校英语专业老师或学生对幼儿教育理论更是知之甚少,相当一部分根本不能根据儿童的思维特征和心理特点组织英语活动。因此,应加强教师对幼儿的理解和认识,为组织"幼儿化"的英语教育活动打下基础。

(3)英语教育技能的培训

主要包括备课、英语教育活动的组织、教学方法的运用、教具的使用、现代化教学手段的操作以及英语学习环境的创设等,可以通过以下几个渠道进行:① 组织教师外出参观学习,增加见识,相互学习;② 聘请

外园优秀英语教师或幼儿双语教育研究专家来园讲座并进行现场教学指导;③幼儿园可以购买一些幼儿英语教育光碟,组织教师观看并与自己组织的英语教育活动比较,缩短差距;④有条件的幼儿园可对教师组织的英语教育活动进行录像,并组织教师、家长以及幼教专家共同评价,使教师英语教育技能得到针对性提高。

(4)教研能力的培养

幼儿英语教育质量的提高必然要求教师具备一定的教研能力,能够在理论指导下,反思实践并创新,进而上升为理论。通过科研活动,才能实现理论与实践的相互渗透和相互促进。

总之,通过培训,一名合格的幼儿园英语教师应该达到以下标准:第一,必须是一名合格的幼儿园教师;第二,英语发音正确、规范,能够比较熟练地运用英语,表达流利;第三,有能力用英语组织幼儿一日生活中的大部分环节;第四,组织英语活动时使用的英语应当是儿童化且符合英语文化特点的;第五,应当善于使用非语言符号与儿童交流和互动。

案例4   **幼儿教师英语化**

苏州工业园区新馨花园幼儿园　葛建慧

我园的幼儿园教师,绝大部分毕业于幼儿师范学校(专业),他们在师范学习中虽然开始注重英语语言的训练,但还是不能满足幼儿园教学的需要。而直接从高校引进的英语人才,又由于缺乏幼教专业技能的训练,而无法很好地胜任幼儿教育工作。幼儿英语教育需要既掌握良好的幼教专业技能,又拥有优异的英语运用能力的复合型人才。为此,我园在英语师资的选择上从两方面进行:一是从幼师生中挑选英语水平较高的优秀毕业生;二是从现有年轻教师中挑选有英语特长的教师进行专业化培训。英语教师在幼儿园一日生活的各个环节中,用英语与孩子交流,为孩子们创设一个比较纯正、地道的英语语言和英语文化氛围,保证了比较高水平的英语教学。因此,建设中英文兼修的双语师资队伍是师资队伍建设的重要目标。

对于如何提高英语教师的英语教学水平,我们主张根植于教师所处的英语教育实践情境,能让教师有机会参与反思教育实际问题,并尝试重塑自己的观念和实践,能有效地实现教师与同事的对话与交流。

1. 重视幼儿教师口语培训

加大步伐拓展培训思路。加大培训力度,我们在假期安排教师赴香港、新加坡等典型的双语社会(汉语和英语)进行双语考察学习,熟悉和了解双语教育的开展和双语社会的形成,并从中寻找启发。另外,利用假期组织教师去外语培训中心跟外教进行口语培训;邀请外教来园为老师进行口语训练;还坚持每周一次的教师英语沙龙,保证英语教师自身口语水平的提高。

2. 论坛沙龙促交流沟通

我们定期组织轻松愉快的英语教学学术沙龙和主题辩论会,让教师在宽松的氛围中针对英语教学中的教育观念、教学行为、教学手段等各抒己见、畅所欲言。这种学术思想的交流、思维火花的碰撞促进了教师间的了解与沟通,也有利于大家站在不同的角度辩证地看待我们的教育行为,互相取长补短,增强教师队伍的凝聚力。

3. 好书推荐促学习内化

变革源于思想,思想来自学习,我们以发现问题为开端,首先要在思想上高屋建瓴,学习是减轻教改压力的力量源泉。我们每个班级针对各自开展英语教学的困惑轮流推荐好的文章,教师看后都要留言,发表自己的观点,帮助教师内化为自己的教育理念渗透到日常教学中去。

4. 集体备课促合作研究

俗话说:"众人拾柴火焰高。"我们开展的以年级组、课题组为单位的"多人一课"合作型实践反思研究活动,为教师的相互学习交流、取长补短提供了机会,也为我园英语课程的开发、研讨提供了舞台。同时,在观摩"同教材、同教法"和"同教材、异教法"的活动中也会发现更多有价值的东西。

5. 案例分析促教学反思

教师成长之路应是经验加反思,我园把"备课—听课—说课—评课—议课"一体化,把活生生的英语教学现场作为案例,以先进的教育教学理论为指导,对教师的教育行为进行诊断、评价与质疑,找出开展活动

中的长处和不足,并且共同探讨为什么会产生这些问题,应该怎么做,为什么要这么做,用理论诠释我们的教育行为。一改以往"只听不评、或只评不议、或只有他评而没有自评"的传统。它的关注点更多地集中在促进教师的自我反思,促进教研组的集体反思,因而能更有效地促进所有教师获得新的认识,并在未来的实践中作出新的尝试,进而实现专业上的共同成长。因此,我们的年轻教师成长很快,许多教师的公开教学活动也得到了专家同行的一致好评。

6. 专家指导促骨干成长

园本教研面向全体教师,但同时要创造条件让肯钻研、勇于创新的有潜力的教师尽快成长为骨干教师。可以聘教研员或专家(但不迷信专家)对这些教师跟踪指导、重点培养,给他们提供更多的对外交流的机会,为他们搭建施展才华的舞台,让他们逐渐形成自己的教育思想,独特的教学风格,成为学科带头人。

目前我园已有一大部分的教师总结出了有关幼儿园双语教育的宝贵教育经验,也取得了一定的成绩。2006 年,幼儿园里的英语教师都通过了苏州小学英语教师资格认证。英语教师口语水平和双语教育能力得到明显的提高,保证了幼儿园开展双语教育的质量。

　案例 5　　　　　　**请外教强化幼儿教师口语**

苏州新区实验幼儿园　尚红艳　苏州工业园区新洲幼儿园　费　尘

在双语教育研究过程中,提高双语教育实践的有效性及教师的专业成长都要求我们要通过自学及专业培训不断提高双语教师的素质,幼儿园根据双语教育研究的需要也为老师们制定了英语培训计划。

一、日常培训

1. 创设自由、宽松的英语培训氛围,鼓励教师大胆表达与交流

每次培训大家都会围坐在一起,每个人都能看到同伴与老师,不像是培训而更像是交流,我们可能是共读一篇文章,可能是共同交流、讨论一个话题,可能是向外教咨询问题,也可能是一首外国名曲。交流可能是双向的,也可能是多向的。当老师遇到困难无法表达时,外教和同伴们会伸出援助之手,当然这位老师也会及时地记录下集体的智慧……这种积极、自由的言语氛围让老师们不再害怕说错、不会说,彼此间的英语交流也变得轻松起来。当然我们为了这一次的交流,可能之前会做很多准备,这也让我们的交流更加有信心。

2. 制定系统的、适宜的培训课程表,进行系统的英语知识培训

要想真正地提高英语培训的有效性,科学、系统、适宜的英语课程内容安排是非常重要的,我们会选择一本或两本英语教材为教材蓝本,根据老师们的兴趣、学习需要等不断补充、删减一些内容,课程内容可以是文本的,可以是影像的,可以是大家的问题,也可以是大家的需要。

3. 利用外教资源,通过多种形式感受外来文化

外教老师给我们的不仅是正宗、流畅的英语语音、语调、语法示范,还有一些原汁原味的外来文化的感受。因此,我们会采用与外籍教师(一名或多名)一起参加"沙龙"、"郊游"、"吃饭"、"运动"及其他多种形式的活动,在这些活动中自然地去感受外来文化的特点及魅力,外教还带来了许多关于他们国家、城市、家庭、生活等方面的照片、书籍、影片等,这些让我们更加形象直观地了解国外的风土人情,也让我们的英语学习变得生动、灵活,让我们的英语培训真正地实现"润物细无声"。

4. 让教学实践及一日生活成为教师英语口语的操练场

英语培训的效果一定要在实践中进行检验,日常的活动特别是教学活动是很好的操练场,在这个过程中我们也会发现我们需要的英语知识还很多,这些也将成为我们下一次培训的主要内容,需要和困难也成为我们学习的源源动力。

二、假期集训

2007 年 7 月 2 日,新洲幼儿园迎来了一位拥有英语学士学位、MBA 硕士学位和多年中国教学经验的加拿大朋友——Terry 博士。远道而来的 Terry 博士为园区新洲幼儿园及周边多所姐妹园的英语教师进行为期 4 天的英语专业培训。

　　Terry博士幽默风趣的教学、激情洋溢的演讲征服了现场的所有老师,不仅帮助所有老师了解了TPR理论及其课堂运用,还通过课堂模拟、游戏等手段帮助老师掌握了创造性的活动创设、巧妙设计有效的教学用具、工作站和网络资源的运用以及"梯子"教学法则。

　　4天的培训时间是短暂的,但是Terry博士给各位老师留下的回忆和思考却是无限的。老师们纷纷表示将"学以致用",将所学转化为实践,相信他们定会在今后的幼儿英语教学中得心应手。

　　我园自开园以来就注重园本培训,针对园内教师能力、经验、思维方式的不同,设置了规模、形式、内容各不相同的多层次培训活动,让每位教师都有机会成为培训者、学习者,使每位教师都能够依据自身特点、特长、需要得到展示和提高。在充分发挥园内教师资源的过程中,形成了令人可喜的爱学、善学、互学的积极力量。在实践探索中,我园逐步构建、创新,有效地提高教师专业素质结构的园本培训模式,建设起一支教育理念新、基本技能强、讲团结、求进取、有创新意识的教师队伍。

三、学前双语教育师资培训注意的问题

　　1. 教师培训与资格认证

　　幼儿园理想的英语教师,最好是幼儿教师英语化,英语教师幼儿教育化。学前双语教育师资培训一体化,打破单一的教师培训体系,把职前与在职教师双语教育连接成一个整体,形成多样化的双语教师培训体系,满足幼儿园对双语教师的需求,为幼儿园双语教育提供质量保证,为双语教师不断提高专业素质、促进其专业发展提供了制度条件与物质条件。对学前英语师资的培养研究(包括学前英语师资的规格标准和培养模式的研究)越来越成为人们关注的焦点。历来幼儿教师都要持证上岗,因此,英语老师任职资格是目前亟待解决的问题,为保证幼儿园英语教育的质量,使幼儿的英语启蒙教育不被贻误,急需教育行政部门出台"幼儿园英语教师任职资格"方面的文件,以使幼儿园有章可循。

　　2. 将培训与研究结合

　　在师资培训中力求推广和深化学前双语教育科研的成果,把学前双语教育科研的最新成果及时转化为师资培训的内容。学前双语教育科研与师资培训整合起来,一方面将学前双语教育科研与师资培训同步进行,组织幼儿教师按自己的需要进行某项课题研究,通过研究活动达到培训目标;另一方面将学前双语教育科研与师资培训异步进行,可以是先培训后研究,也可以先有研究成果再培训,还可以培训与研究交错进行。培训既推广研究成果,又对有待研究问题进行研讨。因此在活动过程中,对在职教师的要求包括:掌握研究成果并能在实践中应用,还要不断发展和完善它;对主讲教师的要求包括:能深入浅出地主讲研究成果,引起在职教师的反思,进而发现问题,并能从在职教师的反馈中,敏锐地捕捉研究成果中有待深入研究的问题,明确下一步研究的方向。

第二节　幼儿园双语教育园本管理

　　园本管理是以幼儿园为本位的自主经营管理的新型体制。实施园本管理旨在促进园内人、财、物和信息等各种教育资源的合理配置与开始利用,是适应社会发展和幼儿园自身发展需要及幼儿园教育改革的极为有效的管理体制。

一、一园两制的园本体制

　　管理体制是实施幼儿园管理的关键,是园本管理的组织基础与前提保障,幼儿园的组织重构,从行政外控式转移到民主内控式管理模式,通过有园长、教师、家长、社会力量的代表联合组成幼儿园委员会进行集体决策,然后通过园长组织实施,确保从园内的实际出发进行管理。随着教育的市场化、产业化及特色化的发展,根据幼儿园发展的需求,幼儿园是在管理体制进行改革,实施一园两制,在用人制度上着眼长远,不拘一格向社会吸引人才,引进不同编制、不同性别、不同专业、不同年龄的教师。完全由幼儿园采取市场化操作,通过自负盈亏负担其一切费用。

案例 6 一园两制的园本体制

苏州工业园区新加花园幼儿园 黄 缨

全园共有 8 个公办性质的幼儿班,每班配 2 名中文教师,1 名英文教师,1 名保育员;一个以英语为特色的民办班配 2 名英语教师,1 名中文教师,1 名保育员;另外,还有丰富多彩的各种才艺班,形成多渠道、多形式、多层次的办班规模。

幼儿园实施竞争机制下的聘任制度,打破评级终身制,建立严格的责任制和考评制,园内根据年终考核结果,岗位竞聘,一年一评聘,分首席教师、一级、二级、三级、四级教师不等。一园两制使两支不同体制的教师队伍形成了你追我赶、相互促进、竞争向上同时又和睦相处的气氛,效果很好,为幼儿园今后探索多元化办园体制奠定了较好的基础。

二、多层立体的园本培训

园本培训是实施园本管理的基点,保教人员是幼儿园发展的主体力量,通过合乎教师素质基础及其发展需要的园本培训,有效地建设起一支高素质的保教队伍,并依靠他们推进幼儿园发展。幼儿教育的关键是以教师为核心形成适宜本园的教学模式,教师的教育理念、教育风格和教育经验决定了幼儿教育的质量,园长特别关注教师职业能力的提高。幼儿园的每周例会就是对教师进行园本培训的主要途径,例会一般由幼儿园各部门负责人扼要汇报一周情况,园长就一周的热点和焦点问题组织大家讨论,在幼教理念和行为上达成共识。通过总结、反馈、研讨,新的教育理念和有创造性的行为传达到每一位教师。幼儿园经常请专家来讲学,送教师外出参观、学习,使教师幼教专业素质大幅度提高。同时,园长抓住机会让教师为幼教同行和幼师学生开课,参加省市课题教研活动,促进教师的专业成长。在幼儿园内,让非幼儿教育专业教师在幼儿园保持其自身学科优势,使学科优势成为幼儿发展良好的“平台”,这是园本管理体制能够良好运行的必要保证。非专业教师在体育、音乐、美术、计算机电化教学、科研、管理等方面具有相当的专业水平,幼儿园创造机会让他们更多地了解幼儿和幼儿教育的特点,从思想上实现从学科知识本位到以幼儿为主体的定位转换。为了使教师之间在专业上互相融合,有效地提高教育质量,改变以往教师各自为政、各自经营自己部分的局面,选择年轻教师、非专业教师和有幼教经验的教师组对,共同备课、听课、评课,每周定期研讨。非专业教师入门很快,幼教专业能力迅速提高,已具备初步的独立带班能力。

案例 7 广泛深入的园本培训案例

苏州新区狮山中心幼儿园 徐 红 诸玲霞

一、强化理论学习,刷新教育理念,引导教师争做学者型、研究型教师

1. 进一步深入学习《幼儿园教育指导纲要》,领会《幼儿园教育指导纲要解读》精神。采取个人研读、教研组讨论,以及学习摘记、体会交流等多种形式深入学习,进一步领悟《指南》中所倡导的理念,围绕“领悟《纲要》理念,在实践中落实《纲要》精神”的中心议题谈自己的体会和打算,说说自己的困惑和问题,通过理论与实际的相互结合,找到最佳切入点。

2. 继续学习区域活动的有关知识,指导教师合理投放操作材料、科学指导区域活动。

3. 组织教师分批外出听课、学习和参观,鼓励教师参加高层次的进修和继续教育。

4. 为年轻教师搭建良好的平台,促进其专业成长。

指导年轻教师关注自身所处的教育教学环境、个人的教育教学经验、独特的教育感受与体验,并进行分析、研究,不断寻求解决问题途径,在自我评价、自我实践与自我反思中,得到提高。

5. 鼓励骨干教师积极探索和总结教育经验,引领骨干教师循着“学习型教师”——“发展型教师”——“研究型教师”的轨迹成长,发挥其带头作用。骨干教师精选自己在教学实践中的典型案例、成长过程中的感悟在教师中进行交流讨论;通过开放教学活动、现场诊断等实践活动,展示骨干教师的专业素质和专业功底、提升教育教学能力。

二、规范地开展研究活动,提高教师研究能力,引导教师争做反思型、创新型的教师

研究活动就是要完成不断研究、不断实施、不断总结、再研究再实施再总结的过程。从中提升教师的教育观念、调整教师的教育行为,最终提高教师的专业水平和研究能力,提高幼儿园教育教学质量,促进幼儿全面发展。

(一)建立网络式研究结构,提高教师保教质量

形成"点线面结合"网络,以园的申报课题为主线,向以横向平行班组分组研究的点和纵向子课题组研究的面扩散和辐射,点面线有机结合,按照各自的专题进行研究并相互交织、互为网络、相互依托、相辅相成,做到优势互补,完成全园的课题研究任务,带动教师队伍的良性循环,不断提高教师保教质量。

(二)规范研究活动的计划、过程记录,提高研究活动效益

1. 规范活动计划中,我们提出:情况明、目标清、措施实的要求并总结了"一明、二有、三保证"的经验方法。一明:明确研究活动的目标;二有:有研究活动的常规内容和专题研究内容;三保证:保证研究活动的时间次数(集体研究每双周三下午1点至2点半,每班两教师每天坚持有研讨、沟通的时间,及时记录研究的经验或困惑,到集体研讨时间提出,大家共同商量研讨以达成共识)、班级有配合研究的具体措施(将班级实施中的问题提出共同探讨,不断反思、商讨解决遇到的一些实质性问题的方法和措施)、组内人人参与。

2. 规范活动过程记录中,我们提出:条理清、记载实、有侧重要求并总结了"两有"的经验方法:一有相对固定的记录表,写清组名及参与活动人名、活动地点、时间、内容;二有活动记录,记录有侧重,重点写活动研究的过程(实录、措施和效果)。

(三)规范研究活动的交流展示,提高教师研究能力

在规范活动成果的交流和展示中,我们总结了"一不固定和三结合"的经验方法。一不固定:交流时间不固定,随情况而定,有学期结束、学期中期、前期和随时交流;三结合:交流形式灵活采用书面小结与口头交流结合、现场汇报与相互介绍结合、资料展示与相互学习结合。内容具体生动,看得见、听得到、学得了,深受教师的欢迎,有利于总结推广经验与成果,也让教师有了提高锻炼的机会,对提高教师的研究能力有很大的帮助。

(四)扎实开展专题研究,提高教师研究效益

1. 专题研究议题来源于教师日常教育教学中碰到的困惑的问题、保教工作中急需解决的问题。专题可一个也可多个,各组根据实际灵活选择。我们的研究专题有英语教育在日常生活中的渗透、英语教育与主题教育、与艺术等领域教育的整合实施、英语教育在家庭教育、亲子活动中的运用等。

2. 扎实开展专题研究的学习、研究、实施、总结四个阶段是提高教研效益的关键。学习阶段——是理解研究专题及研究的意义,明确解决问题的指导思想和理论依据,多通道收集学习理论资料的过程。研究阶段——是将所学的理论初步联系实际的阶段,要做好解决问题的构思、设想、方案、步骤,有的要制定测量工具,有的要评议比较、筛选补充,是大家动脑研究的阶段。争论中大家对某问题有了初步的共识,制订出初步的实施方案或措施。实施阶段——是执行上阶段研究讨论的方案的过程,是对集体智慧做一次实际的检验,是研究的另一种形式,一般采用观摩、评议等方法,时间长短以观摩次数而定。实施过程中,有收获也有新的问题的出现,都将是下阶段研究的议题。总结阶段——是对最初设想的教育方案的评价,就研究活动过程予以总结。在这四阶段中,学习是基础,研究是中心,实施是重点,总结是关键。

三、多样化地进行分层培训,创新地进行研究,促进教师专业发展

从"教师有特长、教学有特点"的目标出发,组织开展自主性教学研讨活动,对不同层次的教师进行针对性的培养,鼓励教师根据自身特点寻找自己的教学长处,逐步形成独具个性的教学风格。一是推出"教师自我成长"活动,以教师自我申报、年级组推荐与园部讨论相结合的方式,确定教师个人成长计划与骨干教师培养计划,园部为他们提供外出学习、上公开课等多种磨炼渠道,促进教师快速成长;二是推出"组内互助定特长"的教学研讨活动,教师个人确定自己重点钻研的学科,年级组集体备课出谋划策,在组内进行教学研讨,使每个教师逐渐定位自己的教学风格。

(一)多形式地开展教师培训

提供机会让教师外出参观学习;请专家、外教来园讲座、研讨、教授和教学示范;指导教师根据园工作、教科研工作要求,根据自己的实际情况,寻找自己研究的切入口,发挥自己的优势和长处,凸显自己的才能;组织辩论式研讨、沙龙式交流、分享式观摩等形式的活动;分层次进行培养:对教学能力强的园骨干教师进

行"星级教师的评定"(按成果汇总、民意测评、家长问卷、教学现场等评定)并做教学示范;对教学能力层次相对较弱的 5 年以内的青年教师进行了师徒结对,并进行"最佳师徒的评比"(在师傅的指导下,选题、设计方案、组织并实施,参与比赛);对教学经验较丰富的其他教师,要求他们在工作实践中充分展示自己,参与"一课多研、教学能手的评比"(选课、备课、上课、说课、听课、评课、议课),过程中充分尊重幼儿身心发展规律和学习特点,帮助教师逐步掌握主题实施中双语教育的合理分配比例,以及不断积累实施双语教育的原则和经验。

（二）创新地进行研究

平时活动中:注重自学《纲要》重塑自己的观念,破旧立新,以"一课多研"、"课例、案例分析"为手段,关注教育教学实践问题,解决困惑;以观摩研讨为根基,实现自己与自己、自己与同事或大家与专家的对话和交流,探索实践;以观察反思为策略,步步逼近,促进教师个人反思、集体研究反思,有效促使教师获得新知识,并在未来实践中作出新尝试,进而实现教师专业上的共同成长。我们较有创意的做法有:"继续教育、一课多研"活动;"最佳师徒和星级教师"评定等。

例如,"一课多研"活动中,主题《好朋友》课题,结合实习生来园实习和牵手园教师一起进行:辅导老师与实习生一起选课、备课;实习生现场教学上课、说课;辅导教师与实习生一起改课;牵手园教师和组内教师参与的听课;辅导老师主评,其他教师(包括牵手园教师和组内全体教师)参评的评课;大家一起"争论、对话"的议课的研究活动。大家从不同的视角对执教者的活动设计、教育教学过程及效果说自己的认识和感受,提出自己的疑惑,并提出自己认为需改进和调整的内容;执教或辅导老师根据大家提出的意见进行自由追问、质疑、商榷或辩驳;其他参与者再给出必要回答或解释,如此反复,使对话不断推进,评课和议课交叉进行着,有效地帮助教师建构属于自己的实践性的知识,教师不仅对自己的活动进行反思、研究,而且成为共同研究学习群体的一分子。这能帮助教师在行动中获得处理问题的能力,强调教师与教师、教师与骨干、教师与领导、甚至教师与专家的对话、互动和合作、学习,营造"合作、交流、商量、分享"的研究氛围。

例如,"继续教育"活动中,改变以往请老师把培训内容做介绍的单一做法,建设性地请每位教师预先对自己一阶段来参加的各种培训、观摩活动进行理性的思考,整理出"三个点",分别是"亮点"、"建议点"、"商榷点",把学习到的好的经验,结合自己平时的实践和经验,提出自己的建议、困惑和疑问,在继续教育活动中与大家一起分享经验,研讨解决问题的策略和方法。

三、多元整合的园本课程

园本课程是实施园本管理的重点,课程是教育目标与教育质量的中介结合部,课程水准反映了教育目标和教育质量的状态,幼儿园根据幼儿的身心发展特点和学习特点开设生活课程、中英文双语课程、艺术课程、环境课程、游戏课程、项目课程等多元课程板块。在课程实施过程中强调课程内容的有机联系,使课程内容成为一个有机的整体,注重教育影响的整体性,在高度整合的幼儿教育中,促进幼儿多方面和谐发展。

在中英文双语整合课程中,立足本园条件,实现双语教育与幼儿教育一体化,具体表现在英语与母语的内容之间、母语各领域之间、英语不同内容之间寻找切入点,使两者相互融合,较好地发挥整合的教育功能。双语活动更多地渗透在来园、离园、进餐、睡眠、盥洗、散步、游戏等幼儿生活和一日活动中,真正创设双语环境。

 案例 8　　　　　　　　园本双语课程的建构

苏州新区实验幼儿园　尚红艳

在我园"开发幼儿潜能,促进幼儿发展"园本课程建构背景下,我们在双语教学领域围绕以下三个方面进行了有针对性的、深入的实践探索:(1)研究的目标、方向没有变:课题研究要按课题立项研究名称——"开展双语教育,培养幼儿的综合语言能力"进行;(2)"基于母语、渗透英语、趋向平衡"是我们始终坚持的课题目标;(3)课题研究的载体、实施方式以"日常英语的渗透"、"主题活动方式的呈现"为主,各班根据本班情况可灵活调整,尝试新的方式方法。

具体做法如下。

1. 在参观学习了西安渗透式英语教育的基础上,根据我园的实际情况我们以"汤米熊教材"和"浸入式教材"为内容蓝本,尝试进行双语主题活动方案的探索。

2. 以教学实践、教育研究、专业培训为依托,促进双语教师的专业成长。双语教师参加了"汤米熊课程培训"、"走遍美国英语知识培训"、"生活在线口语培训"及其他各种形式的培训,通过专业培训及自学,双语教师的英语水平、研究水平都在原有的基础上得到了很大的提高。

3. 以实践促成长、以研究促发展。开展"一课三研"活动,从外来文化的感受、语言教学活动的方式方法等方面进行有针对性的探讨,在实践中不断提高教师的业务水平。

在课题研究的过程中,通过不断的反思、调整,师幼之间形成了密切的互动关系,建立了"学习共同体",教师获得了专业成长的同时,幼儿的综合语言能力也获得了一定的发展。通过英语学习环境的创设、日常生活及教育教学活动中的指导,为幼儿提供了更加自然、有效的学习和交流环境,幼儿在自然的情景中积累了更多的语言经验,在语言的丰富性、流畅性、敏感性等方面都有了明显的进步,他们敢于运用英语进行表述、交流,从中获得了学习英语、古诗、识字的成就感,进一步增强了自信心和社会交往能力,这些为幼儿塑造乐观向上的个性品质奠定了基础。

苏州新区实验幼儿园双语主题活动实施情况

序　号	主题活动名	实施教师	年龄阶段	日　　期
1	*I Like to Eat ...*（生成）	尚红艳　庞剑敏	小　班	2006 年 3—6 月
2	*Lovely Animals*（生成）	尚红艳　庞剑敏	小　班	2006 年 3—6 月
3	*Vehicles*（生成）	潘　瑜　秦文霞	中　班	2006 年 3—6 月
4	*Animals*（生成）	顾普晓　徐春兰	中　班	2006 年 3—6 月
5	*What Time Is It*（生成）	王晓燕	大　班	2006 年 3—6 月
6	*Spring Is Coming*（生成）	王晓燕	大　班	2006 年 3—6 月
7	*I Love Daddy and Mommy*（生成）	王晓燕　徐春兰	小　班	2006 年 9—12 月
8	*I Like to Eat ...*（修正）	王晓燕　徐春兰	小　班	2006 年 9—12 月
9	*I Like Rabbit*（生成）	庞剑敏　刘　妍	小　班	2006 年 9—12 月
10	*Transportation*（修正）	尚红艳　严晓静	中　班	2006 年 9—12 月
11	*Our House*（生成）	尚红艳　严晓静	中　班	2006 年 9—12 月
12	*Animal Worlds*（修正）	潘　瑜　秦文霞	大　班	2006 年 9—12 月
13	*Sports Day*（生成）	潘　瑜　秦文霞	大　班	2006 年 9—12 月
14	《冬天里的为什么》	顾普晓　孙栎楠	大　班	2006 年 9—12 月
15	《数字王国》	潘　瑜　秦文霞 顾普晓　徐春兰	中　班	2006 年 3—12 月
16	《我们去旅行》	尚红艳　庞剑敏 王晓燕　陈晓娟	大　班	2006 年 3—12 月

四、广泛深入的园本研究

园本研究是实施园本管理的起点,通过园情研究,使管理建立在合乎园情与发展需要的基础之上,在有关专家、教授的指导下,新加幼儿园与苏州幼师学校合作,创建并形成适合本地区本园的双语整合课程,并着手研究与社区小学双语教育衔接课题。探讨如何利用双休日、晚间幼儿园闲置的设施、设备和环境,利用

现有的教师资源、家长资源面向0—3岁幼儿开设亲子班；在幼儿园体系中实现托、幼、小一体化；幼儿园、家庭、社会三结合。

**案例9**　　**学前双语教育中英文整合行动研究例举**

苏州学前双语课题组

简介：幼儿园开展课题研究"学前双语教育实践探索"，历时5年，经历了"用母语教英语"和"用英语教英语"两个阶段；从"渗透式英语"走到"整合式英语"走向"浸入式英语"。从关注幼儿的兴趣、满足家长需要的"英语兴趣班"到关注教师、幼儿、幼儿园共同发展的中英文整合的"英语实验班"。培养了一批又一批受小学欢迎的幼儿，造就了一批具备良好幼儿教育业务能力又具有良好英语水平的"双师型"教师，开发了适合本园的园本教材，取得明显效果。

问题提出：学前双语教育是适度超前的教育，学前双语教育实践研究是一项探索性的工作，在幼儿园为什么教英语，教什么，怎样教，要达到什么目标，这些教育理念中最基本的要素还没有被很明确地界定出来，幼儿英语教育师资、教材、环境等问题仍然困扰着学前双语教育实践。

一、第一阶段研究

大多数幼儿园英语兴趣班外请英语专业教师或是外籍教师，英语教师虽然英语水平较高，但由于不懂幼儿教育特点，特别是不懂幼儿心理和学习特点，在学习内容上、教育方法上易成人化、小学教学化。此外，教师的流动性大，教学效果差。

1. 预诊：请本园对英语有基础又有兴趣的教师教幼儿英语，本园教师了解幼儿，设计的教学方法和形式受到幼儿的广泛喜爱。

2. 研究目标：本园有兴趣教英语的教师用汉语夹杂着英语对幼儿进行英语教学。

3. 研究内容：以台湾《美乐蒂》、《大胡子伯伯》英语为代表的(汉夹英)"三明治英语"为教材，用"中文教英语"的方式对兴趣班幼儿教英语单词、句型。

4. 研究成果：用汉夹英的方式教幼儿英语单词和句型，简单、易学、易教，幼儿容易理解，对教师的英语要求也不高，幼儿学习积极性高、学得快；教师教的积极性也高，效果好。但是，"洋径浜"英语不利于培养正确的语感语调，英语环境不强，受到专家的质疑。

二、第二阶段研究

1. 预诊：引进学前教育专业或幼儿师范学校英语好的毕业生，经过短期的儿童英语教法培训后上岗教幼儿英语。

2. 研究目标：有幼教基础专业知识的英语教师用纯英语教学，创造纯英语环境。

3. 研究内容：以TPR英语、阶梯美语、余珍有《幼儿英语》等为教材，"用英语教英语"的方式，对兴趣班幼儿教英语单词、句型。英语既是目的语也是媒介语。

4. 研究成果：用英文教英语，给幼儿创设纯正的英语环境，幼儿倾听能力、有意注意得到培养，但对教师口语要求和幼教经验要求高。刚毕业的新老师虽然英语好，但缺少母语教育经验，英语游离母语之外，母语和英语之间缺少联系。把英语学习从幼儿各领域发展和一日活动中剥离开来，不但增加了幼儿园阶段不该有的课业负担，而且幼儿通过这种方式学到的英语，往往只是脱离开语言交际背景的些许单词、短语、儿歌，听力、日常交际等基本技能无法生根结果。

三、第三阶段研究

1. 预诊：请本园英语水平高、有幼教经验的教师，尝试中英文主题整合。

2. 研究目标：英语融入母语教学之中，创设纯英语教育环境。

3. 研究内容：以强海燕、赵琳的《浸入式儿童英语》为媒介，对实验班尝试中英文主题整合教学。

4. 研究成果：整合式儿童英语教学就是将英语纳入幼儿园母语课程中，直接用英语作为幼儿园实施主题教学、组织相关领域活动的唯一语言。整合式英语对师资力量要求很高，普通幼儿园难以把握，难以操作。对此，幼儿园在设计主题活动时主要涉及具体形象、容易理解、操作演示性强的艺术、体育、语言等领域，而尽量回避数学、社会、科学等较抽象的内容，有意把它们留给中文教学。并根据原有的中文教材，配上

基本的、浅显的、使用频率高的英文内容,形成自己园本教材,对教师进行园本培训,逐步提高教师的英语教育专业水平。

第三节　学前双语教育的资源管理

学前双语教育资源不只是幼儿园内部的教育资源。按照双语教育资源空间分布的不同,我们大致可以把幼儿教育资源分为园内教育资源和园外教育资源两大类。凡是幼儿园范围之内的教育资源,就是园内教育资源;超出幼儿园范围的教育资源就是园外教育资源。园内外教育资源对于幼儿教育的实施和幼儿的发展都是非常重要的,如果把学前双语教育资源开发仅仅局限于幼儿园范围内,就会造成园内教育资源的封闭和园外教育资源的巨大浪费。因此我们应该树立大教育观、大教育资源观,让幼儿教育跨越幼儿园的围墙,让孩子们能够更多地看到、听到、接触到"外面精彩的世界"。在自然中、在社会中、在幼儿园里,幼儿教育的资源是丰富多样、源源不断的。可以说,当前的幼儿教育缺少的不是教育资源,而是对丰富多样的教育资源敏锐的识别、选择,及时的加工转化、开发以及充分的利用。原则上讲,凡是有助于促进幼儿主动和谐发展的教育资源都应得到开发和利用。幼儿教育阶段可以拓展利用的资源很多,除幼儿园内部的教育资源,还包括广泛的自然资源、丰富的社区资源、家庭资源等各种园外教育资源。

一、幼儿园资源的创设与实践指导

（一）幼儿园英语物质环境的创设与实践指导

《纲要》指出,幼儿园的空间、设施、活动材料等应有利于引发、支持幼儿的游戏和各种探索活动,有利于引发、支持幼儿与周围环境之间积极的相互作用。高质量的幼儿园教育需要以充足必要的物质环境条件为前提。幼儿园双语教育物质环境资源具有教育性、互动性。

幼儿参与创设环境。墙壁装饰的主题和内容应与一定的教育目标和内容相连,具有教育的价值,是幼儿感兴趣的。幼儿园的所有设施是可实际利用的,各类场地应根据不同年龄幼儿发展的需要向所有幼儿开放;统筹安排幼儿园的科学发现室、阅览室、电脑室等场所,向幼儿开放,使这些宝贵的资源得到充分利用。对幼儿园物质环境资源的开发与利用,除应考虑以上一般要求外,不同的幼儿园还应根据各自既有的园舍条件和设施情况,因地制宜、个性化地统筹安排和创设幼儿园的户外和室内环境。即使是空间资源比较紧张的幼儿园,仍然可以充分挖掘潜力,利用室外、走廊等地方的边角空地创设各种活动空间,以丰富幼儿的活动内容和场地。幼儿园自身的教育资源是极其丰富的,包括幼儿园的物质环境资源、精神环境资源和人的资源等方面。

　**案例 10**　　　**幼儿园双语教育环境创设**

苏州高新区实验幼儿园　王晓燕

结合教学活动开展的实际情况,创设丰富的双语环境,充分体现双语实验班的特色。我们在幼儿园门厅分别设置了英语和母语区域,每周根据不同的主题,更换不同的内容,有每周一句英语口语、每周一首母语古诗欣赏等。幼儿园楼梯的每一个台阶都有一句图文并茂的中英文口语。各班创设英语和母语活动区域,在英语区中,把一些日常英语和幼儿已学的内容通过生动多样的图片、玩具和游戏形式展示出来,在母语活动区中投放有关的图书、字卡、图片等,让幼儿在操作和游戏活动中增强对双语活动的兴趣。同时利用各班的认读、表演、角色等其他区域,帮助幼儿在教学活动以外的时间,以个别、小组、集体的形式,自主地运用语言与人交流,体验学习的乐趣。在活动室中幼儿经常接触（或感兴趣）的物件上标上双语标签,同时呈现汉字和英语,便于双语互译及无意识记。

增加对英语教育的资金投入,创设必要的硬件设施。如购置各类英语教材、教参、教具、挂图、图书、磁带、光碟等。配备电化教学辅助设备,如电脑、摄像机、录音机、投影仪、幻灯机等,运用现代化教育手段为幼儿提供学习英语的良好条件,使幼儿能常看、常听、常说,自然习得英语。

1. 活动前的思考

幼儿园里的区域活动是让幼儿在不同的活动材料中学到五大领域的知识,并起到复习巩固和个别指导的作用。英语教学往往只有在英语角中让孩子们感受一下英语的学习氛围,但是还没有让英语作为一种语言工具普及到各项活动中去。那么如何来开展呢? 我们从小班开始尝试着在主题活动中渗透英语知识,然后利用可操作性的材料让幼儿在区域活动中动起来,让开口讲英语成为一种习惯,这也就是我们所说的英语思维的培养。

2. 活动中材料的投放

区域活动中材料的投放是非常重要的一个环节。如果操作材料太简单,孩子们就会很快失去新鲜感,变得无所适从,无所事事。如果操作材料太复杂,孩子们会变得没有耐心,反而会破坏已有的材料。我们就根据幼儿的年龄特征,选择适合小班孩子的游戏,并结合主题活动的内容,在色彩上做到鲜艳;在材质上做到柔软不宜损坏,可供很多幼儿操作;在数量上做到尽量满足孩子们的需求,让每一位幼儿都有活动材料,并可交换进行;在形式上做到"放而不乱",也就是幼儿自由选择区域,老师在旁指导,孩子有困难随时可以请老师帮忙。

3. 活动中的内容和预设目标

(1) 数学区域:认识数字,能够用英语数数(从1—12),并能够与图片匹配。其中的拓展练习是:认识钟的整点。

(2) 语言区域:① 按字母找单词,并会朗读。② 给十二生肖找英语名字。③ 儿歌:手指玩偶。④ 单词找家(把汉字、英语单词、图片结合在一起)。

(3) 益智区域:下棋(要求能够说出棋盘上的每张图片的英语内容)。

(4) 表演区域:英语童话剧"三只小猪"、我是小老师(模仿老师上英语课)。

(5) 音乐区域:唱歌跳舞"小猪做早操"。

(6) 美术区域:涂色练习"不同的小猪"(要求幼儿边涂色边用英语说出相应的颜色)、画字母(幼儿用水彩笔对英语字母进行描红)。

(7) 折纸:可爱的小猪(会用英语向别的小朋友介绍猪的耳朵、眼睛、鼻子、嘴巴)。

4. 活动中具体的操作情况

(1) 数学区域

孩子们已经学会了用1—12来数数,在区域活动中,老师准备了会动的钟,让幼儿边操作边认识数字,还能够用英语两两对话。能力强的幼儿还能够帮助其他幼儿学习,起到了互帮互助的效果。

(2) 语言区域

按字母找单词,对于小班幼儿来说好像觉得不可思议,但是孩子们在老师富有故事情节的引导下,他们都能够掌握简单的单词,并能够很快读出来。老师教会幼儿26个字母,然后根据字母的开头图文并茂地出现相应的单词,再以游戏的形式帮助这些单词找到自己的"家",孩子们遇到不会读的可以请教老师。

单词找家的游戏是老师利用牙膏盒制作成各种家的模样,并在上面开了三个小孔。固定的墙饰可以避免每天搬来搬去,同时也可以让幼儿及时复习和掌握新的单词。这是一个母语和英语相结合的游戏,让幼儿在边认识中文的同时也能够找到英文单词,并把相应的图片找出来。

手偶玩具有现成的手偶,也有老师制作的和小朋友制作的。在这个活动中要求幼儿复习五个手指的英文说法,并能够运用手偶进行英语会话。例如:"Hello, I'm Anna. How do you do?"等英语情景对话,在这里是孩子们复习英语对话、大胆表达英语的地方,说错了没关系,有小朋友和老师的帮助。瞧! 孩子们多高兴呀!

给十二生肖找英语名字,是在幼儿会用英语说出十二生肖的基础上,用英文单词与之匹配起来的。让孩子们在边动手动脑边读的过程中快乐地学习!

（3）益智区域

这个棋盘和棋子都是老师根据主题活动"可爱的小猪"和这学期幼儿学过的内容而制作成的。有4粒棋子,老师把它们设计为可爱的小猪形象,结合我们开展的主题活动,让幼儿在趣味中学习英语。

具体的玩法:4位幼儿每人选一个小猪棋子,只有当骰子掷到6的时候,棋子才能够上滑梯。棋子每走一格,都要求孩子们能够用英语来表达出格子里的内容,说不出来的只能够退回到滑梯上。

这个游戏激发了幼儿主动说英语的愿望,边玩边说,乐在其中。

（4）表演区域

"三只小猪"是汤米熊教材上比较经典的故事。为了能够让幼儿更好地掌握故事中的英语对话,老师和幼儿一起设计了表演活动,其中孩子们设计具体的动作,其中狼的动作比较多,孩子们惟妙惟肖地表演了狼的不同表情。瞧! 孩子们正在复述故事的情节,他们把故事的图片按照顺序先排一下,然后进行角色分配。

他们身上的道具是老师设计出来的。老师在围裙上装订大小不一的口袋,这些口袋是为了方便幼儿放道具的,孩子们可以空出手来进行表演。这样表演出来的效果就更加形象了,孩子们也可以完全利用肢体动作来展现故事中角色的变化了。

（5）美术区域

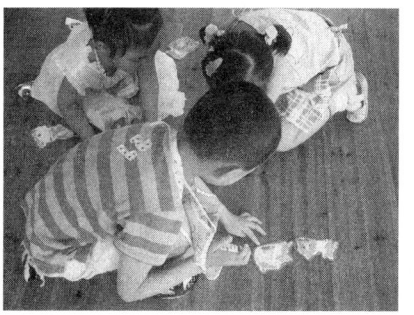

小班幼儿对涂色比较感兴趣,老师就通过各种形态不一的小猪形象来吸引幼儿,让孩子们给可爱的小猪穿上漂亮的衣服,孩子们一边画一边会用英语告诉大家这是什么颜色的。改变了以往枯燥的涂色模式。怎样让幼儿认识和了解26个英文字母呢? 老师让孩子们学着画字母,他们用水彩笔描写字母,从描到读,孩子们很快就能够掌握和熟悉26个英文字母。

（6）折纸

孩子们利用各种彩色的纸折出不同形状的小猪,能力强的幼儿

还可以把折好的小猪粘贴到白纸上,重新组合成一幅内容丰富的画面。

5. 活动中孩子们的表现

在充满英语氛围中开展的区域活动,孩子们表现出主动自然地说英语。在数学区域中,看到能力强的孩子在教其他小朋友:"What's the time?""It's two o'clock."孩子之间的交流和学习比老师教幼儿学,显得更加自然和谐。小班幼儿能够在很短的时间里找到英语单词并与相应的图片进行匹配,说明孩子们的记忆力非常强,只有在幼儿感兴趣的情况下进行教学和游戏,孩子们易记易学,这一点是显而易见的。以往的区域活动一直比较乱哄哄的,而现在的区域活动孩子们都能够专注地学习,无论是下棋的孩子,还是绘画区的孩子,他们都能够安静地学习,还常常自言自语地说一些英语,孩子们之间的互动充分展开了,没有一个孩子会争抢材料,也没有一个孩子会大声喧哗,他们都聚精会神地在学习。当遇到不会的英语单词的时候,孩子们会主动请老师帮忙,改变了以往胆小的模样。现在的孩子在英语活动中显得更加自信!

6. 教师在实践指导中的反思

当参观的老师看到小班幼儿能够运用双语在区域活动中自由交谈和学习,他们感到有些不可思议。但是眼前的一幕幕都是真实的。为什么我会设计这样的区域活动呢?因为我以前一直比较重视孩子英语口语的培养,对字母的研究从来没有接触过。在毕业的大班幼儿家长的提醒下,我认为有必要尝试一下字母的教学。

因为在幼小衔接中家长普遍认为孩子的口语很好,但认识26个字母比较困难,对英文单词总记不住。针对这样的情况,我认为有必要从幼儿园开始培养幼儿从对认识26个字母逐步过渡到认识英语单词,只要教的方法得当,孩子们一定会学好的。在一年来的尝试教学中,我发现只要给孩子们充分的操作材料,用游戏的方法引导幼儿学习,用赏识教育的方法来激发幼儿学习英语的兴趣,孩子们的积极性就会被调动起来。英语教学不光要从材料上做好准备,班级里的大环境也要结合主题活动配以相应的英语环境,让墙面会说话,让每一面墙饰都成为幼儿学习的资源,而不是光起到美观作用。只有让幼儿置身于英语的环境中学习,才能真正地掌握英语,产生乐学效应。学英语也和学其他学科一样,只有让幼儿直接体验,幼儿才能有所发现;只有让幼儿动手动脑,幼儿才能学到更多的知识,才能巩固已有的知识经验,学得轻松、自然、主动。

(二)幼儿园心理环境创设与实践指导

我们积极创设一个自由、宽松的双语交流环境,支持、鼓励、吸引幼儿与父母、同伴、教师或其他人交谈。创设一个使他们想说、敢说、喜欢说、有机会说并能积极应答的环境,让幼儿体验不同语言交流的乐趣。对于幼儿出现的语言错误,只要不影响正常的教学、交往活动,我们不及时加以纠正,而是以宽容的态度给予接纳,以减轻幼儿的心理压力,增强幼儿学习的信心。

1. 为幼儿创设双语游戏情境,激发幼儿学习双语的兴趣

游戏是儿童学习的基本方式和获得发展的最佳途径。双语教育要借助于游戏情境来激发幼儿学习双语的兴趣。从而使幼儿向往双语学习,觉得双语学习是快乐的。如体育游戏"catch the fish"(抓小鱼),孩子们玩传统的抓小鱼游戏,当抓到某个"小鱼"时,幼儿问"Who are you?"(你是谁),被抓的"小鱼"回答"I am …"(我是……),幼儿在他们原有游戏经验的基础上,轻松愉快地习得英语,学会了 I am … 的句式,训练英语听、说能力,在玩中学习并获得了发展。同时,在游戏情境中,幼儿注意力集中,他们的合作、选择、交往的能力也得到了提高。在这种情境下,幼儿觉得学习英语很有趣、很好玩,学习双语最初的兴趣能够使幼儿较长时期地发挥学习的主动性,为终身学习打下良好的基础。兴趣还可以迁移到其他语言的学习中。

2. 为幼儿创设双语教学情境,有利于幼儿主动进行口语表达

要让幼儿在轻松愉快的双语情境中,愿意主动与别人交往,使幼儿能够自由地思维、想象,就要为幼儿创造自由的心理氛围。首先得使幼儿敢说,而幼儿只有在感兴趣、主动求知的情况下才敢于表达、乐于表

达。教师要以幼儿为主体,在幼儿兴趣、需求中挖掘教育价值,生成双语教学活动,促进幼儿主动学习。例如,孩子们总是在一起谈论着周末和爸爸、妈妈去吃麦当劳的情况,说到高潮时,孩子们手舞足蹈,脸上还洋溢着甜甜的笑容。而且几乎每天角色区都在进行着服务员与顾客的游戏。因此,可以及时抓住幼儿这一兴趣点,设计麦当劳主题情境教学活动。孩子们主动收集麦当劳食品,很快麦当劳开业了。他们自己分配角色,把在麦当劳看到的情景迁移到角色表演上,主动运用所学的英语开展活动。教师在孩子们主动参与、积极体验的过程中,帮助幼儿运用第二语言,同时,教育目标也蕴含其中。

3. 营造宽松的英语学习氛围

英语作为一种语言,必须融合在一定的环境中。艺术的英语活动就是让幼儿在宽松的环境中,积极吸收大量的英语信息,感受英语句型,既培养了幼儿的倾听能力,又为幼儿愿说、乐说英语提供了帮助,给了幼儿一片自由发展、自由发挥的天地。例如,中班幼儿的绘画游戏活动,教师要求每组幼儿画“意愿画”,然后将所画的内容进行英语讲述。Strawberry Group 根据他们的绘画内容和正在学习的句型,编成了:“What can you see? I can see a bird. What can you see? I can see a tree. What can you see? I can see a flower. What can you see? I can see a lake. What can you see? I can see a duck. What can you see? I can see a rabbit.” Orange Group 运用了一首学过的英语儿歌,填入新的单词,以他们特有的灵感改编成了:“Apple is sweet. Do you want to eat? Milk is sweet. Do you want to eat? Cake is sweet. Do you want to eat? Grape is sweet. Do you want to eat?”幼儿在这样自由的环境、有趣的活动形式中,激活了思维,自在地学习英语,同时也得到了美的教育,艺术的熏陶。

4. 丰富幼儿的情感体验

德国教育家第斯多惠曾言:教学的艺术不在于传播的本领,而在于激励、唤醒、鼓舞。幼儿在进行英语活动前,应该有一个让幼儿体验自然情感的过程,押韵的朗诵,富有热情、动力的舞蹈,都是丰富幼儿情感体验的条件。在艺术的英语活动中,教师精心设计好语境,使幼儿产生高涨的情绪和兴奋的心理状态,情不自禁地参与到英语活动中去。让幼儿置身于一种情感活跃、陶冶的气氛中,和谐自然地感受、表现英语内容。例如,英语童话剧《小斑马寻亲记》是描写小斑马在农场里寻找爸爸妈妈的故事。幼儿欣赏、熟悉了这首旋律优美、情节感人的音乐故事后,都有参与表演的欲望。此时,可为幼儿制作背景、道具,供幼儿自由想象、自由表演、自由发挥。有的幼儿选用拓印的方法,在白纸上印出各种颜色、形状的花纹,并制作成头饰;有的幼儿选用画脸笔,在自己的脸上画出一对羊角,扮作“sheep”,等等。在操作的过程中,幼儿对剧情内容有了新的感受和自己的理解,使英语学习成为自由、交流的生动过程,使幼儿体验美感、丰富情感。

5. 创设宽松的英语语言环境,使幼儿敢说

对幼儿的英语表达应当持宽容的态度,适当降低要求。小班的幼儿刚接触英语,会有一个相当长的沉默期,允许幼儿对教师的问题用汉语,甚至体态语言作出反应。即使到了中班,也不强行要求他们用完整的英语句子表达,允许他们使用汉语和英语的混合句,即允许有“中继语”现象存在。当幼儿发音不太正确、语句不太完整时,只要他们的英语表达不影响交际,就不要马上去纠正他们的语言错误,以免给孩子造成心理上的压力,给幼儿挫折感或压抑感,从而失去说话的主动性、积极性。只有这样他们才有可能大胆地说。因此,鼓励幼儿敢于表达甚至比幼儿说得是否正确更为重要。

案例 11　　　　　　　　　　**老外教学,宽松自然**

苏州工业园区新加花园幼儿园　周隽琰

很有幸,我做了一年助教,跟着美国教师 Alison 一起教学,我学到的是一种精神和观念,留在心底的是一份感动和激动。直至现在,我的教学中仍留有她的一种气息,点点滴滴的仍时时带来冲击。特别想在离别一周年之际,用文字来回顾和纪念 Alison 和她的教学,追寻在她身上折射的外来文化。

1. 纯英文,不要怕孩子听不懂

Alison 初来中国,不会中文,教学活动使用纯英文。那么孩子、Alison 和在一旁“翻译”的我都觉得这样的组合状态很自然,没有想到去改变什么。但偶然的一次“打破”,让我重新审视这种模式。那一次我因事

"失约",留下 Alison 和孩子 face to face,孩子自然又快乐的样子,让我很想躲在一个角落静观他们的交流。令人惊异的是,原来我一直有点多余,Alison 和孩子交流的是如此融洽和轻松,带有那么点似懂非懂的神情,急着想表达的孩子个个兴趣十足,积极参与着。原来纯英文并不如此"可怕",那 Alison 是用什么样的方法迷住孩子的呢?

——或许,文化就是这样传递的,而不是教授的;孩子是这样自然接纳的,而不是生硬学习的。

2. 夸张点,保持激情和热情

Alison 不仅注重在语言上时时给予孩子肯定和表扬。还经常冷不丁地冒出"have a big hug"、"give me a clap"等这些话语,加以热情的动作刺激和感染孩子。看孩子们是那么的高兴,个个都盼着能和 Alison 更多"have a big hug",活动中就更加积极和专注了,自主学习的状态就在这里一点点累积。

或许这一点本就是外国人的谈吐行为方式,但用在教学中,用在孩子身上,起到了很好的效果:活动中的气氛就是如此热烈,洋溢着活力和灿烂,仿佛连空气都是暖暖的。

——或许,文化就是这样相互感染的;孩子是这样收获快乐的,而不是墨守成规。

3. 多尊重,消除孩子心理障碍

Alison 的一言一行无疑是生动无拘的,但有一种态度是明确的,就是特别尊重孩子、理解孩子。这就像高高飘在天空的风筝,始终有一条线被牢牢抓在手中。强者,得到表扬;弱者,同样得到肯定,而且同样发自内心。在 Alison 眼中,孩子无一例外都很棒,即使与老师们的谈话中,你会感到所有孩子在她心中无所偏差。或许我没法达到这种境界,但确实给了我一种方向和理想。

宽松并不等于没有要求和懒散,Alison 的课堂活跃却不混乱,孩子自由但不调皮。细细观察,那是 Alison 始终把规则融进游戏,把无形的约束放在有形的平等中,用温柔包围了孩子,Alison 和她的教学同样是:外柔内刚。孩子由于老师的尊重而喜爱上课,爱戴老师,一个手势一个眼神已足够。

——或许,文化是在所有渲染中的一种尊重;孩子因为这样爱上一个人,而爱上了一门学科。

4. 谈文化,不要不敢深入

Alison 很喜欢讲述自己和周边人们的生活,并不因为孩子小而不以为然,或忽略感受。记得第一节课,看到孩子们的校园,Alison 惊异地大声说:"It's so different."她绘声绘色地描述起自己就读学校的校舍和老师:那是有一个大操场的学校,窗玻璃特别小特别矮,我们最爱把头探出去看外面的操场……Alison 说的很多,但是加以很多很多手势动作,语速也慢,孩子和我都被深深吸引,就盼着她能一直讲下去,盼望着不要下课。又记得,万圣节前夕,Alison 兴致勃勃地带来很多稀奇东西,碟片、故事书、南瓜、糖果和一大堆抽取式餐巾纸,在班内开展起迎接万圣节活动:讲万圣节故事、做南瓜灯、互相祝贺等,最有趣的是做"鬼",只简单的一粒糖果和一张餐巾纸,经过小手一包扎,画上眼鼻嘴,就成了"鬼",孩子兴奋极了,做了一个又一个。每个孩子离开时,都说一句"Trick or Treat",才能拿到礼物。3天里,Alison 带孩子们过了一个洋节,把她们国家的节日氛围带给了大家,孩子们真真切切地感受了一回国外儿童的过节乐趣。

——或许,文化就是从心底流淌出来的感觉;孩子被笼罩其中,幸福其中。

Alison 身上的原汁原味的美国文化一点一点传递给孩子和我,孩子收获的远不止是一些单词和对话,而是 Alison 的情感和品质;我收获的远不止一些语音和教学,而是 Alison 的一种精神和态度。

（三）幼儿园语言环境创设与实践指导

我们的英语教师在与孩子相处的时间完全使用英语,让孩子从听觉上全方位地去感知与理解。孩子们的认知与理解能力很强,经过专门培训的英语教师,在初期,可以通过肢体语言与表情、眼神等,最大限度地让幼儿理解他们所表述的意思。在幼儿园内,日常生活的语言表述本来就非常简单,因此,英语教师的语言与形体相配合的表述幼儿完全可能理解。但是,教师所选择的必须是最为简洁、精炼的语言,便于幼儿听清、理解以及日后的模仿与使用。

1. 创设适宜的英语情景,使幼儿在一定的情景中习得并运用词汇

幼儿的形象思维占主导地位,多给幼儿提供感知英语的信息,让幼儿置身于英语环境中,对幼儿习得英语有帮助。在走廊、橱窗、班级墙壁等处贴上图片,标上英文,随时给幼儿提供英语刺激;在活动室里设置英语角、卡片角,布置与幼儿当前的英语学习内容联系起来的单词,日常用语形象地画在小卡片上,或提供一

些彩色的英语图书,适时播放英文歌曲、儿歌,选播英语VCD、录像、电脑软件等。大量的视觉、听觉刺激,为幼儿创设了英语的视听环境,有利于英语的习得。

2. 教师和幼儿之间的交往对幼儿英语的发展具有促进作用

在正式的英语活动时教师要使用英语组织,即用英语来教而不是单单教英语。随着在同一情景听到同一语言次数增多,幼儿开始理解教师英语的含义。在这样的语言环境下,又激发了幼儿用英语交流的内在需要,使幼儿把难以理解的消极词汇,转化为能运用的积极词汇。同时,教师又是幼儿习得英语的指导者。通过细致观察每个幼儿的活动情况,及时了解幼儿表达的需求,给予适时、适地、适合的英语指导,特别在幼儿不能用英语表达时,教师用简单的英语帮助其表达自己的意思。

3. 搭建语言交流平台的开发,进一步拓展更为丰富的语言交流渠道

(1)趣味英语走廊。将本园走廊的一角布置起来,成为幼儿开展英语游戏和交流活动的场所。每一个走入英语走廊的孩子都带上假发套扮演成外国人,通过角色定位,为孩子们创造一个用英语进行游戏和交往的环境和空间。

(2)轻松活泼的迎送问候。每天清晨和傍晚,英语教师和几名孩子(全体幼儿轮流)一起装扮成幼儿喜欢的卡通形象,在园门口与来往的孩子们问候、聊天,让幼儿更深刻地接受双语环境的熏染。每一阶段的交流语言会有所不同,逐渐递深,英语教师根据孩子们在交流中的掌握情况,有计划地制定与安排,自然地渗透到其中,并接受了良好的礼仪教育熏陶。

(3)英语夏/冬令营。由2名英语教师组织15—20名孩子,以全英语的形式开展各项活动:晨间锻炼、就餐、教学活动、区域游戏、散步、游泳、溜冰……所有的活动都以英语交流为主。有集体的交流学习,有个别的问答聊天,教师在每一项活动中都以不增加孩子的负担为目的,力求营造轻松愉快的气氛。这样一个全方位、高密度的语言氛围,对于孩子们英语的听力理解与交流能力的提高有着不可估量的效果。

(4)假日英语沙龙。利用双休日带领孩子们举起小旗,背上画夹走出去,到自然与社会的大环境中去寻找新的交流空间。英语教师带领孩子们到湖滨大道、中央公园或是其他游览胜地,组织各种英语游戏:唱英语歌曲、踢球、捉迷藏、竞赛,或是拿出小画夹写生,吸引好奇的游人参与游戏,尝试用英语同孩子们交流,这是鼓励与激发孩子们使用英语的大好时机,让孩子们的自信在积极的鼓励与赞许的目光中逐渐显露并得到肯定。在活动中,幼儿意志力的培养对幼儿的语言学习也十分有效,幼儿能想办法克服双语习得过程中的困难,最终实现用双语进行交流的愿望。

(5)圣诞Party、英语童话剧展演、家园同乐英语乐园、古诗朗诵表演、幼儿故事比赛等活动。既提高了幼儿的表现能力,又锻炼了幼儿的口语能力,以及幼儿对文学作品的欣赏能力。

案例 12 **双语国际班里的语言环境**

苏州工业园区新加花园幼儿园 吴 臻

我们班级是一个国际班,孩子来自多个国家,主要是母语不是英语的亚洲国家和地区的,如日本、韩国、香港、台湾、印度尼西亚、马来西亚等,也有个别来自美国的华裔孩子。我们班的课程设置以中英文整合的方式开展,每天安排有40分钟的外籍教师和孩子互动的时间。我们班的外教Paul是一位来自英国的老师,他身上似乎有一种天生和孩子亲近的魅力,他的轻松幽默,使孩子们学习英语成为一种快乐。在和Paul合作的一年多时间里,我作为一名中文老师,也在好奇地观察他的一举一动,想知道他的教学秘密。我想,在英语教学活动中怎样选择适当的教学方法? 创设必要的教学氛围? 什么是最适合幼儿的教育方法? 通过对外教Paul的教学活动的观察,理解到的答案是——游戏! 我想,那是Paul愉快教学的体现,让孩子们在乐中学,这也许就是Paul的秘密所在吧!

一、外教的英语游戏设计方法

Paul是一位具有丰富经验的老师,使用游戏法开展英语教学有很多种设计的方法,我总结有以下几种。

1. 抽象内容具体化

英语教学中,时间概念、数字、字母等都是比较抽象的东西,必须把它转化成可见的。比如时间的概念,

以及与之有关的问候语：Good morning、Good afternoon、Good evening、Good night 等。用语言解释，枯燥乏味，幼儿没耐心听，即使认真听也未必容易理解。Paul 是个手很巧的人，他制作了插入式的图片教具。背景图是座山，插入的是太阳、月亮。在游戏中，先移动太阳，让太阳冉冉上升，告诉幼儿这段时间使用"Good morning"。将太阳缓缓移下，我们说"Good evening"。最后 Paul 还会抱着玩具娃娃对孩子们说："小小小小 Paul 要睡觉了，say'Good night'！"

2. 相关内容情境化

这种方法运用很多，通过创设情景，使幼儿有身临其境的感觉，从而积极参与教学活动。例如，在教幼儿句型"I want it"时，Paul 设计了这样一个情景：先设计一家超市，里面陈列了与幼儿日常生活有关的物品，让幼儿自由地去购物，再请一位能力强的幼儿当营业员。买好了物品付款时对营业员说"I want it"。幼儿通过反复听、看、说、担任角色对练，熟练掌握了句型。在学习方位时，经常开展的游戏是 Paul 说"on the table"、"behind the tree"等，孩子们就根据情境作出相应的动作，等待其他孩子在游戏时把他们一一寻找出来。他们通过游戏情境，从听懂指令，慢慢变为自己学着说出指令，最后还能发布指令给其他的孩子呢！

3. 口语练习整体化

整体化是指在游戏时面向全体幼儿，不放弃给任何幼儿的练习机会，无论其能力的高低。Paul 设计的游戏总是让幼儿人人有参与的机会。如在歌曲 *Hello! Hello!* 时有一句歌词"We're glad to meet you"，Paul 扮演可爱的小狗来敲门，走进教室向大家打招呼："Glad to meet you!"并与幼儿一一握手，相互用"Glad to meet you"、"Me too"互敬问候，使每一位幼儿都得到了锻炼的机会。这样的机会通常是在游戏中有很多遍，但因为 Paul 创设的氛围和游戏环境很轻松，所以孩子们百玩不厌。

二、外教的英语游戏常见类型

我总是感叹，Paul 每天和孩子们的 40 分钟相处对孩子会产生这么大的影响，他们每个人在游戏中的状态总是很"High"，很容易掌握一些在我们看来比较难的单词、句型等，我想，这应该归功于游戏调动了孩子的多种感官！在英语教学当中确有许多单词、句型需要记忆，为了避免单调、机械的语词训练，Paul 通常都是采用一些看、听、说相结合的游戏。

1. 学习动词就跟着做

如，在学习"stand up"时，Paul 边念边以夸张的动作站立，小朋友立刻理会并会跟着学。再如，学习其他的一些动词"run"、"jump"等，大都采用这种方法。接下来，为了加强孩子的记忆，Paul 常常先做动作，幼儿根据他的动作，念出相应的单词。如，Paul 作哭状，小朋友马上会念出 cry 的单词，等等。

2. 学习实物就来模仿

在学习动物单词时，Paul 的设计是边念动物名称边模仿该动物的特征动作，如念"cat"时，他一边念一边做小猫咪的动作，以后逐渐变成老师做动作，幼儿根据相应的动作念出相应的单词。

3. 学习句型动作辅助

在句型学习中，相对来说较难。但是，只要通过几个小小的动作，孩子就能很快理解。如在学习"How are you?"句型时，回答"Fine, thank you. And you?"时，Paul 就采用了手指游戏，在念"fine"时，伸出大拇指，念"thank you"时，将大拇指弯曲一下作鞠躬状，念"And you"时，同时用食指指着对方作询问状。这句问候语，由于增添了几个动作，使之极富情趣，更便于孩子理解和记忆。有时孩子忘了只需动作提醒即可。

总之，动作性强的游戏，不仅可以帮助孩子理解和记忆教学内容，更能吸引他们积极主动投入到教学活动之中，使他们对英语学习产生浓厚的兴趣。

三、外教的英语游戏要点

1. 游戏以教学内容为主线

游戏作为一种活动形式，其目的是引起幼儿活动的兴趣，让幼儿积极主动地参与到活动中去，从而帮助教师完成教学内容。因此，无论设计何种游戏 Paul 都始终围绕教学内容，控制好游戏过程中的重点，而不是将中心转移到为游戏而游戏。如在学习句型：How many people are there in your family? 时，幼儿往往对答句掌握较好，而问句却不会使用。Paul 就设计了一个到娃娃家做客的场景，他亲自去做客，让幼儿听一听老师是怎么问他们的，在游戏中幼儿就会很自然地说出问句。

2. 听力与口语游戏合理运用

儿童英语的教学是口语的教学,即着力于培养孩子的英语会话交际能力,因此,Paul 在中班时的教学重点是设计一些听的游戏,提高幼儿的听力。如 *Run and Touch*、*Yes or No*、看口型猜单词等;而在孩子升入大班后,则将说的游戏放在主要地位,像 *Guess*、*What's Missing?* 等就能让幼儿在游戏中尽情地说。并且慢慢地将前阅读和前书写的内容引入游戏教学中来。

的确,游戏是幼儿生活的第一需要,游戏能满足幼儿好奇好动的需要,能满足幼儿模仿交往的需要,幼儿在游戏中自立自强、自娱自乐。同时,游戏是幼儿园整个教育活动的重心。我只是作为一名旁观者分析一些外教 Paul 的游戏教学经验,我想,教学的很多东西是相通的,如果能对大家的双语教学带来一些启发,那就是我最高兴的了。

二、家长、社区资源创设与实践指导

发挥幼儿园双语整合实验中家长工作的优势和特色,充分挖掘家长、社区资源结合家长会、英语沙龙、爸爸妈妈来当班、家园亲子活动等组织实施等形式进一步加强家园共育力度,促进共同的发展。

(1) 家长会(座谈会)和网络交流。采取座谈会式的形式,一学期 1—2 次,旨在让家长了解浸入式双语教学的模式,以及孩子在该模式学习中的现状和问题,知道一些具体可操作的教学方法,了解家长对双语教育的需求和建议,并针对一些现状和问题进行网络论坛讨论和交流,为孩子创设一个轻松愉快的双语氛围,实现家园共育。

(2) 英语沙龙。每学期一次,家长和幼儿分年龄组分时段活动。小班 30 分钟,中班 40 分钟,大班 50 分钟。要求人人讲英语。每次沙龙由教师协商围绕幼儿当前学习内容和现有水平定一主题,如"fruit",大家围绕这一主题或开展游戏(适合年龄偏小班级),或进行讨论(适合年龄偏大班级)。

(3) 观摩活动。英语擂台赛:请幼儿攻守擂台,请教师做评委裁决,展示表演幼儿所学的英语故事、儿歌、歌曲等,每学期每月逐步推进,按照班级、年级、园级的顺序逐一开展,定期请家长观摩、评分。

(4) 开放日。每学期 2—3 次,每月最后一周的周五,家长可来园观摩幼儿的半日活动,了解幼儿在园的双语教育情况,并能及时与教师交换意见;每周周四是对家长的开放日,家长随时可进幼儿园及班级观摩。

(5) 爸妈来当班。挖掘家长资源,根据家长的能力和意愿,邀请家长来园当教师,组织半日活动,参与幼儿在幼儿园的教学任务,实施双语实验在半日活动中的浸入。

(6) 家园立交桥。每月一期,反馈幼儿经验,解答家长疑惑,搭建家长与教师、家长与家长交流的平台,促进幼儿、教师、家长的共同成长。

通过实验,家长的教育观念与行为得到了改变。通过对家长动机的问卷调查研究,我们发现,通过家园的有效沟通,许多父母在观念上发生了明显的变化,98％的家长认同并赞成目前实行的双语教育模式,原来要求"立竿见影"观念已被等待"水到渠成"代替,不再盲目地要求幼儿学习即时的输出;在方式方法上,也出现了变化:即观察孩子活动,研究他们的兴趣爱好增多;对幼儿成长鼓励表扬多;亲近子女的时间和精力投入多;参与活动游戏多;学习育儿科学知识,订阅育儿书刊者增多了;许多家长对子女成长的期望值,也逐步趋向合理,并形成了正确的教育观念。如:

(1) 鼓励孩子表达。言为心声,语言是思维的工具,在行为上父母要鼓励孩子用他们的语言表达他们自己的想法、态度、情感等,真正成为双向沟通。

(2) 耐心倾听。"沉默是金",在幼儿第二语言输出的初期,倾听的艺术有着非常重要的地位,甚至比"说"更重要。孩子正在成长,在生活中、与伙伴相处中、学习中以及所见所闻都很想与值得信赖的人交谈、分享,父母务必耐心倾听,既可从中了解孩子的言行举止,更可以因势利导地帮助孩子成长,不对孩子苛刻纠错。

(3) 进行生活的教育。在孩子胜利时、在孩子失败时、在孩子困惑时,父母的一两句话,都会使孩子从小形成良好的性格。家庭生活是孩子经验的重要组成部分,家长及时捕捉生活细节,把握教育时机,对孩子进行耐心细致、循循善诱的教育,让孩子健康快乐地成长。

案例 13

万圣前后的故事

苏州工业园区新加花园幼儿园　郭志兰

今天的万圣节过得特别有意思！每一块画面、每一段情景、每一句话都深深地印在我的脑海，记忆犹新！在万圣节发生的故事和情景中，我也在思考着这些故事背后的一些"缘由"。

一、万圣前的故事——万圣前期行动

外国的节日活动很频繁！精彩纷呈的外国传统节日活动早已不再是外国人的"独享品"，有些已经"移植"到了我们国家，并且流行开来。眼下，万圣节就要来临！当然也是孩子们盼望已久的。怎么才能让万圣节更加寓教于乐，灵活有趣，更受幼儿喜爱呢？我们也动足脑筋，开始创设和营造节日的氛围。

1. 请教外教

向外国教师预先了解相关方面的知识，让我们更好地截取一些切实可行的故事、游戏和活动，比如向孩子们讲述关于万圣节 friendly ghost(友好幽灵)的故事，听听万圣节的由来，接触学习万圣节歌曲，自制万圣节的服饰(精灵古怪的衣服，或可爱角色的衣服)，玩玩万圣节的游戏，让孩子们对万圣节有一些初步的认识和感知，仿佛已经有"身临其境"的感觉。

2. 家长宣传

我们向家长发出邀请，通过亲子活动一起挑战智慧、灵感创意，制作万圣节服装和面具，孩子、家长、老师三方齐心协力，亲子场面，气氛融融！这也为万圣节拉开了精彩序幕。

3. 集体策划

万圣节是全园性的活动，根据幼儿人数合理安排活动场地和活动游戏，决定以"大带小"混龄的形式开展活动，比如中班和小班、国际大班和国际小班一起游戏，班班两两合作，一起准备游戏材料。"良好的开端是成功的一半"，精心的营造和创设是万圣节得以精彩地开展的前提。万事俱备，只欠"时间"。

二、万圣中的故事——万圣文化园本化

1. 化装舞会的惊喜

万圣节当天，打扮成各种角色的小朋友拿着早已准备的糖果准时来到幼儿园，看到的是老师给他们的意外惊喜，教室也和他们一样换了妆。冷不防就碰上了门口挂着的可怕的"蜘蛛"，还有前几天小朋友带来的"巫婆"也在厕所里等着吓你，当然也有漂亮的"天使"正在欢快地唱歌迎接孩子们。

2. 寻宝探险的收获

万圣节的活动丰富有趣：有"小鬼寻宝记"，由外教扮演的"friendly ghost"预先在幼儿园后面的山坡上放好糖果(这种糖有一点特别，也是我们给孩子们精心设计的，用餐巾纸包住棒棒糖当脸，再用记号笔画上眼睛和嘴巴，像一个个小鬼脸)，由大孩子领着弟弟妹妹一起去寻宝；有传统的"trick or treat"游戏，孩子们打扮成各种奇怪角色，到幼儿园各个班级和办公室索要礼物；有制作"南瓜灯"，即在南瓜灯里放各种礼物，放在幼儿园大门厅口和别人分享；还有给家长准备一份特别的礼物，由孩子们亲手制作南瓜饼，和家里人一起分享，一起感受气氛，收获快乐。孩子们的同心协力、互帮互助早已内化为他们的自主行为，让我们时时刻刻地真切感受到孩子们一份份真诚的友谊和浓浓爱意。

中国的传统文化强调"敏于事而讷于言"，外国文化崇尚个性，注重个体表现，万圣节作为其中的一个，我们应该最大限度地发挥它的独特作用和魅力。使每个孩子都能有机会充分展示各自的特点，为其提供充分的展示平台是我们开展活动的准则。

三、万圣后的感悟——有效资源的整合

1. 中文加外籍教师协助，我们的活动有声。在开展万圣节过程中，外籍教师提供了很多音频资料，很多别致的自制糖果，中英文老师通力合作，活动的全过程都被拍摄下来，孩子们和老师共同体验，感受到了一起游戏、学习、探索、发现、成长的快乐。

2. 10 个班级全体互动，我们的活动有色。活动中，班对班，年级对年级，让不同年龄的幼儿不仅接触感受不同的多元文化，丰富他们的人生经验，培养对各种文化的尊重，更广阔、更具体地了解大千世界；而且互相增进了友谊，更在潜移默化中意识和感受着团结、友爱、互助、协助。

3. 家园默契合作配合，我们的活动有益。无论孩子在幼儿园，还是以后的小学、中学，乃至大学，家长支

持是关键。为此,我们也做了许多家园工作,让家长了解我们的活动安排策划和需要配合的事情;在活动结束后,利用家园"咖啡时间"向家长播放我们拍摄的活动片段和精彩回放,让家长了解"我们做了什么"、"孩子们得到了什么"。

万圣节虽然已经过去了,但留给我们很多很多的感悟和反思。万圣节只是一个点,其实在平时的教学活动中,我们也应该充分利用教育技术和广泛的教育资料,拓展幼儿学习渠道,并通过多种丰富有趣的游戏活动,发展幼儿参与英语的兴趣,让兴趣这位隐形"老师"带给孩子们更多收获的可能。

第四节　双语教育幼小衔接管理

幼儿园与小学这两个相邻教育阶段的衔接是一个世界性的教育问题,世界各国教育界纷纷开展了相关研究并已取得了一定的成果。我国在 1990 年至 1994 年,原国家教委与联合国儿童基金会合作进行了幼小衔接的专项实验研究,并出版了系列丛书。1996 年,原国家教委颁布实施的《幼儿园工作规程》第 29 条要求"幼儿园和小学密切联系,相互配合,注意两个阶段教育的相互衔接"。2001 年,教育部颁布实施《幼儿园教育指导纲要(试行)》,其总则的第 3 条明确规定了幼儿园应与小学相互衔接。为适应我国新一轮基础教育课程改革的要求,有效解决幼、小衔接问题,必须加强幼儿园与小学课程的相互衔接。

一、幼儿园与小学双语教育衔接定位

作为人生起始的幼儿园教育是基础教育的第一个阶段,以游戏为基本活动,课程目标强调对儿童进行情感、态度、兴趣、能力的培养,课程内容相互渗透于健康、语言、社会、科学、艺术等领域,而小学课程则是侧重于对儿童进行各科系统知识的传授。这两个教育阶段在课程目标、课程内容、组织与实施、课程评价等多方面都有其差异性,同时又有其连续性。幼儿园与小学双语衔接是将幼儿园教育阶段与小学教育阶段学生的双语学习经验相互承接、有机结合,保持两个教育阶段双语教育的连续性与持续性。因此,幼儿园与小学双语衔接必须充分关注两个学习阶段的差异,体现"五化"衔接理念,即课程目标小步子化、课程内容生活化、课程组织统整化、课程实施活动化、课程评价多元化。

(一)双语目标小步子化[①]

根据《幼儿园教育指导纲要(试行)》与《全日制义务教育英语课程标准(实验稿)》,幼儿园与小学英语课程衔接的课程目标定位应重点通过丰富有趣的活动培养儿童对听、说、读、写的兴趣,使他们乐于运用语言与人交往,学习倾听别人和表达自己,具备一定的人际沟通能力,并能够主动运用获得的语言知识和技能拓展视野,进而促进其体、智、德、美各方面的发展。

(二)双语内容生活化

语言是一种社会性符号系统,个体掌握语言是在自身社会化的过程中逐步实现的。这是一个漫长的发展过程,这个过程要经历两个转换:非语言交际向语言交际的转换;口头语言的使用向书面语言使用转换。从幼儿园到小学,正是儿童从口头语言的使用向书面语言的使用转换的时期,幼儿园与小学双语课程的衔接也正是为了顺利地实现这一转换。从口头语言转换到书面语言的关键是读写的掌握,读写离不开文字,文字的掌握是读写的基础。进入小学,儿童开始大量接触书面语言,拼音、识字、阅读、写字、写话成为小学语文课程的主要内容。因此,幼儿园语言课程内容必须相应选择培养儿童听、说、读、写兴趣的内容,使儿童了解书面语言知识的内容,通过辨认物体、图形、符号为辨认字形打基础的内容,通过游戏、绘画、手工等发展手指肌肉为写字打基础的内容,为儿童学习小学双语课程内容做好情感态度和方法技能的准备。

---

① 杨晓萍、李子建、陈楷红、崔晶莹. 幼儿园与小学语文课程衔接的研究. 学前教育研究,2004(9)

（三）双语实施活动化

幼儿园与小学双语课程衔接的课程实施应注意教学方式的活动化、游戏化。幼儿园教师在课程实施中，在活动和游戏中让幼儿大量接触英语，同时，通过观察图形、符号等激发幼儿对文字的好奇心和探索欲望，在绘画、手工等活动中培养幼儿的前书写技能。小学低年级英语教师应重视英语学习的实践性和操作性，注意把活动和游戏引入英语教学中，增加间接教学的比重，组织学生围绕所学课文开展听说活动，或以角色扮演等游戏方式学习课文，营造适宜的物质环境，动静结合，寓教于乐，把抽象枯燥的文字语言学习过程变成直观生动的情感体验过程，充分发挥儿童学习的主体性。同时，允许儿童在语文学习中犯错，采取比较策略的方式给予纠正，让儿童在轻松愉悦的氛围中自然地学习和掌握英语。

（四）双语评价多元化

1. 强调儿童英语学习情感态度领域的发展

儿童对英语学习的情感态度将是幼儿园和小学英语课程评价的重心。评价应关注儿童是否喜欢口语交际、识字、阅读和写话，是否具有积极主动参与听、说、读、写活动的愿望，是否喜爱故事、儿歌、寓言、童话等文学作品，是否爱护书籍，是否乐意倾听别人表达自己，是否具有表达自己见闻和感受的自信心，是否愿意与同伴合作、分享，并有兴趣共同交流与讨论。

2. 关注儿童学习语文的方法与过程

加强形成性评价，关注儿童英语学习的过程，观察儿童能否逐步积累词汇，并能在表达自己的思想感情时加以恰当的运用，能否在识字、阅读中展开想像，获得美感等。终结性评价中不仅关注儿童是否掌握了基础的语文知识，是否具备了基本的语用能力，更应关注儿童是否掌握了简单的英语学习方法，如借助图画阅读，借助拼音阅读以及朗读、诵读、默读等基本的阅读技能。

3. 采用持续评价方式

可通过建立成长档案袋，记录儿童语文学习过程中的轶事，让儿童、教师和家长都能有发现者的眼光，及时捕捉到儿童语文学习中的细微进步，帮助儿童树立语文学习的信心。对儿童语文学习的结果评价应多采用定性描述评价方式，结合具有代表性的事实，多使用表扬、鼓励的语言加强正面引导，有效发挥评价的激励促进功能。

二、双语教育幼小衔接对儿童发展的促进作用

学前双语教育与中小学双语教育有很大不同。中小学英语教育目标是"达标"教育，有明确的等级标准；学前双语教育不是要把小学英语提前到幼儿园阶段，其主要价值是把英语教育的行为提前到幼儿园阶段，使幼儿在这个阶段里就获得英语学习的行为体验和情感体验。

（一）幼儿入小学学习英语心理准备的目标价值取向

学前双语教育目标在方向上对双语教育活动起着指导作用，力求体现素质教育的思想，激发和培养幼儿学习英语的兴趣，让幼儿在多元文化环境的浸润中，获得英语学习的行为体验、情感体验，并了解一些异域文化和风土人情，在不成为幼儿负担的前提下，让幼儿愉快地有所收获。在目标的表述上较多地使用"感受"、"体验"、"喜欢"、"乐意"等词汇，突出兴趣、情感、态度、个性等方面的价值取向，为入小学学习英语做心理准备。

（二）双语活动生活化、游戏化，为幼儿入小学学习英语作听说准备

幼儿园英语主要不是以课的形式来完成的，幼儿园英语活动更多地渗透在幼儿生活和全部活动中。教师在一日活动中随物即景地为幼儿提供学习和练习英语的机会，让幼儿在活动中不经意无负担地模仿、操练，潜移默化、一点一滴地学，使幼儿时时感触到英语就在他们身边。教师利用一切机会创设模拟的情景，使幼儿有充分的机会接触和使用英语，增加英语实践的广度和密度，从而激发幼儿在平时的生活、真实的环境中，大胆表达、表现英语，帮助幼儿加速掌握和运用英语的能力。教学的组织形式采用小班化教学，以游戏的方式给幼儿创造乐学的环境，让幼儿轻松、愉快地反复运用常用英语词句，引导幼儿听、说练习，为幼

入小学学习英语做听说准备。

案例 14　　幼儿入小学后双语发展追踪调查

苏州新区实验幼儿园　王晓燕

我园从事双语教学已经有 5 年了,从离开幼儿园进入小学阶段的双语实验班同学的综合情况反馈中,在双语环境中成长起来的他们,在小学阶段显现出比普通孩子更大的优势和潜力:他们注意力集中,自信、开朗,善于表现自己,乐于与人交往。这些品质都得益于幼儿园中科学、开放、循序渐进的快乐英语教学。

个案一:

涛涛现在就读于苏州新区外国语学校,他现在是班级里的英语课代表。一年前涛涛在苏州新区实验幼儿园双语班学习,他是个插班生。刚来的时候,由于他性格比较内向,所以在与小朋友的交往中显得不够积极主动。后来在英语活动中涛涛逐渐活跃起来,也有了几个好朋友,因为英语活动的游戏性比较强,交往和互动环节比较多,让内向的涛涛"逼"自己主动起来,只有这样涛涛才会觉得自己不比别人差。所以涛涛在英语游戏中主动要求尝试表演各种角色,老师对他的表现给予了肯定和鼓励,每当涛涛遇到不会表达的英语时,老师会暗示他并对他进行个别辅导;每当涛涛念错或读错时,老师和小朋友没有讥笑他,反而给予了鼓励,涛涛喜欢上英语课。在后来的日子里,他的话多了,朋友也多了,脸上的笑容也多了。英语活动让涛涛自信起来,英语游戏让他快乐起来,大家学习英语的氛围让他爱上了这个集体。如今涛涛读一年级了,有一次他在电话里兴奋地告诉我:"王老师,我当上了英语课代表了。老师都说我记忆好,反应快,英语基础好,我有个外国老师,别的小朋友听不懂她说什么,可我能够听懂,老师经常表扬我!"

个案二:

倩倩是个比较文静的孩子,各方面表现都比较出色,在幼儿园双语班学习 3 年。在这 3 年期间,倩倩曾担任过幼儿园里英语节目的报幕员,表演过英语童话剧,她的表演和英语水平都得到家长和朋友的称赞。倩倩现在就读于苏州新区实验小学,她是双语实验班的学生。她告诉我:"王老师,我是班长,老师都喜欢我。我们现在学的英语我都会,虽然学校增加了补充英语学习材料,但是这对于我来说真的很轻松。"我问她:"现在学的英语知识和幼儿园里学的一样吗?"她说:"不怎么一样。幼儿园的英语知识是在游戏中学和生活中学到的,小学里的英语课有时候也做游戏,但是不像幼儿园里的游戏那样好玩,老师给我们上英语课时比较注重读和写了。不管在幼儿园还是在小学里,我总能够轻松地学习英语,我喜欢英语课。爸爸妈妈说这是幼儿园给我打下了扎实的基础,所以现在学起来这么轻松呢!"

个案三:

旭旭是个比较调皮的孩子,他的语言发展很好,思维敏捷。但是调皮捣蛋的他经常欺负小朋友,上课时情绪比较激动,一旦碰到自己感兴趣的游戏就会大声叫喊,小朋友都不愿与他在一起玩。旭旭在幼儿园双语班学习 3 年。在这 3 年期间,旭旭只有在英语游戏中小朋友才会和他一起做游戏,英语游戏中的互动环节比较多,英语游戏的趣味性牢牢吸引住了好动的旭旭,他在活动中表现积极,受到老师的表扬。老师鼓励他,让旭旭感到老师和小朋友都喜欢他。老师在活动中用强化激励的方法使好动的旭旭逐渐认识到自身的不足,他通过自我反省改掉了坏习惯,后来拥有了很多朋友。现在旭旭就读于苏州市沧浪实验小学,也在双语实验班学习。学习成绩很好,尤其是英语成绩比较突出,他还是英语组长呢!

从以上 3 个不同性格、不同学校的孩子来看,幼儿园里的英语教学实验十分有利于英语学习的幼小衔接。在幼儿园进行英语教学实验,可促进儿童注意力、观察力、记忆力、思维想象力的发展以及听说习惯及兴趣的养成,在学生智力培养的同时,注重学生情商培育和意志品质的锻炼,这将对幼儿的一生产生重大影响。

案例 15　　来自小学一年级的调查报告

苏州市敬文双语实验小学　李碧蓉

幼儿园开展英语教育,遇到了许多的问题。有人认为幼儿英语教学有利于开发幼儿的智力,有人则认

为幼儿英语教学对母语的学习有影响,且小学会系统地教学,现在学没太大帮助。为此,我们对即将升二年级的小朋友做了一份英语听力调查,看看这些孩子对英语单词的掌握量,从这份试卷中看看孩子对幼儿园学习的英语单词是否记得,幼儿园学习英语是否有利于孩子今后的学习。

一、调查目的

了解经过一年的英语学习,学生掌握的单词量,以及幼儿园学习过英语的学生和没学过英语之间的差距,幼儿园学习英语有无必要。

二、调查对象

为了取得较全面的数据,此次调查对象为本校一年级的全部班级,2个双语班和4个普通班,全部参加这次测试。

三、调查方法

采用统一录好的音,6个班同时进行。

四、调查结果与分析

试卷涉及的范围比较广:水果、动物、颜色、文具、食物、交通工具、服饰、乐器、家具等15项常见的物品。通过这张测试卷,2个双语班平均分分别为90.46和91.25,而4个普通班平均分分别为:81.88、80.14、72.9和82.4。双语班的最高分98,没有不及格,而普通班均有2—3个不及格,约占班级的7.5%。试卷全部是听力,题型分别为选择、判断、排序、图色、圈图和圈字母。

从这次的成绩来看,这次的级差将近10分,对于书本上出现过的单词学生把握的比较好,动物、水果、文具用品学生能快而准地做出判断;而对于课本上没出现过的单词,占试卷的48%,这一部分,学生完成较好的学生中将近85%是幼儿园中学过英语的。实践证明,从幼儿园进入小学,那些英语能力比较强的幼儿会占一定的优势,他们对英语学习有一定的心理感受和心理准备,在后续英语的学习行为上会表现得更积极、更大胆。

三、幼儿园与小学双语教育衔接应注意的问题

幼儿园与小学(1—3年级)"双语"教育的不同点

单位 类别	小学(1—3年级)	幼儿园
教学材料	由教委统一教材 教师自主选择范围较小	没有统一教材,教师自主选择(儿童英语、阶梯美语、TPR等)
教学目的	以培养学生学习英语的能力为主	以培养幼儿学习英语的兴趣为主
教学方法	以上课的形式让学生学习英语	以游戏的形式让幼儿习得英语
英语环境	大部分仅仅限于在学校上英语课时	大多数属于半浸入式,贯穿于幼儿一日生活中
师资配备	以英语专业的毕业生为主	以学前教育专业的毕业生为主

(资料来源:苏州阊西幼儿园 徐虹旻 丁韵文)

幼儿期是学习语言的关键期,他们对语言有很强的模仿能力和领悟能力,听觉敏锐,心理障碍小,求新求异思维活跃,较易培养正确的语音语调,并形成自动化的习惯。正因为幼儿具有巨大的语言学习潜能,学习的过程更简单、更直接。所以,幼儿英语教学的可行性已为更多的家长和幼儿教育专家所接受。英语作为第二语言目前已广泛地引入幼儿园教育,成为幼儿园启蒙教育的内容。如何做好英语教学的幼小衔接目前成为较为迫切的任务。

1. 学习目标和要求的衔接

幼儿园的英语教学注重幼儿英语学习兴趣的培养,旨在活动中培养幼儿习得语言的能力,从而在各类活动中愿意尝试使用英语与同伴、老师交流。因而,在实践研究中将幼儿的兴趣培养放在首位。小学的英语教学有统一的教学目标,任务型的学习在小学教育中仍旧推行。所以,第一考虑的是幼儿、学生掌握知识、运用知识的培养。

2. 教材的衔接

教材是英语课程实施的重要组成部分,选择和使用合适的教材是完成教学内容和实施教学目标的重要前提条件。小学如有统一的英语教材,教师可以直接根据课程设置要求进行实践操作;而幼儿园并没有固定的教材,在组织活动中往往要考虑幼儿在不同时期的年龄和阶段特点,结合儿童好奇、好问、思维具体形象和兴趣广泛、认识水平不高的特点,设定"广而浅"、"精而趣"的原则选择课程的内容,选编、改编、创编小、中、大班的主题教育内容,并根据幼儿的生成及时增补新的内容,教材存在着很大的随机性。根据两方面的特点,使教材的衔接从以下几个方面着手:巩固已有的知识;教材向横向拓展;加强语言的运用功能。

3. 教育环境的衔接

皮亚杰的儿童发展理论表明:儿童是在活动中构建认知结构、发展智力和形成社会性行为的。儿童第二语言学习是一种新的认知结构,他们的初始行为往往与活动、情景相联系,具有鲜明的形象性和直觉行动性。外在环境的刺激与个体内动的相互过程不断促使儿童语言的发生、发展,促使着儿童的成熟。因此,在幼儿园提倡构建动态的英语环境及构建社会化、游戏化、生活化的英语环境。但是到了小学以后,孩子从习惯于一个充满欢乐、充满童趣的学习生活环境一下子转到一个桌椅排列整齐、缺乏相对独立、狭小的空间,给儿童带来压力,导致各种心理、纪律问题。因此,在课题研讨过程中,幼儿园与小学相互参观学校的环境,并在环境的相互适应衔接方面达成共建。

(1)教室的布置。小学采用几何形课桌椅,可根据教学需要随意组合成马蹄形、对称形、周边形、秧田形等形式;让墙壁"说话",且有童趣,大量复现幼儿园学过的知识;幼儿园、小学教室中配备现代化网络设备,双方在教育平台上互相浏览、交流课堂实录。

(2)学校的大环境布置。提供英语教学、游戏使用的辅助室,如情景室、语音室、视听室等;幼儿园、小学定期开展丰富多样的英语课外兴趣活动,如英语角、英语小舞台等。

4. 教学策略与方法的衔接

学前和小学英语教育是引导幼儿学生进行第二语言学习的启蒙教育。教育活动的组织与实施应充分考虑儿童的年龄、认知水平和学习特点。在英语教学活动中,幼儿园与小学都尝试运用多种方法进行教育,以提高儿童的学习兴趣和学习效果,并体现整合性、兴趣性、互动性、有序性的教学原则。

5. 学习评价的衔接

评价要兼顾过程与结果、主观与客观、定量与定型、语言知识与语言技能、语言水平与文化素养、语言能力与交际能力之间的关系。因而对幼儿及低年级学生的评估,我们的目的均是激励学生主动参与语言学习,以促进学生自主发展,并把认知能力与情感态度作为评价的内容。

6. 师资培训的衔接

实现幼小良好衔接的目标,关键在于提高教师的自身素质。可从课题立项开始对教师并展以下几个方面的培训:现代教育思想全面学习、文化知识、专业技术系统培训;低年级、幼儿园英语教研组建设;幼小教师互动;提供更多的机会外出观摩学习;参加市新教材、教法的培训。

四、合作研究促进双语幼儿园与小学衔接一体化

普及英语,是一个地区、一个城市、一个国家国际化程度的一个标志。苏州作为一个外向型经济的开放城市,在国际大环境的影响下,苏州市政府和教育局领导,以特有的远见和敏锐,及时提出了实施"双语教育"的重要课题,把它作为苏州市教育促进经济发展的重要切入口。近年来,苏州市小学已把英语学科纳入主要学科,一年级就开始英语教学。幼儿教育是基础教育的准备阶段,对幼儿进行英语教育启蒙,越来越被广大家长和社会重视。去年,苏州新加花园幼儿园大班的幼儿直升新城花园小学一年级双语特色班,与小学合作展开"幼小衔接"的研究,促进了幼儿园与小学的联系,对幼儿后续学习双语进行追踪研究提供保证。实践表明,从幼儿园进入小学,那些英语能力比较强的幼儿就会占一定的优势,他们对于英语学习有一定的心理感受和心理准备,在后续英语的学习行为上会表现得更积极、更大胆。

(一)幼儿园

我国颁布的《幼儿园教育指导纲要(试行)》提出"发展幼儿语言的关键是创设一个能使他们想说、敢说、喜欢说、有机会说并能得到积极应答的环境"。

1. 智力的发展,具有良好的学习习惯,为进入小学的学习做准备。幼儿早期进行英语教学有助于幼儿

智力的发展。智力,它包括观察力、注意力、记忆力、想象力、思维能力和创造力,实验教学主要以听、说、读为主,幼儿只有在听清老师发音后,才能跟师学说,并慢慢自己会读。实验班的教学成果证明,在幼儿早期进行英语教学,对发展他们的智力有着特别重要的意义。原来班里不爱说话、不敢说话的幼儿,经过一年多的学习,变得上课敢于大胆回答问题了,这一点深受幼儿园老师和家长的肯定。

2. 非智力因素的发展,培养社会能力。非智力因素包括人的动机、兴趣、情感情绪、性格、气质及意志品质等。以激发幼儿兴趣为主,不重视幼儿学多少知识,而重视情感、能力和性格;不重视死记,而重视实用英语。

3. 幼小衔接。现在小学从一年级就开始学牛津英语,社会各界幼儿园都开设了幼儿英语。一是培养兴趣,二是为小学英语铺垫。

（二）小学

美国的《教育指南》要求教育工作者"必须要从儿童的眼光来看待语言学习的环境"。

1. 营造习得英语的环境

强调情感性环境和学校的氛围对儿童的语言发展有巨大的影响作用。目前我国小学阶段的孩子缺少英语"习得"环境,因此,外语教学要尽可能多地创造充足的英语"习得"机会,给学生创设"习得"英语的环境。

（1）营造纯英语的环境。学校可以利用校园广播播放英语歌曲、英语小故事;制作英语招贴画、路牌、标语等;组织创设校园英语角为孩子们提供英语实践的机会,从而进一步为孩子们创设更为浓厚的英语"习得"氛围。

（2）实施任务型学习方式。为孩子们创设"习得"学习环境的另一个策略是实施任务型学习。为把综合语言运用能力的培养落实在教学过程中,使教学贴近学生、贴近生活、贴近社会,让学生动手解决自己身边的问题,在解决问题的过程中学会学习、学会合作、学会英语。

（3）学英语同时也学生活。从游戏中学习并培养多方面的潜能如语言及读写能力、个人及社交发展、数学、体能、创作与分析能力等,使学生能够全方位地学习,运用和巩固老师与课堂所授的知识。

2. 教学形式游戏化

一些小学初开英语课时,由于一些教师对小学英语教学目的的认识不清,对小学生的心理了解不够,在教学中不能有效激发学生的兴趣,有的教师甚至用教中学的教学方法教小学,使一些小学的英语教学陷入困境。老师教得辛苦,孩子学得也累。所以必须选择一种符合小学生生理和心理的教学方法。近年来,国外外语教学理论界特别强调把激发学生的学习兴趣放在重要位置,强调要让学生在轻松愉快的气氛中学习外语。兴趣是学好语言的关键,激发学生学习英语的兴趣是小学阶段英语教学的一项重要任务。在英语教学中加入适当的游戏有利于培养学生的兴趣,符合"乐学"原则。小学生活泼好动,爱表演,很少害羞,乐于接受新奇、趣味性强的事物,教师的教法可以直接影响学生对学习的兴趣。利用游戏无意注意的特性,有利于学生形成正确的学习方法和良好的学习习惯,有利于化难为易,有利于减轻学生的负担,符合素质教育的要求。

　案例16

幼儿园、小学衔接双向互动

苏州市敬文双语实验小学　徐　莹

我校针对双语教育幼小衔接这一课题做了一系列尝试活动,如由一年级英语教师郑洁执教,邀请幼儿园小朋友及家长来校听课的活动,让孩子们真实地体验了一回小学的英语教学,此次活动受到家长及同行的一致好评。通过这一系列的活动,说明我们只有从继续激发学生的英语学习兴趣入手,增强自己的英语基本功,并做好与家长的沟通和配合,真正做好双语教育幼小衔接工作,才能使我们的孩子尽快适应小学的英语教育、教学活动。

我很荣幸,每周五下午去幼儿园和大班的小朋友上英语课,发现孩子们对英语的好奇心很强,兴趣也很高,而且模仿能力和表演欲望都很强。于是在课上,我尽可能地创设情景,使情景生活化,比如打电话、询问别人年龄、身体状况、打招呼等等,以这种方式学习英语,幼儿既理解又能学以致用。同时,儿童学会简单的日常会话并与人交流实际上是一种自信的表现,这样会使儿童克服怕出错、害羞、爱面子等心理障碍,对其

健全人格的形成会有很大的帮助。

总之,幼小衔接不是简单的幼儿园向小学靠,也不是小学向幼儿园靠,而是双方都向儿童靠。要彼此沟通、相互衔接,双方既要保持各自的独立性、特殊性,又必须同时保持连续性,帮助儿童顺利渡过从幼儿园到小学的这一个转型期,共同为其一生的发展创造最大的可能性。幼儿园的英语教育必将为儿童进入小学接受正规的英语学习做好准备,而小学英语教育也必须在儿童原有英语经验和能力基础之上开展,因此,加强两者的联系与沟通十分重要,在互相了解的基础上才能促使两者双向靠拢,真正实现衔接。幼儿园必须充分了解儿童进入小学后所要面对的语文学习任务与要求,以及学习方式和环境的改变,有针对性地做好入学准备工作,如在培养儿童前阅读、前书写技能的同时可顺便告知其入学后要开始正规的识字与写字等学习,可获得更多的知识,能变得更加聪明等等,甚至有必要专门组织大班下学期的儿童参观小学校园和小学生在校的学习生活,让儿童不但有能力上的入学准备,而且有心理上的期盼和准备,能在进入小学后不陌生、不慌乱,积极主动地去适应新生活。小学则应在了解儿童在幼儿园的学习和生活特点的基础上,重点做好帮助儿童尽快适应转变的工作。因此,小学低年级的教师应该深入幼儿园,充分了解自己教育对象现有的发展水平,以确保学习任务与要求的略前性,并通过开展辞旧迎新等活动,引导儿童运用语言回忆和分享在幼儿园度过的美好时光,同时感受小学这个新的大家庭亲切而友好的氛围,给儿童的入学生活创造良好的开端。

客观地说,幼儿园与小学在英语方面的衔接还刚刚开始。可喜的是苏州敬文双语实验小学加入"学前双语教育师资培训研究"苏州课题组中,课题组还有2所是双语实验小学附属幼儿园,有3所幼儿园与双语学校直接接轨,这对学前双语幼小衔接研究提供了便利条件,也促进了幼儿园与小学的合作与交流。现在许多幼儿园主动组织大班幼儿去双语学校参观,小学教师经常到幼儿园观摩,参与幼儿园活动。加强幼儿园与小学的联系,了解小学低年级英语学习情况,为幼儿入小学学习英语做好充分准备。学前双语教育科学研究,既可以抓住幼儿学习语言的启蒙关键时期,也有利于幼小衔接;不仅促进幼儿英语教育的发展,也为苏州中小学双语教育展开奠定了基础。

第五节　学前双语教育课题研究管理

迄今为止,双语教育在我国还只是一种民间行为。关于双语教育的国家级课题的研究有了一定的进展,有一些课题已经被列为国家级或者教育部课题。

全国教育科学"十五"规划双语研究课题

课　题　名　称	负责人	工　作　单　位	课题类型
我国素质教育背景下双语教学的理论与实践研究	钱源伟	上海师范大学基础教育处	国家一般课题
学前双语教育师资培训研究(中加合作研究)	孟吉平	教育部语言文字应用管理司	教育部重点课题
培养双语教育幼儿教师的理论与实践研究	杜秀花	佳木斯大学人文学院	教育部重点课题
基础教育阶段双语教育的研究与实验	姜宏德	青岛市教育科学研究所	教育部重点课题
21世纪新疆高校民族预科教育与民族中小学双语(三语)教育衔接及其发展模式研究	武金峰	新疆伊犁师范学院中语系	教育部重点课题
蒙汉双语、蒙汉英三语软件研究	嘎日迪	内蒙古师范大学计算机系	教育部重点课题
美国双语教育研究及其对我国少数民族双语教育发展战略的启示	王　波	南京国际关系学院美国社会文化研究中心	教育部青年专项课题
国内外双语教育理论流派和实践模式的比较研究	文秋芳	南京大学	规划课题

续　表

课 题 名 称	负责人	工 作 单 位	课题类型
大学专业课程双语教学模式研究	庞继贤	浙江大学外国语学院	规划课题
广西小学壮汉双语教学研究	郑作广	广西壮族自治区教育厅	规划课题
新时期延边朝鲜族学校双语教育实践的反思与改革思考	朴泰铢	吉林省延边大学	规划课题

（资料来源：中华人民共和国全国教育科学规划领导小组办公室
http：//onsgep. moe. edu. cn/index. htm）

一、学前双语教育课题研究三级管理体系

　　"学前双语教育师资培训研究"是全国教育科学规划领导小组审批的"十五"期间教育部重点研究课题。"学前双语教育师资培训研究"由教育部国家督学孟吉平领衔,国内知名学前教育专家参与,天津师范大学学前教育学院、上海师范大学师资培训中心等全国20余所幼儿师范院校和全国各地百余所不同类型的幼儿园合作、研究,形成教育部总课题组一级宏观管理,幼儿师范院校子课题组二级子课题研究,以及幼儿园实验基地三级行动研究,各级研究的任务、目标及内容形成梯度,在全国构成管理、培训、科研网络。研究方向包括"学前双语教师资格标准与新师资培养的研究"、"学前双语教师资格标准与在职幼儿园教师培训的研究"、"幼儿园双语教育活动系列教材开发与课程设计的研究"、"学前双语教育对幼儿身心发展影响的研究"等。总课题组加强课题规范化管理,建立课题信息网络,加强总课题与研究单位的联络,在不同的阶段组织专家对各课题研究单位的阶段性成果进行鉴定与评估。

　　2006年11月,在全国教育科学"十五"规划教育部重点研究课题"学前双语教育师资培训研究"第三届年会上,全国17个省市(天津、上海、河北、河南、山东、山西、湖北、湖南、黑龙江、辽宁、江苏、安徽、福建、广东、云南、四川、甘肃),62家幼儿园和幼教集团,21家幼师子课题单位的双语同行聚集昆明。

　　昆明师专学前系着重介绍了本课题的两大核心子课题之一的"学前双语教育新师资培养模式研究"取得的阶段性成果,重点介绍了他们在新师资培养目标、规格、标准、课程设置和实施途径等方面的研究思路、做法和取得的成绩,对于到会的20所幼师学校来说无疑是有着现实的借鉴意义。

　　沈阳艺术幼儿师范学校,对五年制"学前英语教育专业课程方案"的整体设计进行了详细的说明,此方案依据国家教育部相关规定,充分吸纳了几年来各幼师学校研究的最新成果,有理有据、有原则要求、又有灵活处理,是一个更成熟的方案。

　　苏州幼儿师范高等专科学校关于"中国文化背景下幼儿双语教育中英文整合模式行动研究"的发言,全面系统地介绍研究背景、理论依据、操作方法,有理论、有实践,对于本实验区幼儿园的双语教育课题研究起到了引领作用,对各子课题单位开展工作也有启发作用。

　　天津华夏未来幼儿教育集团(和平十一幼儿园)在"幼儿英文教学生活的探究"的介绍中提出"学前英语教学必须与幼儿的一日生活相结合,要英文教学生活化,日常生活英文化"的观点,符合本课题研究的方向和原则,研究成果也很明显。

　　长沙市教育局幼儿园开展的"用整合教育理念指导英语教学实践",提出从三方面整合,即：将英语教学与幼儿园现有课程整合,将英语学习与环境创设紧密结合,整合现有师资。这些做法对所有幼儿园都有帮助。

　　上海市冰厂田幼儿园关于"培养幼儿不同的英语倾听能力的策略研究"选题虽然很小,研究却很深入,有很强的现实针对性和可操作性,这样的选题应该成为幼儿园今后研究的方向。

　　我国两位知名的教育专家梁志燊教授和祝士媛教授也参加了大会。梁教授对6所实验幼儿园的双语教学活动进行了总体精彩的评点,既是对实验幼儿园的指导,更是对与会代表的指导,并坚定地否决了幼儿双语教育影响母语的观点,提出了开展课题工作的具体建议。祝教授对大会的报告作了评论,对今后研究方向提出建议并对学术论文的写作进行了指导,必将对本课题后期的工作产生重大

影响。

澳大利亚的罗德·坎贝尔教授在大会上作了"幼儿教育中的英语教学"学术报告,针对中国幼儿教育的现状,根据他的研究成果,提出了许多有关的建议。他的报告虽然语言转换上影响了一些效果,但他丰厚的理论功底、丰富的教学经验、生动的讲学方法以及谦和的待人态度都给与会代表留下了深刻的印象。让我们对外国专家的研究成果、研究方法有了直接的了解。

 **案例 17**　　　　　　　**课题第三届年会(昆明)大会总结(片段)**

总课题组组长　孟吉平

全国教育科学"十五"规划教育部重点研究课题"学前双语教育师资培训研究",4年来,总课题组去了全国12个省(东部5个、中部4个、西部3个)的子课题单位以及几十所幼儿园。我们看到,他们能够按照总课题组的要求把幼儿双语教育活动搞得那么好:课堂生动、活泼,充分调动了孩子的学习兴趣和积极性,孩子非常可爱,教师的教态亲切,课堂教学质量应该说与东部地区是在同一个水平上。局面打开,效果显著,梁教授、祝教授等专家给予充分的肯定,我们也得到了教育专家们的指导,得到了家长们的支持。但是,我们还要清醒地意识到,在课题研究工作中,还存在着一些需要改进的问题,我们既不妄自菲薄,也不盲目自满。

1. 我们的师资水平虽然有了长足的进步,但与课题的目标还有很大的差距。实验幼儿园的教育教学活动有了明显的进步,与教师的成长是分不开的,但是我们要清醒地看到,不是所有的老师都能够达到我们要求的"两专一法"的要求,课题需要把合格师资的标准制定出来,下一个5年,我们要努力实现这个目标。

2. 按照儿童认知规律,按照语言学习的规律,教学活动要达到理想的目标,必然需要一个较长的过程,理论上认识了,但要在教学实践做得好,是要有一个过程的,知与行需要一个过程,这是唯物论。比如说苏州高专提出的母语和第二语言的整合方向对,但如何整合? 怎样整合是科学有效的? 苏州师专已经做了很多工作,还要进一步研究。科学是一个努力可攀登的过程,达到顶点的是无畏的勇者。

再如通过活动用游戏的方式加强语言教学,大家都在努力做,但如何做得更好、更科学,还需要大家扎扎实实去工作,努力推进研究。总之,要按照总课题组的一个方向、三个原则、五项要求深入开展工作。

3. 4年来,随着"学前双语教育师资培训研究"课题工作的开展和推进,各子课题单位和实验幼儿园在学前双语教育方面都产生了很大的变化,取得了显著的成绩。在这个过程中,各子课题单位可以说起到了重要的作用,没有各省的幼师的工作,就不可能有今天的局面和成绩。

幼师是实验园教师的母校,各幼师的教师和校长是带着感情为大家服务和工作的——各子课题单位作为联络员的老师,为课题和实验幼儿园做出了很多付出和奉献,很多老师每周要有12节课,他们大多数情况下只能利用备课和课后的时间开展工作,非常辛苦,这些老师们是凭借对课题工作的热爱,凭借对各实验幼儿园、各位实验教师的感情为大家工作的,在此,我代表总课题组要表扬他们,感谢他们! 以后课题的各项活动开展(当然实验园的努力是基础性的、非常重要),希望各子课题单位,各位老师在已有的基础上再接再厉,更好地开展工作。

二、学前双语教育需要规范化管理

学前双语教育是适度超前的教育,学前双语教育实践研究是一项探索性的工作,在幼儿园为什么教英语? 教什么? 怎样教? 要达到什么目标? 这些教育理念中最基本的要素还没有被很明确地界定出来,幼儿英语教育师资、教材、环境等问题仍然困扰着幼儿英语教育实践。幼儿园开展英语教育大多处于自发、自在的状态,缺乏规范,也缺乏真正的研究和思考。因此,幼儿园英语教育自初始阶段起,就似乎与幼儿园的"热情"和"功利"联系在一起,被蒙上了一种神秘的色彩,并始终处在幼儿园正规教育的边缘。

案例 18 　　　　　　　　　　**市场逼出的英语热①**

《早期教育》记者　辛　诚

打开电脑,接入因特网,在 google 网页上键入"双语幼儿园"五个字,你立刻会搜索到 100 多个以"双语"命名的幼儿园,它们有的叫小牛津,有的叫爱弥儿,有的叫蒙特梭利……个个名字洋味十足。然而这只是冰山的一角,全国各地没有建网站的,名字中冠以"双语"的幼儿园的数目很多,此外未标"双语",但开设了英语课的幼儿园则无法计数了。

1. "双语"是什么

什么叫"双语幼儿园"? 简言之,用双语教育教学的幼儿园叫双语幼儿园。在日常教育活动中,同时用两种语言进行教学,或者一门(几门)课(必须是非语言课)用外语教学,另几门课用母语教学,这才叫双语教育。二战之后,进入美国的移民大量增加,移民文化和美国本土文化的冲突导致许多教育问题。美国为了让移民的孩子既学习美国文化,又学习其母语文化,就在移民孩子的学校中同时用英语和移民国家的母语教学,这就是双语教育的由来。由此可知,如果仅仅是在外语课上用外语,则不能叫双语教育。

我国的"双语幼儿园"最早出现在港台地区,其产生的原因不是移民问题,而是市场逼出来的。据台湾一位资深的幼教专家说,台湾幼儿园的生源竞争非常激烈,家长都希望孩子在幼儿园能学英语,如果幼儿园不搞双语教学,几乎招不到孩子。大陆的"双语幼儿园"发端于 20 世纪 90 年代中期,近两年已成燎原之势,大中城市新开的民办幼儿园几乎都打出了"双语"的旗号。其实绝大部分的"双语幼儿园"并不是双语教育,只不过开了英语课而已。

2. 走进深处看一看

存在的事物都有其存在的理由。开办双语教育或英语教育,首先遇到的是师资问题,解决的方法有几种。一种是聘请外籍老师。外籍老师的英语水平没问题,而且他们的外貌就是招生广告。外籍老师的报酬要比用本地老师高许多,一般月薪是 5 000—10 000 元。一所双语幼儿园最多聘请一两个外教,有的两所幼儿园共同聘用一个外教。对于收费较高的双语幼儿园来说,完全承受得起。按照国家规定,聘用外籍老师必须经过当地政府的外国专家局批准,成都金苹果幼儿园告诉我,它是成都地区唯一被批准聘用外教的幼儿园。其他很多幼儿园采用的是"快捷方式":找留学生来打工,反正没有人查。另一种是招聘英语专业毕业的大学生来幼儿园正式执教。我在深圳看到,大部分幼儿园都有专职的英语老师,这些老师比较敬业,不仅教外语,还积极参与幼儿园的其他教育活动。有的幼儿园甚至每一个班都配一名英语专业毕业的老师。还有一种方式,是从本园挑选一些有一定英语基础的老师培训,再聘用一名英语专业的大学毕业生主持全园的英语教学,各班老师配合。最后一种方式比较特殊,由社会上的英语教育公司承揽幼儿园的英语教学工作。在我没有研究幼儿园的英语教育问题之前,我不知道有这么一种专为幼儿园设立的英语教育公司,这恐怕算是应幼儿园和家长需要而催生的新兴产业了。这类公司从五六人到几十人不等,按时派人到各个幼儿园教英语,幼儿园负责组织孩子、提供场地,教学工作则全由教育公司负责,所得收益双方分成。盐城、镇江、宁波等中小城市的幼儿园开展英语教育,依托教育公司的不少。

在幼儿园英语教材方向,可谓是百花齐放。一些知名的跨国文化企业,如迪斯尼公司、阶梯公司、吉的堡公司等都在大陆出版了幼儿英语教材。大陆在园幼儿有两千两百多万,这个市场太诱人了! 国内的出版机构也不甘示弱,外研社、师范大学出版社、教育出版社、少儿出版社和综合性出版社都推出了幼儿园英语教材,甚至有些幼儿园也在自己实验研究的基础上出版英语教材,据说卖得很好。近两年,全国新出版的幼儿英语教材不下 10 种。但是有些幼儿园并不使用出版的教材,南京市第一幼儿园的老师说,他们是根据本园主题活动的需要,自己选编英语教材。

跨国文化企业在英语教育的推广方面有成熟的经验。他们进入大陆之后,除推出纸质的和音像的教材外,还通过办培训班推广他们的教学模式,他们在大中城市发展了一些加盟幼儿园,公司为加盟幼儿园培训教师,提供业务辅导,允许其使用加盟标志。这个标志对幼儿园来说,不仅仅是"身份的象征",重要的是对家长有吸引力。当然,加盟费是一个不小的数字。

---

① 辛诚. 市场逼出的英语热. 早期教育,2004(2)

3. 专家不敌市场

专家对幼儿园开展英语教育的意见并不一致,不少专家明确反对,认为幼儿园应该加强汉语学习,没有必要让幼儿学习英语;有一些专家则认为国外双语教育成功的实例说明,6岁前是双语学习的关键期,外语的学习不会影响母语的学习;还有一些专家持折中的立场,认为有条件的幼儿园可以进行实验性质的外语教学,但不可一哄而上。所有专家都反对幼儿园以双语作为招徕生源的手段。

4. 专家反对归反对,"双语"招徕生源确实有效

前年春天,我在成都金苹果幼儿园看到,一位金发的新西兰小伙子在班上带孩子活动,孩子们叽叽喳喳像小鸟一样,很自然地用英语和这位洋老师说话。入园才几个月,孩子就能和外国人对话,这对家长的诱惑实在太大了!这所幼儿园的收费标准在当地幼儿园中最高,可是家长趋之若鹜。济南市的一所双语幼儿园也是这样。由于在当地双语教育有了名气,该园每年遇到的是生源太多的烦恼,各级领导各方面的关系户送来要求开后门的条子厚厚一叠。看到"双语"具有如此大的吸引力,民办幼儿园纷纷举起了这面大旗。一些企业转制的幼儿园生源日渐衰竭,可一旦摇身一变,成为双语幼儿园,立马起死回生。看看民办幼儿园的招生广告,几乎无一例外地将开展双语教育写得很突出。双语幼儿园的收费标准要比一般幼儿园高几倍,南京市某幼儿园的双语班每月收费1 200元,普通班每月300元。大部分幼儿园的英语兴趣班每月加收100元,家长掏钱十分爽快。受民办园双语效应的刺激,再加上家长的压力,原本对开展英语教育冷眼旁观的公办园渐渐坐不住了,再不行动生源堪忧,于是或明或暗地也办起了英语兴趣班、双语教育班。

5. 到了该规范的时候

经过7、8年的自由发展,城市中一半以上的幼儿园已开设了英语课。对其视而不见,或断然禁止都不是好办法,应该正视这个现象的存在,采用恰当的措施予以规范。目前看来,各地幼儿园的英语教育亟须解决如下突出问题:一是要端正目的。幼儿园的英语教学是为了培养幼儿对英语的初步感受力,但很多幼儿园只盯着经济利益,不研究怎样提高英语教学水平,损害了幼儿园的名誉,损害了家长的利益。二是要规范办学形式。市内50%以上的幼儿园都开设了各种形式的英语教育活动,这些幼儿园迫切想知道怎样提高英语教学水平,怎样将英语教育与幼儿园其他教育活动有机结合,对此教育行政和教研部门责无旁贷。三是加强师资管理。幼儿园早已实行教师持证上岗制度,但是对外聘的英语教师却没有考察其是否具有教师资格,尤其是英语教育公司的教学人员,很多人不懂幼儿教育的基本规律,甚至其英语水平也不高。幼儿园在职教师任教英语,也应该先参加外语教学培训,取得相应的资格。

关于幼儿园开展英语教育,由于国家没有明确的规定,大多数地方的教育行政部门对这个问题持谨慎的态度,基本上是"不支持,不禁止"。但最近济南市出台了《关于幼儿园开办英语班的规定》,要求开办英语班的幼儿园必须有一类幼儿园及以上的资质,必须有明确的教育宗旨、培养目标和教学计划,由具备英语大专及以上学历,且受过幼儿教育专业培训的在编教师任课。上海市也出台了相关措施规范幼儿园的英语教学。从开课资格认定、师资审核以及教材审查等方面对开展英语教学的幼儿园进行规范管理。规定只有一级幼儿园才具有英语教学资格;使用的教材必须经市课程教材审查委员会审查;开设英语教学的幼儿园,师资水平必须与小学英语教师同等。这些规定对规范幼儿园的英语教育有积极意义,值得其他地区借鉴。

三、合作研究促进学前双语教育的规范发展

在一个新生事物的起始阶段,能听到不同的声音应该说是一件好事,它至少可以提醒人们在看待新生事物的过程中应该采取更加理性的态度,避免盲目性。其实,一个新生事物是不可能在人们的冲动、热情或任何利益驱动中长久发展的。因此,目前的幼儿园英语教育首先应当自觉克服短见行为。如果仅仅把英语教育或所谓的英语特色作为幼儿园争夺生源的工具,那么幼儿园英语教育是不可能健康发展的。那么,应增强科学研究的意识,尤其应当以积极的态度对待目前幼儿英语教育中存在的某些问题,坚持在科学规范中发展,在实践研究中提高。幼儿园英语教育的研究和发展需要各方面专家和学者的指导。

全国教育科学"十五"规划教育部重点课题"学前双语教育师资培训研究"的深入开展有助于学前双语教育与幼儿教育改革的互动、课题研究与幼儿园改革的互动、课题与专业教师成长的互动、课题与行政决策的互动也在初步形成。在研究中努力创建科学务实的"双语教育"体系,以学前双语教育科学研究为切入点,以双语师资队伍的培训为研究双语教育的重点,以学前双语教育实践探索为基本点。

优势互补、资源共享、合作研究有效地促进了双语教育科研的发展。以苏州市为例,2001年,苏州幼儿

师范学校和苏州花朵幼儿园、新加花园幼儿园、虎丘中心幼儿园、阊西实验幼儿园合作研究"幼儿英语活动渗透式教育的实践探索"市级课题,取得了比较显著的成效,得到了幼儿家长和幼教同行的广泛认同,通过专家鉴定,顺利结题。2003 年,苏州幼儿师范学校又和苏州市 10 余所幼儿园,滚动加入全国教育科学"十五"规划教育部重点课题"学前双语师资培训研究",开始新一轮的研究。在更高层次和更大范围合作研究,架起了信息交流与分享的桥梁,使幼儿师范学校与幼儿园之间、幼儿园与幼儿园之间形成共同参与、双向互动、协同发展的格局。苏州课题组坚持总课题的研究方向,以课题为契机,努力实现双语教育师资职前和职后培训一体化;双语教育研究和双语教育实践一体化;双语教育幼儿园与小学衔接一体化。重新整合教育方式、管理方式、学习方式以及办园模式,整体推进苏州区域双语教育的合作研究,提高幼儿教师双语教育能力和双语科研能力,为学前双语教育研究提供师资保证,促进苏州学前双语教育科学研究,使学前双语教育健康、规范地发展。

主要参考文献

1. 钟海青,戚业国.走向高效能的教学.桂林:广西师范大学出版社,2004

2. 罗丹.小学综合英语教师手册.广州:中山大学出版社,2005

3. F·迈克尔·康纳利,D·琼·克兰迪宁著.刘良华,邝红军等译.教师成为课程研究者——经验叙事.杭州:浙江教育出版社,2004

4. 陈向明.在行动中学作质的研究.北京:教育科学出版社,2003

5. 〔美〕裘迪·哈里斯·赫尔姆,丽莲·凯兹.林育玮,洪尧群,陈淑娟,彭欣怡译.小小探索家——幼儿教育中的项目课程教学.南京:南京教育出版社,2004

6. 王本华.双语教学论丛.北京:人民教育出版社,2003

7. 赵玉兰.走进民间艺术世界——幼儿民间艺术教育活动设计.南京:南京师范大学出版社,2005

8. 束定芳,庄智象.现代外语教学——理论、实践与方法.上海:上海外语教育出版社,1996

9. 吴宗杰,黄爱风等.外语课程与教师发展——RICH教育视野.合肥:安徽教育出版社,2005

10. 王蔷.英语教师行动研究.北京:外语教学与研究出版社,2005

11. Elizabeth F. Shores & Cathy Grace 著,何厘琦译.幼儿学习档案——真实记录幼儿学习的历程.南京:南京师范大学出版社,2004

12. 许卓娅.学前儿童音乐教育.北京:人民教育出版社,1996

13. 崔同花.幼儿全语言教学理论与实践.北京:科学出版社,2002

14. 周兢,程晓樵.幼儿园语言教育活动设计与组织.北京:人民教育出版社,1996

15. 余强.双语教育的心理学基础.南京:江苏教育出版社,2002

16. 张兼中.小学英语教育学.太原:山西高校联合出版社,1996

17. 鲁宗干.小学英语教师手册.广州:广东教育出版社,2001

18. 周梅.小学双语教学多相融合模式.上海:文汇出版社,2005

19. 杨立群.小学双语教学双切整合模式.上海:文汇出版社,2004

20. 赵慧.双语教学纵横谈.天津:天津教育出版社,2006

21. 周卫勇.走向发展性课程评价——谈新课程的评价改革.北京:北京大学出版社,2002

22. 周兢,余珍有.幼儿园语言教育.北京:人民教育出版社,2006

23. 教育理论考试大纲解析.北京:中央广播电视大学出版社,2005

24. 《实用双语教育手册》编委会.实用双语教育手册小学篇.苏州:苏州大学出版社,2004

25. 《幼儿园英语主题教育活动》教材编写组.幼儿园英语主题教育活动教师用书.北京:世界知识出版社,2003

26. 〔美〕特雷莎·朗格内斯.教育可以是这样的:整合教育学习模式.北京:北京大学出版社,2004

27. 从理念到行为——《幼儿园教育指导纲要(试行)》行动指南.南京:江苏少年儿童出版社,2003

28. 〔加〕马克思·范梅南著,宋广文等译.生活体验研究——人文科学视野中的教育学.北京:教育科学出版社,2003

29. 王法延,王桂亮.幼儿园管理学.济南:济南出版社,1992

30. 毛美娟,华培.走向反感教学——幼儿园方案教学探索及案例.上海:百家出版社,2001

31. 温满玉,苏剑芳.小学英语课程理念与实施.桂林:广西师范大学出版社,2003

32. 孟万金.协作互动——资源整合的教育力量.上海:华东师范大学出版社,2005

33. 朱慕菊."幼儿园与小学衔接的研究"研究报告.北京:中国少年儿童出版社,1995

34. 董燕萍.心理语言学与外语教学.北京:外语教学与研究出版社,2006

35. 龚亚夫,罗少茜.英语教学评估——行为表现评估和学生学习档案.北京:人民教育出版社,2002

36. 张德禄,苗兴伟,李学宁.功能语言学与外语教学.北京:外语教学与研究出版社,2006

37. 〔美〕Judy Herr & Yvonne R. Libby Larson 著,程黎等译.创新课堂——儿童创造力开发主题活动 62 例.北京:中国轻工业出版社,2003

38. 教育部基础教育司.《幼儿园教育指导纲要(试行)》解读.南京:江苏教育出版社,2002

39. 黄兰宁.学校双语课程.南宁:广西教育出版社,2004

40. 鲁宗干.小学英语教师手册.广州:广东教育出版社,2001

41. 谭伟民,寻明.幼儿园双语教师手册.广州:广东人民出版社,2003

42. 万玉琴.幼儿双语教育与思维发展初探.广西教育,2001(6)

43. 陈琴,庞丽娟.幼儿双语教育问题探析.课程与教学,2006(5)

44. 生兆欣.幼儿园双语教育的可行性分析.天津师范大学学报,2005(3)

45. 黄河清,杨芸,马天宇,张玲.上海市幼儿外语学习的调查报告.上海教育科研,2003(9)

46. 方俊明.双语获得的认知过程与浸入式教学的理论基础.心理科学,2001(5)

47. 中加教育合作英语浸入式教学实验课题组.加拿大第二语言浸入式教学模式及其在我国双语人才早期培养研究的尝试.教育导刊,2000(2,3)

48. 余珍有.幼儿园英语活动的理论定位.早期教育,2002(12)

49. 席春玲.关于幼儿英语双语教育几个有争议问题的探讨.山东教育,2003(7,8)

50. 余珍有.我国幼儿园英语教育在方法上的几种倾向.学前教育研究,1998(5)

51. 王玉.加强我国学前儿童双语教育的研究势在必行.幼儿教育(教育科学版),2007(2)

52. 高敬.试论幼儿园英语教育的目标.幼儿教育,2002(7,8)

53. 杨炎,黄月胜.论双语教学的改革与选择.江西教育科研,2007(5)

54. 黄渊柏.对我国目前幼儿英语教学模式的几点思考.学前教育研究,2005(4)

55. 杨晓萍,李子建,陈楷红,崔晶盈.幼儿园与小学语文课程衔接的研究.学前教育研究,2004(9)

56. 辛诚.市场逼出的英语热.早期教育,2004(2)

57. Claudia Fuhriman Eliason, Loa thomson Jenkins. A Practical Guide to Early Childhood Curriculum. published by The C. V. Mosby Company,1977

58. http://abcteach.com/directory/basics/

59. http://www.lanterntree.com/nurseryrhymes/nurseryrhymeindexb.html

60. http://www.enchantedlearning.com/Home.html

61. http://www.kinderkorner.com/themes_and_units.html

62. http://www.lessonplanspage.com